인지면담

수사 면담 시 기억 향상법

Ronald P. Fisher
R. Edward Geiselman 공저

김시업 역

학지사

MEMORY-ENHANCING TECHNIQUES FOR INVESTIGATIVE INTERVIEWING
by Ronald P. Fisher and R. Edward Geiselman

역자 서문

인지면담! 학문적으로나 실무적으로 매우 훌륭한 아이디어다. 이것을 '창안'한 두 저자의 학문적 궤적에서 알 수 있듯이, 그들이 인지심리학을 전공한 학자들이기에 당연한 결과물이라고도 생각할 수 있다. 인지면담의 기법은 그야말로 인지심리학의 매우 기본적인 몇 가지 원리에 기초하고 있기 때문이다. 그러나 많은 학자에 의해 검증된 아무리 많은 기본적 사실들이 있어도, 그것들 자체로는 연구자들의 학문적 호기심을 충족시키는 '서 말의 구슬'일 것이다. 그것들을 정말 더 가치 있게 하려면, 누군가 '꿰매는' 사람이 있어야 한다.

기억의 부호화, 저장, 인출과 관련된 인지심리학적 구슬들을 인지면담이라는 보배로 꿰맨 사람들은 바로 이 책의 저자들인 Fisher와 Geiselman이다. 그들의 인지면담과 관련된 연구들은 1985년부터 나오기 시작하였으며, 그러한 연구들의 결정체인 이 책은 1992년에 출간되었다. 19년이 지난 2011년까지 아직 개정판은 출간되지 않고 있다. 1992년의 첫 저서가 완벽하다는 것일까? 역자가 판단하기에도 딱히 3~5년 만에 한 번씩 개정을 거듭하지 않아도 될 것 같고, 또 그럴 필요가 없을 것 같다. 왜냐하면 그들의 저서가 원래부터 인지심리학적인 기반에 매우 충실했고, 많은 실험실 연구와 현장 연구를 통한 검증을 거쳤다. 특히 이 책의 내용들이 인지면담이라는 '기법'에 관한 것이기에 이 기법을 사용하는 실무적인 면담자들로 하여금 자신에게 적합한 면담 스타일을 만드는 데 안내만을 해 주는 지침서이기 때문일 것이다.

역자가 이 책을 처음 접한 것은 5년 전 대학원생들을 대상으로 한 '수사심리학' 강의를 준비하면서다. 수강생들과 함께 이 책을 읽어보고 공부하면서 번역하고자 하는 욕심이 생겼다. 2010년 1월 겨울방학 때 잠시 미국에 들러 이 책의 주 저자인 미국 플로리다 국제 대학교(FIU)의 심리학과 Fisher 교수를 직접 만나 보고서야 본격적으로 번역을 해야겠다는 생각을 굳히게 되었다. 그 후 역자가 근무하는 경기대학교에서 허락한 1년 동안의 연구년을 기회로, 2010년 8월 Fisher의 초청을 받아 미국으로 가게 되었으며, 이제 번역을 끝내게 되었다.

'인지면담'은 우리나라의 수사 실무자들에게도 익숙해진 개념이 되었다. 그러나 실제 수사를 할 때, 얼마나 많은 수사관들이 인지면담을 활용하고 있는지는 알 수 없다. 그러나 인지면담은 검찰과 경찰의 일부 수사관들에 의해 실제로 사건의 용의자, 특히 피해자나 목격자를 면담할 때 많이 활용되고 있으며, 사건 해결에 큰 도움을 주고 있는 것으로 알고 있다. 또한 극히 일부의 '인지면담 전문가'들은 민간인 자격이지만 인지면담 기법을 활용해 검찰이나 경찰의 공식적인 수사 절차에 관여하면서 매우 어려운 사건의 해결에 큰 역할을 담당하고 있는 것으로도 알고 있다. 역자의 입장에서는 인지면담 기법이 더욱 많이 활용되어 범죄와 관련된 사람들과 사건의 실체적인 진실 파악에 더 큰 진전이 있기를 바랄 뿐이다. 또한 수사 분야에서뿐만 아니라 일상적인 생활과 공적인 분야에서 '지나간 사실들에 대한 기억'이 절실한 사람들 또 그들의 기억 인출을 도와야 하는 사람들에게도 좋은 수단이 되기를 바란다.

이 책이 출간되기까지는 많은 제자들의 도움이 있었다. 현재 인지면담 전문가로도 활발한 활동을 하고 있는 경기대학교의 전우병 선생님, 김미영 검찰수사관, 김경하, 최승혁, 전미혜, 김지선, 김기민, 강지은, 문옥영 석사와 이승철, 이윤혜 석사과정생의 도움에 고마움을 전하며, 그들이 어떤 분야에서든 '전문가'의 길을 가길 바란다.

또한 어려운 여건 속에서도 기꺼이 출판을 맡아 주신, 역자와 30여 년을 한결같이 친구처럼 지내 온 학지사 김진환 사장님께도 고마움과 존경의 마음을 보낸다.

마지막으로, 플로리다에 와서 이곳저곳 구경 한 번 가 보지 못한 사랑하는 아내, 딸 혜인, 아들 종성에게도 고마움을 표한다.

2011년

플로리다 어느 한적한 구석에서

김시엽

저자 서문

우리의 기억–향상면담 기법에 대한 관심은 순수하게 시작되었다. 사람들과 일상적인 대화를 나누면서, 이웃 사람들이나 가족들이 자신들의 안경이나 열쇠 등의 물건을 잃어버리거나 잘못 놓아 둔 장소를 기억하게 하는 것을 도와줄 수 있다는 사실을 종종 깨닫게 되었다. 마찬가지로, 우리는 친구들이 일시적으로 잊어버린 사람들의 이름, 전화번호, 주소 등을 기억하도록 때때로 도와줌으로써 그들의 고민을 덜어 주었다.

처음에는 이러한 능력이 전문적으로 교육받았던 인지(기억, 지각, 주의, 언어 그리고 다른 정신적 작용)과학 때문이라는 것을 의식하지 못했다. 나중에 회상해 보니, 기억을 촉발하기 위해 사용했던 우리의 거의 모든 기법이 대학에서 강의했던 과학적이며, 실험적인 연구에서 나오게 되었음을 깨닫게 되었다. 따라서 이러한 지식들이 기억과 세부적인 사항들의 묘사를 통해 매우 중요한 수사면담을 행하는 전문가들에게 가치가 있을 것임을 인식하게 되었다. 이러한 인식은 자연스럽게 범죄 피해자나 목격자의 세부적인 사항에 대한 기억을 끄집어내기 위해 끊임없이 면담을 수행하고 있는 경찰 수사관들에 대해 생각하게 만들었다. 로스앤젤레스 경찰서 그리고 후에는 메트로-데이드 경찰서의 격려로 이 문제들을 더욱 체계적으로 추적하기 시작했고, 인지면담(cognitive interview)을 발전시키기 위한 실험실과 현장 연구 프로그램들을 시작했다.

초기 개발 단계 때부터 지속적으로 우리는 몇몇의 경찰서와 밀접하게 관계를 유지하면서 훈련 워크숍을 열었으며, 매우 주목받는 범죄 사건의 피해자나 목격자에 대한 면담을 수행했다. 이 책은 지난 10년 동안 축적한 지식들을 미래에 수사면담을 하려는 사람들과 공유하고자 하는 목적으로 쓰였다.

이 책의 많은 내용은 여러 전문적이고 연구 지향적인 자료집, 즉 저널과 여러 교재들의 장, 학술회 강연집들에 수록되어 있다. 이 책의 목적은 이러한 자료들을 일관된 작업에 조직화시키고, 현장의 수사면담자들이 사용할 수 있도록 소책자 형태로 제시하고자 하는 것이다. 또한 우리의 실무적인 제안들이 왜, 그리고 어떻게 효과가 있는가를 독자들이 더 잘 이해할 수 있도록 기억 인출과 대화에 대한 개념적 배경을 기술했다. 그러나 이 책의 주안점은 바로 실무 적용에 있다.

이 책에 기술한 거의 모든 면담 사례는 실제 경찰 사건들에서 발췌한 것이다. 이 사례들에서 나타나는 모든 개인 정보들(이름, 전화번호, 차량 번호 등)을 바꾸어 제시하였으므로, 원래의 정보와 책의 정보가 유사한 경우는 순전히 우연하게 일치한 것일 뿐이다.

비록 이 책이 두 사람의 공동 저술이지만, 많은 개인과 연구소의 지식과 자료들이 큰 도움을 주었다. 우리는 National Institute of

Justice(grants USDJ-83-IJ-CX-0025 & USDJ-85-IJ-CX-0053)에 감사한다. 만약 인지면담 개발연구에 대한 그들의 지원이 없었다면, 인지면담 연구는 착수조차 하지 못했을 것이다. 또한 연구를 도와주었던 많은 지역의 경찰관들에게 감사한다. 특히 메트로-데이드 경찰서의 강도 담당 부서장인 John Farrell과 소속 경찰관들, 로스앤젤레스 경찰서의 Mike Nielsen 서장과 Martin Reiser 박사 그리고 로스앤젤레스 보안서의 Tom Sirkel 형사에게 고마움을 표한다.

헌신적인 연구보조원들이 연구 단계에서 데이터를 수집하고 분석하는 큰 수고들을 해 주었다. David MackKinnon, Heidi Holland, Kim O'Reilly, Gail Bornstein, David Raymond, Michael Amador, Lynn Jurkevich, Monica Warhaftig, Kathy Quigley, David Tacher, Alex Torres, Michelle McCauley 그리고 Denise Chin이다. 저자들의 아이디어들 중 많은 부분은 경찰들이나 다른 수사관들에게 훈련 워크숍을 실시하면서 발전된 것들이다. 특히 런던 경찰서의 형사인 Richard George 경사, 이스라엘 경찰국의 폴리그래프 부서의 요원들 그리고 전미 대학 스포츠 협회 KNCAA의 조사관들이 훈련 워크숍에서 언급해 준 가치 있는 피드백에 감사한다. 이 책의 많은 분량은 두 명의 저자들 중 한 사람인 Fisher가 안식년 차 머물렀던 하이파(Haifa) 대학교에서 저술되었다. 이 대학교는 매우 훌륭한 작업 환경(단, 가끔씩의 스커드 미사일 공격이 흠이었지만)과 학문적 분위기를 제공해 주었다. 마지막으로, 이 책의 초고 때 가치 있는 피드백을 제공해 준 Brian Cutler 박사, Alan Fisher 박사 그리고 Janet Fisher 박사에게 고마움을 전한다.

차 례

01

도입

범죄수사 시 목격자 정보가 명백히 중요함에도 불구하고, 경찰들이 협조적인 목격자와의 효과적인 면담 수행 방법에 관한 교육을 받는 경우는 놀라울 만큼 적다(Sanders, 1986). Rand Corporation (1975)의 연구는 절반이 넘는 경찰서에서 새로 임명된 면담자를 위한 프로그램을 갖추고 있지 않다고 보고하였다[1]〔영국 경찰에서도 이에 필적할 만큼 체계적인 훈련이 부족하다는 점에 대해서는 Cahill과 Mingay(1986)의 연구를 참조하라〕. 경찰과학(police science)을 다루는 대부분의 책에서도 효과적인 면담 기술에 대한 논의를 완전히 제외하거나, 단지 피상적인 내용만을 제공하고 있다(예, Harris, 1973; Leonard, 1971; More & Unsinger, 1987; O'Hara & O'Hara, 1988). 이러한 공식적인 훈련의 부족을 반영하듯이, 경찰은 종종 수사 장면에서 엄격하지 못한 태도를 보인다. 한 경찰관은 자신의 면담접근법을 "당신은 단지 목격자에게 무엇을, 언제, 어디서, 어떻게, 왜를 묻기만 하면 된다."는 식으로 묘사하고 있다. 이 때문에 경찰 면담자가 우호적인 면담을 수행할 때 피할 수 있는 실수를 종종 저지르게 되고, 매우 가치 있는 정보를 이끌어 내는 데 실패하게 되는 것은 놀라

1) 마이애미와 로스앤젤레스 지역 경찰관에 대한 비공식적인 조사 결과, 협조적인 목격자를 면담하는 것에 대해 어떠한 과학적 훈련을 받은 사람이 거의 없었다. 그들이 받아 온 훈련은 주로 수사면담의 형식적이고 법적인 요구 사항에만 초점을 맞춘다. 일부 형사들은 잠재적인 용의자를 신문하는 과학적인 훈련을 받았다. 그러나 명백히 협조적인 목격자보다는 용의자에게서 정보를 이끌어 내기 위해서는 다른 기법들이 사용되어야만 한다.

운 일이 아니다. 이 책의 목적은 경찰 면담자(interviewer: INT)나 경찰 이외의 조사 면담자들에게 협조적인 목격자들(eyewitnesses: E/Ws)에게서 관련 정보를 최대한 이끌어 낼 수 있는 체계적인 접근 방법을 제공하는 것이다.[2)]

이 책은 경찰수사의 용어로 표현되어 있는데, 그 주된 이유는 연구가 경찰들과 함께 수행되었기 때문이다. 그러나 인지면담(cognitive interview)은 인지의 일반적인 원리에 기초하고 있기 때문에, 형사, 방화관리자, 주 변호인단, 민사 변호사, 사설탐정 등[3)] 수사면담을 실시하는 누구에게나 유용할 것이다. 모든 수사면담(investigative interview)의 핵심적인 문제는 모두 동일한 것으로, 응답자의 마음으로부터 관련된 정보를 끄집어내는 것에 있다. 따라서 기억의 과학에 대해 훈련받지 않은 경찰관과 경찰 이외의 면담자도 인지면담을 통해 모두 이득을 볼 수 있다. 우리는 그들이 일반적인 개념을 간단히 수정하여 자신의 실제적인 수사 장면에 적용하기를 바란다.

불행히도 목격자가 보고하는 정보량을 제한하는 다양한 요인이 존재한다. 대부분의 사람은 단지 '개입되기를 원하지 않는다.' 즉,

2) '목격자(eyewitness)와 면담자(interviewer)' 라는 용어가 자주 나오기 때문에, 각기 손쉽게 E/W, INT와 같은 약자를 사용한다. 이 책 전체에서 기술되는 여성 용어 'she'와 'her'는 목격자(E/W)를 나타내며, 남성 용어 'he'와 'him'은 면담자(INT)를 의미한다. 이런 구분은 저자들이 E/W와 INT를 언급할 때 단지 모호함을 피하기 위한 것이다. 우리의 연구에서, 남성들과 여성들 모두를 언급할 때는 E/Ws와 INTs로 나타낸다. 따라서 연구들의 결론이 의도하는 바는 남성들 그리고 여성들 E/Ws와 INTs에게 해당된다.

3) 부록 B에 요약되어 있다. 이전 식사 때 먹었던 음식을 회상하도록 하는 공중보건 면담을 개선하기 위해 기법들이 어떻게 수정될 수 있는지를 보여 주는 Fisher와 Quigley(1991)의 논문을 참고하라.

사람들은 잠재적인 결과에 대한 두려움 때문에 법정 출두를 불편하게 여긴다. 표면상 결백해 보이는 어떤 목격자들은 실제로는 용의자들이고, 그들은 최대한 적은 정보만을 알려 주려고 한다. 어떤 목격자들은 효과적인 면담이 불가능할 정도로 의사소통 능력이 빈약하다. 실무적으로 이러한 장애를 극복할 수 있는 방법은 거의 없다. 이러한 장애들은 이미 체제 내에 존재한다. 우리의 관심은 수사 업무를 좀 더 효율적으로 하기 위해 수사상의 문제점들을 개선하는 데 초점을 두고 있다. 그러한 한 가지 보편적인 문제점은 사람의 기억력의 한계로서, 모든 목격자가 직면하는 문제다. 주의를 기울이든 무관심하든, 협조적이든 비협조적이든, 피해자이든 결백한 방관자이든 마찬가지다. 수사를 할 때 극복할 수 없는 다른 장애물과는 달리, 목격자의 기억은 적절한 면담기법에 의해 명백히 향상될 수 있다. 이 책은 목격자의 회상을 증진시켜 수사 과정에 도움을 줄 수 있는 면담기법을 기술하는 것에 초점을 두고 있다.

인지면담은 과거 수년 동안 발전해 왔으며, 다양한 학문 분야의 접근 방식을 반영하고 있다. 인지면담은 우리 그리고 다른 심리학자들이 과거 30년 이상 수행해 온 인지심리학(cognitive psychology) 분야의 이론적 · 실험적인 연구들(따라서 '인지면담'이라고 명명되었다.)에 크게 의존해 왔다. 게다가 수사면담의 다른 분야들, 가령 저널리즘, 구전된 역사, 의료면담, 심리치료 면담 등으로부터 개념을 빌려오기도 했다. 기억-향상면담의 이론적인 기초를 견고하게 확립한 다음, 방대한 실제 연구를 통해 이러한 원리들을 더욱 세련되게 하였다. 이런 실제적인 연구들 중 일부는 현장에서 '경찰동행(ride-alongs, 시민들이 경찰차에 타고 경찰 업무에 동행하는 것-역자주)'을 통해 이루어졌다. 저자들은 경찰이나 사설 면담자들을 대상으로 여러 건들의 면담을 직접 실시했다. 그리고 실제적인 연구들 대부분은 경험이 풍부한 형사들이 실시한 수백 시간의 녹음된 면담 내용을 집중해서 듣고 분석하는 과정을 통해 이루어졌다. 마지막으로, 다른 면담기법에 관한 형사들의 견해를 알아보기 위해서, 실험에 참여한 형사 중 여러 사람과 면담을 실시했다. 따라서 인지면담은 다양한 인물, 연구 접근법, 학문 분야를 통해 발견된 아이디어들을 활용하여 만든 절충적인 접근법이다.

과학적인 훈련을 받았기 때문에 우리가 전체 연구 프로그램에 걸쳐서 확고하게 지켜 온 하나의 원칙은, 인지면담의 장점이 과학적으로 증명될 수 있을 때에만 인지면담을 추천하는 것이다. 연구의 접근 방식이 직관적으로 매우 타당해 보이고, 또한 많은 전문가들이 우리의 견해를 강하게 지지하는 것과는 상관없이, 궁극적인 관심은 인지면담이 항상 효과가 있다는 것이 객관적인 자료에 의해 지지되는지 여부에 있었다. 즉, '인지면담이 실제로 표준경찰면담(standard police interview)보다도 더 많은 정보를 이끌어 내는가?'가 검증되느냐 하는 것이었다.

독자 중 많은 사람이 건전한, 회의적인 입장을 가질 것이라고 가정하기 때문에 우리의 주장을 기록해 놓은 과학적 증거의 요약을 부록 B에 제시했다. 진지한 면담자들에게는 연구의 철저한 내용 파악을 위해 상세하게 기술된 학술지 원본 논문을 읽어 보기를 권한다. 간단히 말해, 실험적인 검증을 통해 인지면담이 다양한 조건에서 수집된 정보의 총량을 상당히 증가시켰다는 것을 확인할 수 있었다. 인지면담은 대학생 목격자 그리고 학생이 아닌 목격자들에게, 초보

면담자와 경험이 풍부한 면담자들에게, 형사사건 수사와 민사사건 수사에서, 실험실과 이보다 더 중요한 현장에서, 그리고 실제 범죄 피해자와 범죄목격자들에게 효과가 있었다.

또한 범죄피해자와 범죄목격자에 대한 인지면담 현장에서의 효과성을 검증하기 위해 두 개의 독립적인 연구가 수행되었다. 하나는 미국 마이애미의 메트로-데이드 경찰서에서 이루어졌고(Fisher, Geiselman, & Amador, 1989), 다른 하나는 영국에서 여러 경찰서의 면담자들을 대상으로 수행되었다(George, 1991). 미국에서의 연구에서는 경험이 풍부한 면담자들은 인지면담을 훈련받기 전보다 훈련받은 후에 47%나 더 많은 정보를 이끌어 내었다. 영국에서의 연구에서는 면담자들은 훈련을 받기 전보다 받고 난 후에 55%나 더 많은 정보를 이끌어 내었다. 흥미롭게도 인지면담을 훈련받고 향상되지 않은 단 한 명의 면담자(미국에서의 연구)는 자신의 면담 스타일을 바꾸지 않은 사람이었다.

인지면담을 기억 향상을 위한 다른 시도들, 특히 최면기법(hypnosis)과 비교해 보자. 과학적인 문헌을 개관해 보면, 최면은 예측 가능하지 못하다는 것을 알 수 있다. 일부 연구자들은 최면이 기억을 향상시킨다는 것을 보여 주기도 하지만, 다른 연구자들은 아무런 효과를 발견하지 못했다(개관은 Smith, 1983; Orne, Soskis, Dinges, & Orne, 1984 참조). 부정적인 측면에서, 법정수사 시 최면을 사용하는 주된 제한점은 목격자들이 유도질문(leading questions)이나 오도질문(misleading questions)에 크게 암시(suggestible)를 받는다는 것이다(Putnam, 1979). 이와 비교해, 인지면담은 유도질문의 영향을 상대적으로 덜 받는다(Geiselman, Fisher, Cohen, Holland, &

Surtes, 1986). 뿐만 아니라, 최면기법은 오랜 훈련 기간을 필요로 하고, 또한 면담에 소요되는 시간을 상당히 증가시키는 반면, 인지면담은 몇 시간 만에 배울 수 있고, 단지 몇 분의 면담시간으로도 면담효과를 가져온다. 전반적으로 인지면담은 기억강화법으로서 최면에 비해 더 신뢰할 수 있으며, 왜곡이 적고 좀 더 쉽게 배워 실시할 수 있다.

우리가 알고 있는, 과학적으로 검증된 다른 유일한 기법은 대화관리(conversation management)로서 영국의 일부 경찰서에서 사용하는 절차다. George(1991)에 따르면, 대화관리는 "면담자가 사실들을 발견하기 위해 의사소통의 통로를 열고 그 열린 상태를 유지하는데 요구되는 사회적 기술과 대화기술을 갖추는 것을 추구한다(p. 4)." George(1991)는 대화관리를 공식적으로 검증하였는데, 대화관리는 목격자와 범죄피해자의 회상을 향상시키지만 그 수준은 약하며, 인지면담에 비해서도 그 수준이 약하다는 것을 발견했다. 더욱이 인지면담(2일)에 비해서 대화관리(5일)는 면담자를 훈련시키는데 더 많은 시간이 필요했다(연구에 대한 자세한 내용은 부록 B를 참조하라). 대화관리를 옹호하자면, 대화관리의 주된 초점은 용의자를 추궁하는 데 있지 협조적인 목격자를 면담하는 데 있는 것은 아니다.

비록 인지면담이 효과적인 수사도구이기는 하지만, 이것의 효용성은 상황에 따라 다를 것이다. 첫째, 인지면담이 주로 공헌할 수 있는 경우는 돈을 노린 강도 또는 폭행사건일 것이다. 물리적인 증거가 풍부한 범죄들과는 달리 이러한 경우에는 목격자의 보고를 통해 대부분의 증거를 얻게 된다. 둘째, 인지면담은 협조적인 목격자들을 대상으로 사용하기 위해 설계되었다. 의도적으로 정보를 제공하지 않으려는 목격자는 인지면담에 의해 '붕괴되지(broken)' 않는다. 셋째, 인지면담은 표준적인 경찰면담보다 시행하는 데 다소 시간이 더 걸릴 수 있다.[4] 따라서 면담하는 데 충분한 시간을 확보해야 최대한의 효과를 얻을 수 있다. 마지막으로, 인지면담은 면담자가 상당한 정신집중을 해야 한다. 전형적인 경찰면담과 비교했을 때, 면담자는 면담을 실시하는 중에 더 많은 결정을 내려야만 하며, 더 많은 유연성을 보여야만 한다. 이러한 의미에서, 인지면담은 표준면담에 비해 실시하기가 더 어렵다. 하지만 초기에 요구되는 정신 집중(mental concentration)은 연습을 통해서 자연히 이루어지게 된다(인지면담을 배우기 위한 효과적인 훈련 프로그램은 제13장을 참조하라).

우리 연구의 한 가지 놀라운 결과를 보면, 예상했던 대로 일부 면담자들이 다른 면담자들에 비해서 지속적으로 더 많은 정보를 이끌어 냈다. 훌륭한 면담자와 서투른 면담자 간의 어떤 차이들은 쉽게 변할 수 없는 그들의 성격 특성을 분명히 반영하겠지만, 진정한 관심은 어떤 중요한 면담기술이 학습될 수 있는가 하는 데 있다. 우리의 연구는 대부분의 면담자가 새로운 기술을 배울 수 있고, 효과를 높일 수 있다는 것을 확인시켜 주었다. 이 책의 목표는 모든 면담자가 목격자의 정보를 더 많이 끌어낼 수 있도록 성공적인 기법을 기술하는 데 있다.

4) 지금까지 수행되어 온 두 개의 현장연구에서, 인지면담은 표준적인 경찰면담보다 더 많은 시간이 걸리지는 않았다(Fisher, Geiselman, & Amador, 1989; George, 1991). 그러나 인지면담은 몇몇 실험실 연구에서는 다소 더 오랜 시간이 걸리기는 했지만, 추가적인 시간이 인지면담을 더 우수하게 한 것은 아니었다(Fisher & McCauley, 출판 중).

이 책은 주로 현장의 면담자들을 위해 저술되었기 때문에, 인지에 관한 이론보다는 실무적인 기법을 강조한 실제 방법(how-to-do-it)을 기술하였다. 그러나 또한 우리는 독자들이 이 책에서 제시하는 기법들의 근간이 되는 과학적인 원리에 대해 이해해야 한다고 생각한다. 그래서 배경이 되는 과학적 근거를 설명하고, 더 깊이 이론들을 탐구하고자 하는 독자들을 위해 참고문헌을 제시하였다. 그러나 배경 이론과 실험 결과들은 추가적인 각주의 형태로 제시했으므로 기법이 왜 효과가 있는지 이해하고자 하는 독자라면 각주를 주의 깊게 읽을 것을 권한다. 특히 변호사들에게 각주 읽기를 권장하는데, 잘 확립되어 있는 인지심리학의 원리에 반하거나 최근의 실험적인 결과에 상반되는 여러 가지 법률적인 사례들을 각주에서 논의했기 때문이다.

다음은 각 장의 주제들을 간단히 요약한 것이다. 제2장 '목격자 기억의 복잡성'에서는 기억(memory)과 망각(forgetting)에 관한 분석을 기술하고 있는데, 특히 이 분석이 목격자의 회상(recall)에 어떻게 적용되는지 알려 줄 것이다. 또 기억을 촉진시키는 데 요구되는 면담자의 역할을 검토하고 난 후 인지면담을 개관하면서 이 장을 마무리할 것이다. 제3장 '면담의 역동'에서는 면담의 상호작용적인 본질에 초점을 맞춘다. 수사에 대한 면담자와 목격자 간의 기대 차이, 이런 차이의 일정 부분을 어떻게 연결할 것인지, 그리고 일반적으로 면담 팀의 각 구성원이 다른 구성원에게 어떤 영향을 미치는지를 본다. 제4장 '목격자의 한계 극복하기'에서는 목격자 회상을 제한하는 주요 요인 중에서 몇 가지(불안, 확신감 그리고 의사소통기술)를 설명하고, 이러한 한계를 극복하기 위해 사용할 수 있는 몇 가지 기법들을 기술한다.

다음의 두 개의 장에서는 면담의 좀 더 실무적인 측면들을 검토한다. 제5장 '면담 준비'에서는 면담 수행의 장소와 시기 그리고 동일한 목격자에 대해서 수차례 면담을 실시할 때 생길 수 있는 문제들에 대해서 살펴본다. 제6장 '면담 과정'에서는 면담의 기초(nuts and bolts), 질문을 어떻게 언어적으로 표현할 것인가, 그리고 서로 다른 형태의 질문들(예, 개방형 대 폐쇄형 질문)의 장단점을 다룬다.

제7장 '인지의 원리'에서는 인지의 기본적인 원리를 검토한다. 지식이 목격자의 마음에 어떻게 표상되고, 그것이 기억으로부터 어떻게 인출되는지를 다룬다. 제7장과 맥락을 같이 하는 제8장 '기억을 촉진시키는 실제적인 기법'에서는, 인지의 기본 원리를 적용하여 회상의 양을 증가시키기 위해 사용할 수 있는 실무적인 면담기법에 대해 기술한다. 다음으로, 제9장 '목격자에게 적합한 질문'에서는 중요하지만 종종 어겨지곤 하는 효과적인 면담의 한 가지 원칙을 발전시킨다. 모든 관련 정보가 목격자의 마음에 있기 때문에, 면담자가 아니라 목격자가 면담에서 중심적인 역할을 하여야 한다. 면담자는 단순히 목격자가 정보를 떠올릴 수 있도록 도울 뿐이다. 하지만 목격자가 정보를 회상하도록 돕는 것은 정보가 목격자의 마음속에 어떻게 저장되어 있는지에 달려 있다. 제10장 '이미지 기억 코드와 개념 기억 코드의 탐지'에서는 정보가 정신적인 이미지의 형태로 저장되어 있든, 추상적인 사고(abstract idea)의 형태로 저장되어 있든, 그 정보를 끌어내는 기법들에 대해 기술한다. 기법의 개별적 요소들을 모두 제시한 다음, 제11장 '인지면담의 순서'로 넘어가는데, 전체 면담의 체계적이고 연속적인 구조를 발전시키고, 면담의 시작,

중간 그리고 마무리에서 사용될 다른 접근 방법과 기법들을 제시한다. 이 장은 앞 장들의 정보들을 통합하여 하나로 묶어 제시한다.

나머지 장들은 주로 앞서 배운 기술들을 세련되게 하고 인지면담을 실제 사례에 적용하는 것을 돕기 위한 것이다. 제12장 '면담분석 사례'에서는 두 개의 면담을 발췌하여 훌륭한 면담기법과 잘못된 면담기법에 초점을 맞추어 간단히 언급한다. 마지막으로, 제13장 '인지면담 훈련 프로그램'에서는 인지면담을 배우기 위한 효과적인 절차를 설명한다. 이 장은 여러 경찰서와 그 밖의 다른 수사 요원들을 대상으로 한 훈련 워크숍을 실시했던 경험을 반영한 것이며, 또한 인지면담을 배우고자 하는 면담자와 다른 사람들을 가르치기를 원하는 교관 모두를 염두에 둔 것이다. 부록 A '인지면담 수행을 위한 참고 가이드'는 면담자들이 간편하게 사용할 수 있도록 제공한 것이었다. 면담자들이 면담 실시 전에 살펴본다면 매우 도움이 될 것이다. 마지막으로, 부록 B '연구 요약'은 기법에 대한 우리의 주장을 뒷받침하기 위해 제시했다. 이 연구들은 연구를 전문으로 하는 심리학자들과 과학적인 연구들을 훈련받은 경찰 면담자들에 의해 미국, 독일 그리고 영국에서 수행된 것들이다.

02

목격자 기억의 복잡성

기억과 망각

인지면담

Beverly-Chase 은행이 1,500만 달러에 달하는 보석으로 빛나는 아치형 천장을 설치한 지 얼마 되지 않은 때였다. 제복을 입은 소규모의 경찰들과 형사들이 채 20분도 되지 않아 사람들을 통제한 후에 자신들의 임무를 수행하기 시작했다. 강도들은 어리둥절해 있던 8명의 목격자들에게 인상을 남긴 것을 제외하고는 아무런 물리적 증거도 남기지 않았다. 방심하고 있었던 한 명의 경비원, 범죄자 중 한 명과 직접 대면했던 은행원, 시야에서 벗어난 범죄자들을 보았던 또 다른 은행원, 백발의 할아버지로 보이는 예금자와 그가 데리고 온 5세의 아동, 혼비백산한 관광객 그리고 호기심 많은 행인. 정말이지 잡다하게 섞여 있는 관찰자들밖에 없었다! 그러나 그 사람들이 단서를 얻을 수 있는 전부였다. 지문도, 옷 조각도, 바퀴 자국도 남지 않았다. 8명의 놀란 목격자를 제외하고는 아무것도 없다(목격자가 8명이라고 했으나 7명만 예시되어 있다-역자 주).

Beverly-Chase 은행강도 사건 해결의 열쇠는 다른 대부분의 사건들과 마찬가지로, 8명의 목격자로부터 최대한 많은 객관적인 정보를 이끌어 내어 범죄를 짜 맞추는 데 달려 있다. 이 사건에서 범죄 분석실의 지원은 전혀 없을 것이다. 심지어 물리적인 증거가 있는 다른 사건들에서도, 수사의 성공은 여전히 목격자 진술의 양과 질에 좌우된다.

범죄수사 과정에서 목격자 증언의 중요성은 간과되어서는 안 된다. 목격자 증언은 범죄자를 체포하고자 하는 초기 단계부터 목격자의 기억이 법정 논쟁의 초점이 되곤 하는 마지막 법정 상황의 종료 시까지 중심적인 지위를 차지한다. 범죄수사 과정에 관한 한 종합적인 연구에서, Rand Corporation(1975)은 사건이 해결될지 여부를 결정하는 주요인은 목격자 진술의 완성도(completeness)와 정확성(accuracy)이라고 보고했다. 이 공식 문서는 많은 법 집행 기관의 요원들에 의해서 지지되는 비공식적인 의견을 반영하고 있다(Sanders, 1986). 다른 한편, 피고측의 변호사들도 목격자 진술의 중요성에 관해서 이에 필적할 만한 주장을 해 왔다(예, Visher, 1987). 변호사가 의뢰인을 지지하기 위해 더 많은 목격자 증언을 정리할수록, 방어는 더욱 강력해진다. 요약하면, 관련된 모든 사람은 더 완전하고 더 강력한 목격자 증언을 확보함으로써 이익을 얻게 된다. 또 범죄자를 더 효과적으로 추적하고 재판할 수 있게 되고, 무고한 사람이 체포되거나 오판이 내려지는 경우는 더 적을 것이다.

목격자 증언은 범죄사건의 결과를 결정지을 잠재력이 매우 크기 때문에, 정보가 많고 정확해야 한다는 점이 매우 중요하다. 이상적으로는, 목격자의 보고는 매우 상세하고 정확하고, 완전해야 된다. 그래야 경찰이 무고한 사람의 생활을 방해하는 일 없이 쉽게 범죄자들을 찾아낼 수 있기 때문이다. 그리고 배심원들은 죄가 있는 사람을 유죄로, 결백한 사람을 무죄로 판결하는 결정을 쉽게 할 수 있을 것이다. 불행히도, 이상적인 목격자의 완전한 보고와 실제 목격자들의 파편화되고 때때로 부정확한 보고 간에는 큰 격차가 존재한다. 범죄사건에 관한 목격자 진술을 한 번이라도 들어본 사람이라면 쉽게 잊히지 않을 것처럼 보이는 경험들이 다른 생활 경험들과 마찬가지로 의식에서 사라진다는 것을 금방 알게 된다. 기억들 간의 격차는 커서, 때로는 단지 공백으로 남겨져 있기도 하고, 어떤 경우에는 합리적인 추측으로 채워져 있기도 하다. 최악의 경우는, 기억이 때로 왜곡되어서, 겉으로는 예리하고 설득력 있어 보여도 사실은 부정확할 때다. 안타깝게도, 현실 세계의 목격자는 이상과는 너무 동떨어져 있다. 그들의 증언은 부분적으로 부정확하고, 불완전하고, 믿을 만하지 못하다고 알려져 있다(Loftus, 1979; 이 책의 부록 B, 각주 2를 참조하라).

목격자 기억의 문제에 대응하기 위해 여러 가지 법적인 접근법이 채택되어 왔다. 한 가지 '해법(solution)'은 검찰이 종종 교묘하게 도입하곤 했는데, 단순히 문제를 부정해 버리는 것이다. 해당 사건이 워낙 중대하고 특별하기 때문에, 그들이 주장하기로는 그 사건이 목격자의 마음에 영구히 새겨졌음에 틀림없으며, 따라서 회상도 완벽하다고 결론짓는다. 한 가지 다른, 그리고 똑같이 잘못 사용되는 접근법은—이번에는 피고측 변호인이—이 문제를 과장하는 것이다. 목격자의 회상이 틀리기 쉽다는 점을 인정하고 종종 부각시켜서 거의 모든 결정적인 증언이 근거가 없다는 결론으로 유도한다. 그런데 더 유망하지만 좀처럼 사용하지 않는 접근법은 목격자 회상의 한계를 인정하고, 더 중요하게는 그것을 개선하기 위해서 조치를 취하는 것이다.

범죄사건에 대한 목격자의 회상을 개선하는 데는 두 가지 접근법이 있다. 한 가지 가능성은 일반 대중을 자신의 주위 환경에 더 주의하는 관찰자가 되도록 훈련시키는 것이다. 그러나 이러한 접근 방식은 이론적으로는 가능하지만, 막대한 인적 · 재정적 자원의 지출을 필요로 하기 때문에 비현실적이다. 게다가 최근의 연구들에서는 목격자 행위의 결정적인 측면들(예, 얼굴 인식)은 효과적으로 훈련될 수 없다는 것을 보여 준다(Ellis, 1984). 적절한 기술의 훈련이 가능하더라도, 범죄의 외상(trauma)을 경험하는 동안에는 이러한 기술을 사용할 가능성이 낮다. 따라서 우리의 목표는 ① 비용이 적절하고(affordable), ② 훈련이 가능하고(trainable), ③ 목격자가 정신활동을 통제할 수 있을 만큼 평온해졌을 때 실시할 수 있는, 그러한 기법을 개발함으로써 목격자의 회상을 개선하는 것이다.

기억과 망각

인지면담의 기법을 이해하기 위해서는 우선 기억의 작용기제와 망각의 원인을 이해하는 것이 필요하다. 대부분의 심리학자는 기억을 3단계, 즉 부호화(encoding), 저장(storage) 그리고 인출(retrieval)로 나눈다(Melton, 1963). 부호화 단계에서는 사건이 목격자의 마음속에 지각되고 표상을 갖게 된다. 이러한 처음의 등록(registration) 단계에 이어서 사건의 정신적 기록은 나중에 사용하기 위해 저장 상태에 있게 된다. 인출 단계에서는 저장되어 있던 정신적 기록이 활성화되고, 회상(recalling)이라는 의식 현상을 불러일으킨다.

일부 방식에서는 기억을 기계적으로 정보를 정리하는 체계와 유사한 것으로 생각할 수 있는데, 이 체계에서는 하나의 파일이 우선 만들어지고(부호화), 나중에 사용하기 위해서 유지되고(저장), 그리고 마지막으로 체계로부터 끄집어 나오게 된다(인출). 단순한 정보

처리 체계가 인간의 기억만큼 복잡하거나 역동적이지 않다는 것은 전혀 놀랄 일이 아니다. 한 사건에 대한 정신적인 기록은 그 사건의 정확한 복제가 아니다. 오히려 그 기록은 사건, 상황적 맥락, 관찰자의 기분과 당시의 생각, 관련 경험에 관한 일반적인 지식 그리고 다른 여러 가지 영향력들 사이에 발생하는 상호작용의 복잡한 관계를 반영하는 것이다. 예를 들어, 은행강도사건에 관한 정신적 기록은 목격자들의 공포감, 생리적 상태, 최근에 은행강도 영화를 봤는지의 여부, 중요한 회의에 늦었다는 생각과 같은 것들을 반영할지도 모른다.

범죄가 부호화된 후에 저장된 정신적 기록은 다른 저장된 정보와의 접촉으로 바뀔 수도 있다. 전형적인 은행강도가 어떻게 발생하는지에 대한 고정관념, 다른 목격자들과의 대화 그리고 단순히 강도사건에 대해 생각하거나 의식적인 회상을 억압하는 것만으로도 정신적 기록은 바뀔 수 있다. 기억의 마지막 단계는 정신적 기록의 인출인데, 기억 과정의 가장 어려운 부분이라고 할 수 있다. 인간의 마음은 무수히 많은 사실을 저장하는 능력이 있다(Landauer, 1986). 세부적이고, 종종 유사한 수많은 사건 목록을 뒤지는 작업량만 해도 압도적이다.

비록 기억의 부호화와 저장 단계에 관한 광대한 과학적 지식이 있다 하여도, 이런 지식의 대부분은 전형적인 범죄의 목격자 회상을 향상시키는 데 적용할 수 없다. 범죄가 발생할 것이라는 경고가 있는 경우는 좀처럼 없기 때문에, 목격자는 범죄가 발생했을 때 효과적인 부호화 전략을 선택할 준비가 되어 있지 않다. 저장 단계 동안에는 정신적 기록에 작용하는 대부분의 영향력이 잠재의식 수준에 있기 때문에 그 과정을 변화시키기 위해 할 수 있는 일이 거의 없다. 반면에 인출 단계는 주로 의식의 통제하에 있다(Klatzky, 1980). 인출 단계는 목격자가 범죄 장면에 대해 의도적으로 가장 잘 생각할 수 있는 단계다. 따라서 외상적(traumatic) 사건을 세부적으로 인출하는 것이 명백히 어려움에도 불구하고, 인출은 가장 쉽게 바뀌고 개선될 수 있는 기억의 단계다. 인지면담이 기억의 인출 단계를 향상시킴으로써 목격자 회상을 개선하고자 하는 것은 전혀 놀라운 일이 아니다.

기억에 대한 흔한 오해는 회상이 학습된 사건의 '기억저장고 안에' 있는지 아닌지에 전적으로 의존한다는 것이다. 많은 사람은 정보가 '기억저장고 안에 있어서' 정확히 회상을 할 수 있거나, '기억저장고 안에 있지 않아서' 회상이 되지 않거나 둘 중에 하나라고 믿는다. 어떤 것들은 다른 것들에 비해서 학습이 더 잘 된다—그래서 회상이 더 잘 된다—는 것이 사실이기는 하지만, 많은 사람은 정보가 기억 체계 내에 있더라도 망각이 일어날 수 있다는 가능성을 간과한다. 정보 파일 체계로부터 유추해 본다면, 파일이 체계 내에 있더라도 파일을 빼내는 데 실패할 수도 있다. 한 가지 확실한 설명은 우리가 정보 파일 체계 내의 엉뚱한 부분을 찾고 있다는 것이다. 우리는 어떤 사람의 이름을 잊어버렸다가 나중에 결국 기억하게 되는 경우들을 경험해 본 적이 있다. 처음에는 그 이름을 떠올리지 못한다. 이것은 우리가 이름을 적절한 방식으로 찾지 않았기 때문이지 '기억저장고에 있지 않아서'가 아니다.[1] 모든 사건은 기억 어딘가에

1) 몇 개의 실험 연구에서 이런 인출에서 비롯된 망각 현상을 보고해 왔다. 고전적인 일련의

저장되고, 모든 망각이 부적절한 인출에 의해서 야기되는 것일 수도 있다. 이러한 주장이 분명 사변적이기는 하지만, 우리는 적어도 일부 망각 행위가 적절하지 못한 회상으로부터 야기된다는 것을 확실히 알고 있다. 이러한 사실은 수사면담관에게 매우 중요한데, 그 한 가지 이유는 그들이 면담 절차 전반에 걸쳐 간접적으로 목격자의 인출 방법을 통제하기 때문이고, 또 다른 이유는 목격자가 더 효과적으로 기억을 탐색하도록 이끌어 줄수록 면담관은 더 많은 정보를 얻을 것이기 때문이다.

인지면담

인지면담은 목격자 증언의 두 가지 주요 요소, 즉 기억과 의사소통에 초점을 맞춘다. 목격자는 우선 범죄사건의 모든 세부 사항을 의식으로 끌어내야만 한다. 그런 다음, 그 정보를 면담자에게 반드시 전달해야 한다. 이 두 과정이 모두 제대로 기능을 해야만 성공적인 면담이 이루어질 수 있다.

인지면담의 핵심적인 기억 원리는 인출을 유도하는 것이다. 모든

> 실험들에서, Tulving과 동료들(Tulving, 1974; Tulving & Thomson, 1973)은 이전에 잊어버린 정보가 다른 인출 단서가 제공되었을 때 회상될 수 있음을 보여 주었다(인출 단서는 회상될 정보에 관한 힌트다. "성은 L자로 시작합니다."). 대부분의 극단적인 사례에서, 처음에 인식되지 못하던 사건들이 적절한 인출 단서가 제공되었을 때 정확히 회상되었다. 예를 들어, 목격자가 제시된 여러 개의 차량 번호판의 목록을 통해서는 자신이 보았던 차량 번호판을 알아보지 못할 수도 있지만 도주 차량의 사진을 보고 나서는 차량 번호판을 기억해 낼 수도 있다.

관련 정보는 목격자의 마음속에 있기 때문에, 면담의 목표는 목격자가 그 정보에 접근할 수 있도록 돕는 것이다. 원하는 정보에 접근하느냐의 여부는 면담자가 아니라 목격자에 달려 있다는 것을 명심하는 것이 중요하다. 결론적으로 말하면, 면담은 목격자의 정신적 조작에 의해서 방향이 정해져야 한다. 너무 빈번하게도, 면담자가 면담의 중심적인 인물이 되고 목격자는 단지 부수적인 역할만 한다 (Fisher, Geiselman, & Raymond, 1987). 반대로, 성공적인 면담자는 목격자가 관련 지식을 저장해 놓은 방법을 추론할 수 있고, 목격자가 그 지식을 인출하기 위해 기억을 탐색하도록 친절히 이끌어 준다. 인지면담은 ① 면담자가 그 사건에 대한 정신적 표상을 추론하는 것을 돕고, ② 목격자가 면담의 중심인물임을 확신시키는 기법을 제안하고, ③ 목격자가 구체적인 기억에 접근하는 것을 촉진하는 인출 전략을 제공함으로써 기억을 향상시킨다.

비록 정보들이 목격자의 마음속에 저장되어 있다고 하더라도, 단순히 그 지식을 활성화하는 것만으로는 성공적인 면담이 필연적으로 보장되지는 않는다. 두 번째로 넘어야 할 장애물은 면담자에게 효과적으로 정보를 전달하는 것이다. 만약 목격자–면담자 간의 상호작용을 단순한 의사소통 체계라고 간주한다면, 이를 두 가지 문제로 분리시킬 수 있다. 한 가지는 목격자가 의식된 기억을 언어적 표현으로 전환시키는 것이고, 다른 하나는 면담자가 목격자의 표현을 이해하고 기록하는 것이다. 더 나아가 이것은 의사소통 체계일 뿐 단순히 분리된 두 사람이 아니기 때문에, 각각의 화자는 반드시 상대방의 욕구와 능력을 인식하게 된다. 생산적인 목격자는 의식된 기억을 완전하게 끄집어낼 수 있어야 하고, 또한 이해 가능하고 의미 있는 형태로 면담자에게 묘사해 주어야 한다. 유사하게 면담자는 효율적인 청취자가 되어야 하고, 목격자의 심리적인 욕구와 능력을 알고 있어야만 한다. 인지면담은 ① 목격자가 완전하고 이해할 수 있는 응답을 할 수 있도록 돕고, ② 면담자가 목격자의 응답을 이해하고 기록하는 것을 돕고, 그리고 가장 중요한 것으로 ③ 면담자가 목격자의 심리적인 욕구를 이해하도록 돕고, 역으로 면담자가 수사상의 필요를 목격자에게 전달하는 것을 도움으로써 의사소통을 향상시킨다.

인지면담은 비법으로 만들려고 의도된 것이 아니다. 단순히 미리 결정된 일련의 질문 목록을 기억함으로써 효과적인 면담을 실시하기를 기대할 수는 없다. 이 책에서 반복적으로 언급하겠지만, 면담은 고도의 상호작용과 자발성을 갖추어야 한다. 효율적인 면담자가 되기 위해서는, 마치 훌륭한 항해자처럼, 옳은 판단을 내리고 예상치 못한 상황이 발생했을 때 방향을 수정하는 유연성을 지녀야 한다. 우리는 일반적인 안내 원칙으로서 인지면담을 제시한다. 하지만 이것은 항상 건전한 판단 그리고 예기치 못한 반응에 대해 유연함을 지니고 사용되어야 할 것이다.

03

면담의 역동

목격자의 능동적인 참여 촉진하기

라포 형성하기

면담자 대 목격자의 기대와 목적

목격자의 관심 이해하기

목격자의 행동 변화시키기

지역사회와 경찰의 호의적인 관계 형성

명백한 사실부터 살펴보면서 면담에 관한 고찰을 시작하고자 한다. 원래 모든 관련 정보는 목격자의 마음속에 저장되어 있다. 그리고 면담자의 목표는 이 지식들을 최대한 많이 끌어내는 것이다. 단순한 수준에서 이 문제는 책을 읽는 것과 매우 비슷해 보인다. 우리가 해야 할 모든 작업은 책에 쓰인 코드를 이해하고 나서 전체 글을 읽는 것이다. 그러나 불행히도, 이 간단한 유추는 사람과의 면담을 묘사할 때는 적용되지 않는다. 책은 수동적인 반면에 목격자는 능동적이고, 목격자와 면담자의 관계는 역동적이기 때문이다. 목격자는 면담 과정에 참여하여 이를 변화시킨다. 가장 중요한 관심사는 목격자와 면담자가 서로의 행동을 변화시킨다는 데 있다. 면담자가 어떻게 행동하는지에 따라 목격자는 정보를 공유하고자 하는 능력이나 의지에 영향을 받는다. 아마도 더 적절한 유추를 하자면, 목격자와 면담자는 면담 동안에 하나의 작업적인(working)—또는 비작업적인—관계를 형성한다고 할 수 있다. 그리고 한 팀으로서의 노력이라는 최종적인 성과물을 만들어 낸다.

이 장에서 검토할 주제들은 다음과 같다. ① 면담 시 목격자의 능동적인 참여 촉진하기, ② 목격자와 라포 형성하기, ③ 목격자와 면담자 간의 욕구와 기대의 차이점 이해하기, ④ 목격자의 행동 변화시키기, 그리고 ⑤ 긍정적인 지역사회-경찰 관계를 증진시키기 등이다.

목격자의 능동적인 참여 촉진하기

전형적인 수사면담에서 특히 범죄가 발생한 직후에 면담이 행해지는 경우, 목격자는 면담자를 면담을 통제하는 사람으로 여길 것이다. 대부분의 사건에서 목격자는 최근에 희생당한 사람들이거나 범죄를 관찰하는 자와 같은 수동적인 역할을 한다. 그 결과, 십중팔구 목격자의 자존감은 낮아 질 것이다. 반면, 면담자는 권력기관, 즉 경찰을 대표하는 권위 있는 인물로 지각된다. 목격자에게 경찰 면담자는 범죄사건을 해결할 수 있을 것이라 비춰진다. 여러 면에서 의료환자가 의사에게 자신의 건강문제를 관리해 주고, 적절한 질문을 해주고, 그리고 해결해 주기를 기대하는 상황과 비슷하다. 상황 안에서의 역동은 면담 초기에 면담자가 면담을 통제하고, 목격자는 부수적인 역할을 하도록 영향을 미친다. 이러한 기대들 때문에, 면담자는 목격자를 처음 만났을 때 과도하게 순한 양처럼 행동할 수 없다. 면담자는 면담을 주도적이고 적극적으로 끌고 가야만 한다.

여러 이유로, 면담자는 목격자보다는 면담을 더 성공적으로 이끌 수 있을 것이다. 가장 중요한 것은 면담자는 잠재적으로 외상을 경험하였을 목격자보다 훨씬 더 차분한 상태를 유지해야 한다. 이것은 특히 방관자의 경우와는 달리 목격자가 희생자인 경우에 그러하다. 만약 목격자가 성폭력을 당한 경우와 같이 개인적으로 피해를 입은 경우라면 더욱 차분해야만 한다. 면담자는 자신의 감정을 고도로 통제한 상태이기 때문에, 면담을 하는 동안 나오는 예상치 못한 단서들을 탐색할 수 있도록 더 유연하고 개방적이어야 한다. 또한 범죄 행위에 관한 풍부한 경험과 지식을 가지고 있어야 한다. 따라서 범죄의 어떤 측면이 관련되어 있는지, 그리고 무엇이 더 깊이 탐지할 만한 가치가 있는지 판단하기 위해 면담자는 목격자보다 더 좋은 위치에 있어야 한다. 상대적으로 평범한 시민은 범죄에 대한 지식이 거의 없다. 그리고 중요한 정보와 그렇지 않은 정보를 잘 구분할 수 없다. 마찬가지로 면담자의 직무는 범죄를 수사하는 것이기 때문에, 면담자는 효과적인 면담을 수행할 수 있는 사전 훈련을 받을 수 있다. 이와 비교할 때, 목격자는 전문적인 증인이 아니기 때문에 효과적인 피면담자의 행동에 관해 훈련되어 있지 않다. 결과적으로 면담자는 지각하고 있는 자신의 역할, 고도의 자기통제와 전문적인 지식에 의해 목격자보다 더 효과적으로 면담을 이끌 잠재력을 지닌다.

목격자가 면담을 이끌 더 나은 자격을 갖추고 있는 유일한 요소는 **목격자가 모든 관련 정보를 가지고 있다는** 점이다. 목격자의 정보는 수사의 목표이기 때문에, 면담을 하는 동안 최대한의 정신적인 활동을 해야 하는 사람은 면담자가 아니라 목격자다.[1] 하지만 목격자가 최대한의 정신적인 활동을 하도록 하기 위해서는 자신이 면담에서 중요하고 필수적인 역할을 하고 있다고 느껴야만 한다. 만약 목격자가 면담자가 주도자이고 면담자 혼자서 통제를 하고 있는 것으로 인식하게 되면, 목격자는 수동적이 되고 면담자가 대부분의 작업을 할

1) 이것은 면담자가 목격자로 하여금 긴장을 풀고, 자신이 원하는 이야기를 하는 식으로 면담을 통제하도록 허용할 수 있다는 것을 뜻하지는 않는다. 이 책 전반에 걸쳐서 드러나겠지만, 면담자는 면담을 하는 동안 결정해야 할 것들이 많고, 대화가 면담의 목표에서 벗어나지 않도록 목격자의 이야기를 잘 이끌어 주어야 한다. 그러나 궁극적으로 정보를 제공해야 하는 의무는 목격자에게 남겨 두어야 한다.

것으로 기대하게 될 것이다. 목격자는 자발적으로 정보를 제공하는 대신 면담자가 질문하기를 기다릴 것이다. 목격자가 수동적인 역할을 하게 되면, 수집되는 정보는 적어진다.[2)] 효과적인 면담의 핵심은 목격자가 면담에서 중심적인 역할을 하고 있다는 것, 그리고 정보를 떠올리기 위해서 능동적인 역할을 하여야 한다는 것을 알게 해 주는 것이다.

표면적으로 이것은 마치 면담자가 목격자로 하여금 모든 얘기를 하도록 격려함으로써 면담 통제를 포기하는 것처럼 보일 수 있다. 하지만 사실 면담자는 언제나 통제권을 유지한다. 면담자는 면담을 종료시키거나, 자신이 원할 때 대화의 주제를 변경할 수도 있다. 그럼에도 불구하고, 정보의 산출량을 극대화하기 위해서 면담자는 목격자가 정보의 흐름을 지배하고 있다고 믿도록 유도해 주어야 한다.

목격자가 면담에서 더 적극적인 역할을 하도록, 보다 더 자유롭게 이야기할 수 있도록 촉진하기 위한 몇 가지 기법이 있다. 가장 직접적인 방법은 면담자가 목격자에게 당신이 관련된 정보를 모두 가지고 있으니, 최대한 모든 얘기를 해 주기를 바란다고 명확하게 말을 하는 것이다. 면담자는 다음의 사례를 참고할 수 있을 것이다.

2) 면담자들은 종종 광범위하고 상세한 정보를 끌어내기 위해서 많은 질문을 해야 한다고 믿지만, 사실 가장 효과적인 면담자는 질문을 최소한으로 하고, 목격자가 대부분의 이야기를 하도록 한다. 인지면담에 대한 실험실 연구에서(Geiselman, Fisher, MacKinnon, & Holland, 1985), 연구자들은 인지면담과 표준경찰면담을 실시하는 면담자들이 질문을 몇 번이나 하는지 세어 보았다. 평균적으로 인지면담에서는 표준면담에서보다 적은 질문을 했다(54.9 : 68.9). 그럼에도 불구하고, 인지면담자들은 표준면담자들보다 상당히 많은 정보들을 이끌어 냈다(41.15 : 29.40개의 정확한 정보). 이와 유사하지만, 훨씬 극적인 결과의 패턴(적은 질문으로 더 많은 정보를 이끌어 내는)이 영국 경찰에게서도 발견되었다(George, 1991).

> 메리, 당신은 범죄 현장을 본 유일한 사람입니다. 저는 보지 못했습니다. 그래서 저는 그날 무슨 일이 있었는지를 당신을 통해서만 알 수 있습니다. 제가 당신에게 질문하기를 기다리지 말고, 이 자리에서 모든 얘기를 최대한 해 주기를 바랍니다. 자, 오늘 일어났던 일에 관해서 당신이 할 수 있는 모든 얘기를 해 주세요.

이러한 접근법의 예로, 강도 피해자와의 실제 면담을 녹취한 다음의 발췌 부분과 비교해 보자.

면담자: 그 사람에 대해 말씀해 주시겠습니까?
목격자: 그는 라틴계 청년이었고, 23~25세 안팎이었어요.
면담자: 키는 어느 정도였나요?
목격자: 5피트 28인치 정도…… 그리고 파랑 오버코트를 입고 있었어요.
면담자: 내가 질문을 하면 그다음에 대답해 주세요.

놀랄 것도 없이, 면담자의 마지막 말을 따른 목격자는 나머지 면담을 하는 동안 반드시 필요한 것 이외에는 자발적으로 더 많은 정보를 제공하지 않았다.

직접적으로 요구하는 것 외에, 면담자는 질문을 적절히 바꾸어 말함으로써 목격자가 면담에 능동적으로 참여하도록 격려할 수 있다. 일반적으로, 개방형의 질문들(예, “그의 얼굴을 묘사해 주시겠습니까?”)이 폐쇄형의 단답형 질문(예, “그의 눈은 어떤 색깔이었나요?” “그는 흉터가 있었나요?” “그의 머리는 얼마나 길었나요?”)보다 목격자의 능동적인 참여를 이끌어 낼 가능성이 더 높다. 확실히 말하건대, 개방형 질문은 목격자가 긴 대답을 하게끔 유도하는 반면, 폐쇄형 질문은 하나의 단어 또는 짧은 문구로 답하도록 유도한다. 개방형 질문에 길게 대답할 때, 목격자는 능동적인 참여자의 역할을 한다. 반대로, 폐쇄형 질문에 하나의 단어나 구절로 응답한 이후에 목격자는 면담자가 다음 질문을 하기까지 수동적으로 기다리게 된다(좀 더 깊이 있는 분석에 대해서는 제6장의 '폐쇄형 질문 대 개방형 질문'을 참조하라). 내용의 핵심은 주로 개방형으로 질문하라는 것이다.

다음의 인용 내용에서 면담자가 폐쇄형 질문을 했기 때문에 목격자는 수동적이었고, 최소한의 정보만을 자발적으로 제공한다는 것에 주목하라.

면담자: 그는 당신보다 키가 얼마나 더 컸나요?

목격자: 저보다 조금 컸어요.

면담자: 그는 매우 말랐습니까, 아니면 뚱뚱해 보였나요?

목격자: 중간 정도였어요.

면담자: 그는 백인인가요, 흑인인가요?

목격자: 흑인이요.

면담자: 그의 머리는 길었나요, 짧았나요?

목격자: 짧았어요.

면담자: 박박 민 정도로 짧았나요?

목격자: 예.

면담에서의 두 번째 잘못은 목격자가 응답을 하고 있는 도중에 끼어드는 것인데, 이 또한 목격자가 면담에서 능동적인 역할을 하는 것을 가로막는다. 이러한 잘못은 아마도 면담자가 저지르는 가장 흔하고 가장 심각한 잘못일 것이다. 왜냐하면 이러한 잘못에 의해 목격자가 아닌 면담자가 면담의 초점이 되기 때문이다. 반대로 목격자가 응답을 마칠 수 있도록 해 주고, 다음 질문을 하기 전에 목격자가 응답의 내용을 더 보충할 수 있도록 잠깐 여유를 준다면, 목격자가 중심적인 역할을 할 수 있게 된다.

녹음된 면담들을 분석했을 때(Fisher, Geiselman, & Raymond, 1987), 가장 효과적인 면담자들은 개방형 질문을 많이 했고, 끼어드는 일이 별로 없었으며, 일반적으로 목격자가 대부분의 이야기를 하도록 해 주었다. 불행히도 대부분의 경찰 면담자들은 이러한 접근법을 사용하지 않는다. 그들의 통상적인 면담에서 면담자들은 26개의 폐쇄형 질문을 하였고, 단지 3개의 개방형 질문을 했다. 이러한 현상은 미국의 경찰들에게서 관찰되었으며, 또한 영국의 경찰들의 특성이기도 하다(George, 1991). 경찰은 면담을 반복적으로 중단시킴으로써 면담을 악화시킨다. 면담 초기에 범죄를 묘사해 달라는 요구를 하고 난 후에 면담자들은 목격자가 얘기를 시작한 이후 평균적으로 7.5초 이내에 끼어들었다. 면담자들이 이러한 잘못을 하는 경향성은 매우 강하다. 따라서 면담자들은 더 많은 개방형 질문을 하고 끼어들기를 하지 않도록 특별한 주의를 기울여야만 한다.

다음에 제시한 총격 목격자와의 면담은 이러한 문제를 잘 예시해 준다. 이 면담에서 첫 번째 끼어들기는 목격자가 개방형의 응답을 시작한 이후에 대략 4.5초 이내에 일어났다. 그다음 두 번째의 끼어들기는 일반적인 스톱워치(stop-watch)로는 측정하기가 불가능했다. 왜냐하면 스톱워치를 시작했다가 멈추기도 전에 끼어들었기 때문이다.

면담자: 대략 45분 전에 당신과 당신의 남자친구에게 무슨 일이 일어났는지를, 당신 자신의 생각만을 이야기하듯이 말해 주시겠어요?

목격자: 우리는 차에 앉아 있었어요. 그리고 나는 그의 무릎 위에 누워 있었어요.

면담자: (끼어든다.) 대략 몇 시쯤이었나요? 알고 있지요?

목격자: 12시쯤이었어요. 나는 정말이지 시간이 기억나질 않아요.

면담자: OK.

목격자: 음…….

면담자: (끼어든다.) 당신의 차는 우리가 지금 발견한 장소, 공원의 북동쪽 모퉁이에 주차되어 있었나요?

목격자: 네.

면담자: OK.

목격자: 어…….

면담자: (끼어든다.) 당신은 앞자리에 앉아 있었는데…….

라포 형성하기

경찰면담, 특히 신체적으로나 심리적으로 손상을 입은 피해자와의 면담에서 고유한 한 가지 장애물은 필요한 많은 정보가 지극히 개인적이라는 것이다. 그 정보는 사람들이 가까운 친구들을 제외하고는 좀처럼 입을 열지 않는 종류의 정보다. 그런 개인적인 진술을 이끌어 내는 것을 시도하기 전에 경찰 면담자는 목격자 내면에 신뢰감과 라포를 형성할 필요가 있다(Prior & Silberstein, 1969; Wicks, 1974 참조). 이런 점에서 면담자의 역할은 임상심리학자의 역할과 유사한데, 그들은 어떤 내적 감정을 이끌어 내기 전에 먼저 환자와 사적인 유대감을 형성한다. 한 가지 중요한 차이점은 경찰 면담자는 보통 목격자를 면담할 기회가 한두 번에 불과하다는 것이다. 반면에 임상의는 수주 또는 수개월 동안 여러 회기에 걸쳐 치료를 계획할 수 있다. 불행히도 경찰 면담자는 심리치료사가 행하는 것과 같은 유형의 복잡하면서도 많은 시간이 소요되는 기법들을 사용할 만한 사치를 누리지 못한다. 대신에 쉽게 실행할 수 있는 기법들에 의존해야 한다. 또 면담 초기에 중요한 것은 목격자가 거리감을 느끼도록 만드는 실수를 피하는 것이다. 이러한 목적을 이루기 위해 라포를 형성하는 데 도움을 주는 두 가지 기본적인 원칙을 제안하자면, 면담의 개인화(personalizing)와 공감(emphathy) 형성과 공감적 대화다.

면담을 개인화하기

경찰면담에서 면담이 비개인화되는 경향은 극복되어야 할 장애물들 중 하나다. 면담자와 목격자는 마치 예정되어 있는 역할을 하듯이 빈번하게 서로에게 반응한다. 목격자의 입장에서 볼 때, 면담자는 본인의 업무를 수행하는 공권력의 대표자일 뿐이다. 또한 면담자에게는 이 사건이 단지 또 하나의 전형적인 가택 침입이고, 희생자는 일 년 내내 보아 온 많은 사람 중 한 사람일 뿐이다. 사람들이 서로를 개인으로서가 아니라 고정관념하에서 대하기 시작한다면, 그들은 항상 효과적인 의사소통을 가로막는 벽을 쌓게 된다. 모든 성공적인 면담들의 한 가지 핵심적인 요소는 면담자가 최대한 면담을 개인화하는 것이다. 면담자는 목격자를 독특한 욕구 체계를 가진 한 개인으로 다루어야만 한다. 또한 면담자는 자신을 단순히 공식적인 기관의 대표가 아니라 진지하고 신원이 분명한 사람으로 보여야 한다.

면담을 개인화하는 가장 직접적인 방법은 되도록 목격자를 그들의 이름으로 불러 주는 것이다. 아동이나 청년은 이름(first name)으로 불러 주고, 성인은 그것이 적절해 보인다면 이름이나 성(last name) 중 어느 쪽으로 불러도 무방하다. 애매한 경우에는 목격자가 자신을 소개할 때 사용한 이름을 불러 주거나 목격자에게 어떻게 불리기를 원하는지 물어보아야 한다.

면담자는 면담을 개인화하기 위해 능동적인 청취기술을 개발하여 목격자의 메시지를 주의 깊게 듣도록 해야 한다. 한 가지 도움이 될 만한 기법은 목격자가 이야기한 마지막 아이디어를 반복하고 나서 그것과 관련 있는 언급을 하거나 또는 질문을 하는 것을 주기적으로 하는 것이다. 예를 들어, 목격자가 "살인자가 총을 꺼내는 것을 처음 보았을 때 무서웠어요."라고 보고한다면, 면담자는 다음과 같이 응답함으로써 대화를 이어갈 수 있다. "당신은 살인자가 총을 꺼낸 것을 처음에 보고 무서웠다고 말했는데, 그건 두려운 상황이죠. 그 장면에 대해 어떤 것이 기억나세요?" 이와 같이 목격자의 말을 반복함으로써 면담자가 목격자의 이야기에 주의를 기울인다는 사실을 목격자에게 전달할 수 있다.

능동적인 듣기는 상당한 집중을 필요로 하기 때문에, 면담자는 면담이 시작되기 전에 모든 부수적인 문제에 대해서 신경을 써야 한다. 그럼으로써 주의를 분산시키지 않고 경청할 수 있게 된다. 목격자의 얘기를 듣는 동안 면담자의 마음이 다른 일들에 분산된다면, 면담자는 효과적으로 경청하기가 힘들어진다.

면담을 준비할 때, 경찰보고서를 읽건 또는 앞서 목격자와 면담을 한 면담자와 대화를 하건, 면담자는 사건의 세부 내용에 대해 미리 파악할 것이다. 이러한 정보는 단서들을 제공해 주기도 하지만, 목격자의 전체적인 보고를 적극적으로 청취하는 것을 방해하기도 한다. 면담자는 이와 같은 면담 전 예상에 의해 지나치게 편향되는 것을 피하고 목격자의 말을 더 적극적으로 들을 수 있도록 노력해야 한다(Stone & DeLuca, 1980 참조).

면담 업무가 반복되다 보면 면담자는 계속적으로 선호하는 표현을 만들어 사용하는 경향이 있다. 우리가 연구했던 한 면담자는 다음과 같은 표현을 여러 면담에서 사용했다. "이 수사에 더 도움이 될 만한 또 다른 것들을 말씀해 주시겠습니까?" 이것은 명백히 외워서 사용하는 입에 발린 말이고, 목격자는 이를 쉽게 간파한다. 이와 같이 외워서 하는 유형화된 표현은 면담을 비개인화하기 때문에 피해야만 한다.

목격자가 면담자를 단순히 경찰 면담자가 아닌 고유한 개인으로 여기고 면담자에게 반응하도록 격려하기 위해서는 면담자도 목격자에게 자신을 고유한 개인으로 보여 주어야 한다. 목격자와의 첫 대화에서 면담자는 목격자와 관련 있는 자신의 다소 개인적이고, 자전적인(biographical) 정보를 줄 수 있다(Chelune, 1979). 예를 들면, 예비 조사나 벽에 걸린 사진을 통해서 목격자가 자녀들이 있는 것을 아는 경우, 면담자는 자신도 비슷한 또래의 자녀가 있다는 얘기를 하는 것이다.

어떤 때는 면담 중에 경찰 면담자들이 공식적인 기록을 위해서 목격자의 배경이나 자전적인 정보를 수집한다. 그러한 행동은 비개인화된 행동이고, 이때 면담자는 고유하고 신경을 써 주는 한 개인이라기보다는 공식적인 인구조사원처럼 보이기 때문에, 자신을 공적인 역할에서 분리하기 위해 애써야 한다. 면담 중 이러한 공적인 부분을 수행할 때, 면담자가 자신은 그 일과 별로 관계가 없는 듯이 '경찰의 요구' 때문에 대충하는 것으로 보일 수 있다. 이럴 경우, 면담자는 다음과 같이 말해야 한다.

> 저는 우선 당신에게 배경 정보와 관련된 질문을 해야 합니다. 이것은 표준적인 경찰 절차이고, 모든 사건에서 이런 질문을 해야만 합니다.

공감 형성과 공감적 대화

목격자가 매우 개인적인 사건에 대해서 말을 할지의 여부는 부분적으로 면담자가 자신의 곤경을 이해한다고 믿는지에 달려 있다. 고전적인 예로, '부모가 이해해 주지 않기 때문에' 부모의 질문에 대해서 한두 마디로 대답하는 십대의 사례를 들 수 있다. 하지만 바로 그 십대 청소년은 친구들에게는 장황하게 얘기를 할 수 있다. 정보는 바로 여기에서 나온다. 정보를 이끌어 낸다는 것은 면담자가 목격자의 감정을 이해하고 목격자의 관점에서 그 문제를 이해할 수 있다는 것을 그들에게 전달하는 것을 뜻한다.[3] 공감적인 기술을 발전

3) 감정을 이입하는 능력은 매우 본질적이기 때문에 그 방법이 행동수정이건, 정신분석이

시킬 수 있는 단순한 기법은 없다. 그것은 단지 목격자의 관점에서 사건을 보려고 노력하는 일반적인 태도 이상인 것으로, 마치 '목격자의 신발을 신고 서 있는 것(standing in her shoes)'이라고 할 수 있다. 이것은 경찰수사에서는 특히 어려운데, 면담자에게는 범죄가 일상적인 사건에 불과하지만, 목격자에게는 일생에 단 한 번뿐인 경험일 수 있기 때문이다. 그럼에도 불구하고, **면담자는 목격자의 신뢰를 얻기 위해서 반드시 목격자의 관점에서 사건을 보아야만 한다.** 면담자들은 면담 전에 1~2분 동안 단순하게나마, 희생자가 무슨 일을 겪었는지 생각해 보고 희생자의 입장에서 스스로를 상상하는 것만으로도 도움이 된다는 것을 알게 될 것이다.

목격자의 곤경에 대해 공감을 했다고 하더라도, 이것은 아직 작업의 절반에 불과하다. 목격자의 이야기를 이끌어 내기 위해서는 면담자가 그의 감정을 이해한다는 것을 목격자가 인식하도록 해 주어야만 한다. 이 과정에서 두 번째 단계는 면담자가 공감하는 부분을 목격자에게 전달해 주는 것이다. **면담자는 자신이 이해한다는 것을 알려 주기 위해서 몇 가지 유형의 피드백을 주어야만 한다. 이를 위한 가장 직접적인 방법은 주기적으로 "저는 범죄 때문에 생긴 당신의 감정(공포, 불공정, 무기력 등등)을 이해할 수 있습니다."와 같은 표현을 해 주는 것이다.**

어떤 면담자들은 관심의 표현이 자연스러울 수 있지만, 다른 면담자들은 이러한 접근이 어색할 수 있다. 하지만 일단 면담자가 자신의 면담 방식에 일정하게 이러한 발언을 포함시키는 습관을 갖게 되

건, 또는 인본주의 치료이건 간에 모든 성공적인 심리치료사들에게 필요한 요소로 인식되고 있다(Rogers, 1942).

면, 다른 적절한 발언들처럼 자동적이고 자연스러워질 것이다.

면담을 개인화하고 공감을 형성하며 공감적 대화를 하는 것 외에 신뢰감을 구축하는 간단한 기법들을 제안한다. 여기서 추천하는 방식들의 일반적인 주제는 면담자가 목격자의 안녕(welfare)에 관심이 많다는 것, 그리고 목격자의 메시지에 관심이 있다는 것과 같이 사적으로 친근하다는 감정을 알려 주는 것이다(Wicks, 1974).

면담 초기에 면담자는 목격자에게 악수와 같은 작은 신체적인 접촉을 하기 위해 노력을 해야 한다(Alagna, Whitcher, Fisher, & Wicas, 1979). 그러나 면담자와 목격자의 성별이 다르다면 이러한 접촉이 지나치게 친밀해 보이지 않도록 주의해야 한다.

눈에 보이는 부상이 있다면, 사소한 것일지라도 그 부상을 확인하고, 다른 불편이 없는지 물어봐야 한다. 목격자가 의사에게 부상을 진찰받으러 갔었는지 물어보고, 좀 더 편안함을 느낄 수 있는 조치를 취했는지 확인해야 한다. 면담자가 병원 기록을 확인하여 이미 부상의 상태에 대해서 알고 있더라도, 관심을 보여 주기 위해서 물어봐야 한다. 마찬가지로, 눈에 보이지 않더라도 어떤 부상에 대해 미리 알고 있다면, 그것에 대해 물어봐야 한다.

면담자와 목격자 간의 라포—또는 거리감(alienation)—의 측면에서, 면담 시작 후 짧은 시간에 진행된 두 개의 면담을 비교해 보자. 놀랄 것도 없이, 첫 번째 면담자는 단순히 목격자에 대해 인간적인 관심을 보였을 뿐인데, 무관심해 보였던 두 번째 면담자에 비해 면담에서 상당히 많은 정보를 이끌어 내었다.

면담 1: 목격자–면담자 간에 라포가 적절히 형성된 경우

면담자: 오늘 기분은 어떠세요? 기분이 좀 나아지셨나요?

목격자: 네.

면담자: 무릎 찜질은 좀 하셨나요?

목격자: 네, 그리고 지난밤에는 따뜻한 물로 목욕을 했어요.

면담자: 그렇군요. 신용카드와 다른 것들을 모두 취소하셨어요?

목격자: 네.

면담자: 혹시 그 물건들을 누군가 찾았다는 말은 못 들으셨나요?

목격자: 못 들었어요.

면담자: 그렇군요, 저는 당신이 편안해지시길 바랍니다…….

면담 2: 무관심한 면담자로 인해 목격자가 거리감을 느끼는 경우

면담자: 좋아요, 이름이?

목격자: 루이지아 터너예요.

면담자: 루이지아 터너. 당신은 링컨가 134번지에 살죠?

목격자: 네.

면담자: 거기서 얼마나 살았어요?

목격자: 한 1년 반 정도요.

면담자: 그렇군요. 누구랑 같이 살아요?

목격자: 딸이요.

면담자: 그럼, 어제 총을 맞은 사람은…….

사건의 대략적인 틀을 잡기 위해 대부분의 면담에서 사실 관계를 묻는 부분은 종종 개방형 질문으로 시작된다(제11장을 참조하라). 면

담자가 만약 목격자가 묘사한 것과 유사한 경험을 했다면, 면담자는 그 경험들을 목격자에게 들려주어야 한다. 다음은 하나의 지침이 될 수 있을 것이다. "나는 지금 당신 기분을 압니다. 나도 예전에 강도를 당한 적이 있거든요." 이러한 말은 비교적 간략해야 한다. 그렇지 않을 경우에는 면담의 초점이 면담자에게 맞춰지는 위험이 발생할 수 있다.

특별히 목격자 진술의 신뢰성을 의심할 만한 강력한 이유가 없다면, 그 진술은 믿을 만한 것으로 취급되어야 한다. 목격자가 결백하지 않으며 범죄에 정말 개입되어 있다면, 수사를 하는 동안 결국 밝혀질 것이고, 면담을 다시 할 시간은 충분하다. 무죄인 목격자가 혐의자 취급을 받는다면, 전체 수사를 위해 목격자의 협조를 얻는 것 자체가 위태로워질 수 있다. 이와 비슷한 이유로 속임수가 있다는 것이 확실하지 않다면, 면담자는 단정적인 발언을 하거나 적대적인 질문은 피해야 한다(Prior & Silberstein, 1969; Wicks, 1974). 마찬가지로, 모순되는 진술이 나오더라도, 면담자는 즉각적으로 그 얘기에 반박해서는 안 된다. 왜냐하면 그러한 행위는 이후의 면담에서 목격자가 자유롭게 얘기하는 것을 억제하기 때문이다. 반대로, 면담자는 목격자가 사건과 관련되어 있을지도 모르는 모든 것을 진술할 수 있도록, 그리고 보고할 때 아무것도 편집하지 않도록 격려해야 한다(제4장의 '목격자의 정보억압 극복하기'를 참조하라). 만약 모순이 발생하거나, 또는 두 명의 목격자 진술에 불일치가 있다면, 그러한 대립은 목격자 진술의 대부분을 이끌어 낸 이후, 면담의 후반부에서 이루어져야 한다.

목격자 진술에 대한 면담자의 관심은 그가 하는 질문의 질이나 비언어적인 행위를 통해 전달된다. 시선 맞추기는 계속 유지되어야 하며, 특히 면담 초기 라포를 형성하고자 할 때에는 더욱 그렇다(제4장, 면담의 후반부에 주의를 산만하게 하는 요소인 시선 맞추기에 관한 '초점화된 집중'을 참조하라). 부적절한 경우가 아니라면, 면담자는 면담을 하는 동안 관심을 표현하기 위해 앞으로 약간 몸을 기울인 채로 목격자를 마주보고 앉아야 한다.

면담자 대 목격자의 기대와 목적

이상적인 면담이란 면담자와 목격자가 동일한 기대와 목적을 가지고, 그 해결을 위해 협조하는 것이다. 그러나 현실에서 면담자와 목격자는 서로 다른 관심사를 가진다. 면담자의 첫째 목적은 범죄, 특히 가해자에 대한 상세한 묘사를 끌어내는 것이다. 면담자의 관심은 주로 사건을 종결시킬 수 있도록 도와줄 정보를 수집하는 것이다. 반대로, 대부분 목격자—특히 그가 피해자일 경우—의 당장의 관심은 수사와는 상관이 없다. 일반적으로 그들은 분노나 공포를 털어 버리고 싶어 한다. 그들은 끔찍한 행위를 지금 막 경험하였고, 그 과정에서 신체적인 손상을 입었을 수도 있다. 종종 그들은 부당하다는 느낌을 강하게 받게 된다—"그 남자는 내 돈을 가져갈 권리가 없어요. 열심히 일해서 돈을 벌었는데, 그걸 그냥 가져가 버리다니……." 그들의 초점은 세상이 불공평하고, 올바른 행동이 보상받지 못한다는 사실에 맞추어져 있다. 다른 이들은 범죄가 발생한 것에 대해서 자책을 하기도 한다. 자신이 그렇게 취약한 상황에 있지 말았어야 했다거나 자신이 강력히 저항하지 않았다는 자책이다. 그들의 염려가 적절한지—항상 그렇지 않다—의 여부를 떠나서 그들이 초점을 맞추는 것은 자신의 행동이지 가해자의 행동이 아니다. 또 다른 경우들에서 목격자들은 종종 수사와는 무관한, 범죄의 다른 측면에 초점을 맞추곤 한다.

여기에서는 목격자와 면담자가 하나의 팀으로 공동의 목표를 가지고 작업을 하고 있다는 관점을 지니고 있는데, 그렇다면 두 명의 기대와 초점을 합치기 위해서 어떻게 해야 할까? 분명히, 어느 한쪽이 상대방의 관점을 더 잘 알아야 한다. 면담자는 목격자의 필요에 민감해져야 하고, 목격자의 경우에는 면담자가 필요로 하는 것으로 초점을 돌려야 한다. 이러한 작업을 선수들이 공동의 목표를 채택하는 팀 노력으로 개념화했지만, 두 선수의 행동을 통합하는 부담은 오직 면담자에게만 지워질 것이다. 면담자는 면담의 흐름을 미묘하게 조절해야 하고, 전체적인 그림을 보기 위해서 매우 평온한 상태를 유지해야 하는 유일한 참여자라고 할 수 있다. 실제로 목격자는 자신이 개인적으로 필요한 것에만 관심을 가진 나머지 면담자가 면담과 중재의 두 가지 역할을 하도록 내버려 둘 것이다. 면담자는 목격자의 관심을 이해해야만 하고, 또한 수사에 필요한 것을 목격자에게 전달해 주어야만 한다.

목격자의 관심 이해하기

면담자는 목격자가 세부적으로 사건을 묘사할 수 있는 상태가 되기 전에, 목격자가 자신의 관심사를 밝힐 기회를 먼저 주어야만 한다. 목격자의 두려움 그리고 불공정성(injustice)이나 무기력하다는 생각은 면담자에게 수사상의 어떠한 통찰도 주지 못한다. 그럼에도 불구하고 이러한 감정이 표현되지 않는다면, 그 감정들은 성공적인 수사의 통로를 가로막을 수 있다. 그러므로 면담자는 면담 초기에 목격자가 이러한 감정을 표출할 수 있도록 격려해야 한다. 목격자의 이러한 감정들을 '놓아 주고' 나서야, 그 감정들을 수사에 필요한 것들로 발전시키는 도화선으로 사용할 수 있다. 목격자가 범죄의 불공정성에 초점을 맞추고 있다고 생각해 보자. 면담자는 이러한 불법성에 대한 감정을 활용하여 목격자에게 다가갈 수 있게 된다. 면담자는 다음과 같이 제안할 수 있다. "범죄를 저지른 사람이 처벌을 받도록 하는 것, 그것이 경찰들이 지금-여기에 있는 이유입니다." 이와 유사하게 목격자가 재산을 잃은 것에 관심이 있다면, 수사의 성공 여부에 따라 재산을 되찾을지도 모른다고 제안할 수 있다. 일반적으로 면담자의 역할은 목격자가 말한 목표를 강조하고, 그것을 위해서 일하고 있다는 것을 확실히 인식시키는 것이다.

일단 목격자가 자신과 면담자가 공동의 목표를 위해서 일하고 있다는 것을 알게 되면, 면담자는 수사를 성공적으로 수행하기 위해서 필요로 하는 정보의 종류에 관해 목격자에게 인식시킬 수 있다. 예를 들어, 가해자를 체포하기 위해서 가해자와 그가 이용한 도주용 차량에 대한 세부적인 묘사가 필요하다고 목격자에게 직접적으로 말할 수 있다. 목격자가 가해자에 대해 더 분명하게 얘기할수록 가해자를 체포하는 것이 더 쉬워진다. 다시 말해, 일반적인 방법은 목격자와 면담자가 동일한 관심을 공유하고 있으며, 목격자의 욕구를 충족시키기 위해서는 면담자가 요구하는 정보를 제공하는 것이 매우 중요하다는 것을 확실히 인식시키는 것이다.

목격자의 행동 변화시키기

성공적인 면담을 수행하기 위해서는 목격자가 면담자에게 보이는 일반적인 태도뿐만 아니라 외부적인 행동에도 영향을 주어야 한다. 다음 장에서 논의하겠지만, 목격자는 기억을 효과적으로 탐색하기 위해 평온한 상태가 되어야 한다. 또한 목격자는 자신의 묘사를 면담자가 정확하게 이해하고 기록할 수 있도록 말하는 속도를 늦추어야 한다. 변화시키는 가장 직접적인 방법은 면담자가 자신이 필요로 하는 것을 명료하게 밝히는 것이다. 예를 들어, 면담자는 "약간 말을 천천히 해 주시겠어요? 그래야 말씀하시는 것을 모두 받아 적을 수 있거든요."라고 말할 수 있다. 이렇게 직설적으로 접근하게 되면 몇 가지 요구에서는 효과가 있는데, 아마 목격자가 말을 천천히 하도록 할 수 있을 것이다. 하지만 어떠한 직접적인 접근은 역효과를 낼 수 있으며, 다른 증상들을 악화시킬 수 있다. 목격자에게 불안해 보인다고 얘기를 하거나 긴장을 늦추어야만 한다고 얘기를 하는 것은 목격자를 더 불안하게 만들지도 모른다. 그런 경우, 간접적인 통제 방법이 더 효과적이다.

두 사람이 상호작용을 하는 동안 각자의 행동은 시간이 지남에 따라 상대방의 행동과 닮아 가는 경향이 있다(Matarazzo & Wiens, 1985; Webb, 1972). 따라서 한 사람의 말하는 속도가 느려진다면 다른 사람도 그렇게 될 것이다. 이것은 두 사람이 함께 걸을 때 상대방의 걷는 속도에 맞추려는 경향과도 같다. 이 현상은 다양한 언어적·비언어적인 행동들에서 증명되고 있는데, 이를 '동시성의 원리

(principle of synchrony)'라 한다. 면담자는 자신이 원하는 행동을 먼저 보여 줌으로써 목격자의 행동에 영향을 미치기 위해서 동시성을 사용할 수 있다. 면담자가 평온하고, 일정한 어조로 얘기하고, 편안한 태도로 행동함으로써 목격자 역시 그렇게 하도록 미묘하게 유도할 수 있다. 마찬가지로 목격자가 사건을 묘사하는 동안 의자에 앉게 하려면, 면담자는 두 개의 의자를 찾아서 그중 하나의 의자에 앉으면 된다.

지역사회와 경찰의 호의적인 관계 형성

목격자는 수사 이전에는 면담자와 만났을 가능성이 별로 없기 때문에, 면담자에 대한 목격자의 최초의 태도는 지역 경찰서에 대한 일반적인 태도를 반영하게 된다. 경찰이 지역사회의 요구에 효과적이고 민감하게 반응해 왔다고 비춰졌다면, 목격자는 더 협조적일 것이다. 반대로 경찰이 신뢰받지 못하거나 시민의 요구에 민감하지 못한 것으로 여겨졌다면, 면담자는 불리한 입장에서 면담을 시작을 해야 하고, 목격자의 신뢰를 얻기 위해 더 열심히 노력해야 한다. 분명히, 목격자가 긍정적인 입장에서 면담을 시작한다면 면담자에게 유리하다.

지역사회와 경찰의 관계를 어떻게 우호적으로 만들 수 있을까? 이 입문서는 개별 면담자를 염두에 둔 것이지 경찰 행정에 대한 일반적인 작업은 아니기 때문에, 여기서 언급되는 내용들은 면담자 개인에 해당되는 것으로 한정하고자 한다. 대부분의 면담자는 범죄의 희생자나 목격자와 면담을 할 때 지역사회에서 시민과 상호작용을 한다.

실제적인 측면에서, 효과적인 지역사회-경찰 간의 관계를 증진시키는 능력은 면담자가 면담을 얼마나 잘 수행하는지에 달려 있다. 면담자가 단지 한 개인과 면담을 하는 것으로 어떻게 전체 지역사회에 영향을 미칠 수 있을까? 면담이 단지 한 명의 거주민과 이루어지는 것이라 하더라도, 다른 많은 시민이 그 면담에 대해서 알게 될 것이다. 왜냐하면 아마도 목격자가 친구나 친척 또는 이웃들에게 자신의 인상을 얘기할 것이기 때문이다. 범죄나 수사는 목격자의 삶에서 독특한 사건이기에, 목격자는 자신의 많은 대화에서 그 이야기를 주제로 삼을 것이다. 따라서 한 명의 목격자와 실시한 면담이 성공적이라면 여러 사람에게 인상을 남길 수 있는 잠재력을 갖게 된다. 이들 중 어느 누구라도 미래에 일어날 수사에서 목격자가 된다면, 경찰에 대한 사전 태도는 현재 수사에서 행했던 면담자의 수행 내용을 반영할 것이다. 현재의 면담을 잘 실시하게 되면, 추후에 정보 수집이 활성화될 것이다. 면담을 잘못 실시하였다면, 앞으로의 수사에서 극복해야 할 장애물이 하나 더 생기게 되는 것이다.

어떤 특별한 기법으로 목격자에게 긍정적인 태도를 심어 줄 수 있을까? 사건을 실제로 종결하는 것은 대개 면담자가 통제하지 못하는 해결 가능성 요인에 의해 이루어지는데, 이와는 다른 면담자의 근면성, 공감 그리고 정중한 태도가 중요한 요인이 될 수 있다(지역사회-경찰의 관계를 발전시키는 데 있어 대중에 대한 정중한 태도의 중요성에 관한 로스앤젤레스의 최근 Christopher Commission 보고서 참조; Rohrlich, 1991). 근면성은 면담의 전 과정을 수행하는 면담자에 의해서 전달되는데, 면담자가 근면해야 새로운 정보를 이끌어 내기 위해서 구석구석을 탐문하게 된다. 면담 후의 어떤 시점, 아마도 며칠이 지난 후에 면담자는 목격자에게 전화를 해서 어떤 새로운 정보가 생각난 것이 있는지 확인해야 한다.

면담자의 입장에서 근면성은 좀 더 노력이 필요하지만, 반면에 진실한 공감과 동정심은 사실 그렇게 많은 노력이 필요한 것은 아니다. 그것은 단순히 피해자의 곤경을 이해하고 이해한 내용을 표현하는 것이다. 라포를 형성하기 위해 애쓰는 면담의 시작 시나 긍정적인 마지막 인상을 주기 위해 노력하는 면담의 종료 시에 공감을 표현할 수 있는 많은 기회가 있다. 면담자는 그의 관심을 표현하는 한마디, 가능하다면 위기가 해결될 것이라는 희망의 표현, 또는 사건과 관련해서 위기상황이 발생했을 때 무엇을 해야 할지에 관한 정보가 담긴 메시지를 줄 수 있다. 일반적으로 면담자는 개인에게, 특히 최근에 범죄 피해를 본 사람에게 꾸밈없는 정중함과 그러한 정중함이 다른 개인에게 확대되도록 표현해야 한다. 마지막으로, 면담자는 목격자가 준 정보가 수사에 가치 있음을 설명하고, 강요된 분위기 속에서도 회상해 준 것에 대한 칭찬과 고마움을 표현함으로써 목격자의 참여를 강화해야 한다.

요 약

1. 모든 관련 정보는 목격자의 마음에 저장되어 있다. 그래서 목격자는 면담을 하는 동안 수동적인 태도를 보이거나 면담자가 적절한 질문을 하기까지 기다리기보다는 정신적으로 능동적이어야 하고 정보를 떠올려야 한다. 면담자는 목격자에게 직접 요구하거나 또는 간접적으로 개방형 질문을 함으로써 정신적으로 능동적이 되도록 격려할 수 있다. 면담자는 목격자가 개방형 질문에 대답하는 중간에 끼어들어서는 안 된다.
2. 면담자는 목격자가 개인적인 정보를 얘기하는 것을 편안하게 느낄 수 있도록 목격자와 긍정적인 라포를 형성해야만 한다. 라포를 형성하기 위해서 면담을 개인화하고 공감대를 형성함으로써 공감적 대화를 이어 나가야 한다. 면담을 개인화하기 위해서 면담자는 능동적으로 청취하고, 목격자를 고유한 개인으로서 대해야 한다. 또한 목격자의 곤경에 대해 공감하며 이러한 공감을 효과적으로 의사소통해야 한다.
3. 목격자와 면담자는 면담에 대한 기대와 목적이 서로 다르다. 면담자는 목격자가 수사와 관련된 정보들을 제공해야만 목격자의 목적을 제대로 달성할 수 있다는 것을 전달해야 한다.
4. 면담자는 직접적으로 요구하거나, 또는 간접적으로 동시성의 원칙을 사용하여 목격자의 적절한 행동을 모방함으로써 목격자의 행동을 수정할 수 있다(예, 말하는 속도를 늦추고, 이완을 유도하는 것).
5. 목격자는 지역사회와 경찰 간의 관계가 우호적으로 형성되어 있는 경우에 더 협조적일 것이다. 면담자들은 성실하게 직무를 수행하고, 목격자에게 공감, 동정심 그리고 존경심을 보임으로써 우호적인 관계를 증진하도록 노력해야 한다.

04

목격자의 한계 극복하기

목격자의 불안 통제하기

목격자의 자신감 증진시키기

목격자의 정보억압 극복하기

목격자의 의사소통 촉진하기

세부적인 묘사 유도하기

매우 좋은 조건에서 동기화되고 논리적으로 생각하는 응답자와 면담을 하는 경우라 하더라도, 성공적인 면담을 하기는 어렵다. 이전에 면담을 해 본 경험이 없는 응답자는 다소 불안함을 느끼며, 종종 기억을 떠올리는 데 실패하기도 한다. 대개는 범죄자를 수사하는 경우가 최악의 조건이 되기 쉬운데, 이 경우에는 어려움이 몇 배나 더 심하다. 목격자는 공적인 법 집행자에게 면담을 받게 될 것이라는 예상 때문에 불안해할 뿐만 아니라, 그들은 범죄를 방금 목격했거나 목숨을 위협하는 끔찍한 행위의 희생자다.

범죄는 두려울 뿐만 아니라 워낙 순식간에 일어나기 때문에, 대부분의 목격자는 처음에는 약간의 세부적인 내용들만을 기억할 수 있다. 그런데 이것은 문제를 악화시키게 된다. 왜냐하면 초기에 불안해하던 목격자는 이제 그 사건을 묘사할 능력에 대한 자신감을 잃을 수도 있는데, 이렇게 되면 목격자의 회상을 더 억누르게 되기 때문이다. 더욱 심각한 것은, 목격자는 종종 의식적으로 사건에 대해서 알고 있고 그 정확성을 확신한다고 하더라도 사건에 대해서 보고하기를 꺼릴 수 있다. 마지막으로 경찰면담자는 기본적인 것을 기억하는 것이 아주 어렵지는 않다 하더라도 의사소통기술이 제한되어 있기 때문에 범죄와 관련된 활동에 대해서 경험이 적은 일반 시민에게 베테랑 기자처럼 순식간에 지나간 사건을 묘사해 달라는 요구를 하게 된다. 실제로 목격자의 과제는 어려우며, 경찰면담자는 자신의 직무를 성공적으로 수행하기 위해 반드시 목격자의 여러 제한들을 극복해야만 한다.

목격자의 불안 통제하기

대부분의 사건에서 범죄를 관찰하거나 범죄의 피해자가 되었을 때 발생하는 고도의 각성 상태는 초기에 사건을 지각하는 데 방해가 된다(Loftus, 1979; Peters, 1988). 범죄 사건이 단순히 목격자의 마음 속에 지워지지 않을 만큼 새겨진다는 믿음은 사실이 아니다. 오히려 우리의 안전을 위협하기 때문에 범죄 사건들을 인식하고 정확히 회상하는 데는 어려움이 있다. 범죄 당시의 목격자의 두려움이 사건을 정확하게 인식하는 능력을 제한함에도 불구하고, 이는 수사를 하는 담당자에게는 거의 관심 영역 밖의 일이 된다. 범죄는 이미 일어났고, 면담자는 목격자의 범죄 당시 인식에 대해서 아무런 통제를 할 수 없다. 면담자의 실무적인 고려 사항은 면담을 진행할 때 남아 있을지도 모르는 불안에 관한 것이며, 이런 잔존하는 불안은 면담 시에 사건을 회상하는 목격자의 능력을 방해할 수 있다(Lipton, 1977; Reiser, 1980). 따라서 면담자의 목표 중 하나는 면담을 할 때 목격자의 불안을 최소화하는 것이다.

범죄가 일어난 직후에 면담이 진행되기 때문에 목격자는 면담을 할 때 불안감을 보이는데, 범죄와 관련된 원래의 불안은 여전히 가라앉지 않고 있다. 또한 범죄가 일어나고 나서 몇 시간 혹은 며칠 뒤에 면담이 진행된다 할지라도 목격자는 불안해할 수 있다. 범죄를 기억해 내고, 의식으로 다시 불러오는 행위가 범죄와 관련된 불안을

되살리기 때문이다.[1)]

두려움과 불안 때문에 기억이 약화되는 효과는 부분적으로 목격자가 자신의 정서나 정신활동에 대한 통제력을 상실했다고 느끼기 때문에 발생한다. 문제의 일부는 두려움이 자연스럽지 못하다는 목격자의 (잘못된) 믿음에서 생겨나는데, 이러한 잘못된 믿음 때문에 목격자는 자신을 부적절하다고 느끼게 된다. 목격자가 부적절성(inadequacy)에 대해서 대처하도록 촉진하는 효과적인 기법은 **두려움을 인정하고, 그 상황에서는 두려워하는 것이 자연스러운 것임을 알려주는 것이다.** 면담자는 단순히 "지금 얼마나 당혹스러울지 충분히 상상이 갑니다."라고 말하기만 하면 된다. 이를 통해서 목격자는 두려움에 대해서 얘기를 할 수 있게 되고, 이성적으로 다루어지게끔 밖으로 드러낼 수 있는 기회를 제공해 준다.[2)] 분명히 객관적으로 위험한 상황에서 무서워하는 것은 부자연스러운 일이 아니다. 그럼에도 불구하고, 만약 목격자가 불안이 부자연스러운 것이라고 믿는다면,

1) 하나의 사건은 그것이 일어났던 당시의 심리적인 맥락과 함께 부호화된다(제2장 참조). 이 원칙은 부호화 특수성의 원리(encoding specificity principle)라고 불린다(Tulving & Thomson, 1973). 이 원리에 따르면, ① 목격자에게 사건 당시의 심리적 상태를 다시 만들어 주면 목격자의 사건 기억이 촉진되고, ② 사건을 기억하게 되면 당시의 심리적인 상태가 되살아난다. ①은 해당 사건을 회상하는 것을 돕는 데 활용될 수 있다(제8장의 '맥락 회복' 참조). 그러나 양날의 칼인 ②는 외상적인(traumatic) 사건을 회상하게 만드는 잠재적으로 부정적인 결과를 낳을 수 있으므로 논의가 필요하다.

2) 많은 면담자는 목격자의 감정을 드러내는 것에 대해서 불편해할 수 있고, 그러한 사안에 대해서는 회피할 수 있다. 하지만 목격자가 면담자에게 자신의 감정을 드러내는 과정에서 면담자가 목격자에게 지지적으로 반응을 해 주기만 한다면, 목격자는 면담자와 강한 라포를 형성할 수 있고, 이것은 남은 면담의 질을 높일 수 있다. 라포를 형성하는 것은 신체적 공격이 가해졌던 사건에서 종종 그러는 것처럼 요구되는 사실이 개인적인 의미를 갖는 경우에 특히 중요하다(제3장).

면담자가 목격자의 믿음을 재형성할 수 있도록 도와주어야 한다. 종종 그런 상황을 위험한 것으로 규정하고, 이에 대한 두려움이 자연스럽고 용인될 수 있는 것이라고 알려 주는 것은 외부인에게는 간단한 일이며, 특히 권위 있는 인물이라면 더욱 그러하다. 목격자가 자신의 두려움을 겉으로 드러낸 이후에, 면담자가 "그것은 위험한 상황이었어요. 대부분의 사람도 당신과 똑같이 반응합니다."와 같이 구체적인 사례를 제공하는 것도 매우 효과적이다. 면담자는 위협적인 상황에서 자신이 어떤 감정을 느꼈는지, 다른 목격자들이 어떻게 반응했는지를 설명할 수 있다. 이런 확실한 사례들은 꼭 자세하고 가혹한 사건일 필요는 없다. 그저 객관적으로 위험한 상황에서의 공포는 정상적이고, 그러므로 용인될 수 있다는 점을 전달하기만 하면 된다.

공포나 불안은 파괴적인 것인데, 부분적으로 이러한 감정은 갑자기 그리고 경고 없이 나타나기 때문이다. 불쾌한 경험과 그에 따른 정서적인 반응은 항상 예기치 않게 나타났을 때 가장 강력하다. 이러한 놀람의 요소는 범죄 발생 직후에 실시되는 면담에서는 나타나지 않을 수 있는데, 두려움이 여전히 남아 있고 목격자가 자신의 평온한 상태를 기대하지 않을 것이기 때문이다. 그것은 목격자가 초기의 충격에서 원상태로 복귀할 수 있는 충분한 시간을 가졌을 때, 즉 범죄가 일어난 지 몇 시간 후 혹은 며칠 뒤에 실시되는 면담에서 더 문제가 될 수 있다. 면담자는 목격자가 사건을 묘사할 때 느낄지도 모르는 두려움이나 불안을 미리 알려 줌으로써, 이 '놀람효과(surprise effect)'에 저항할 수 있고, 예측 불가능성을 최소화할 수 있다. 면담자는 목격자에게 범죄에 대한 묘사를 요구하기 전에 사건을 묘사하는 도중 사건이 처음 일어났을 때와 비슷한 공포와 불안을 느낄 수도 있다고 말해 주어야 한다. 이런 경우에, 원래의 공포를 일부 경험하더라도 그것은 초기의 사건만큼 강렬하지는 않을 것이고, 지금은 그러한 감정을 통제할 수 있다는 것을 목격자에게 확실히 전달해 주는 것이 중요하다. 면담자는 다음과 같이 말할 수 있다.

> 당신은 범죄 상황을 다시 떠올릴 때 조금 불안할 수 있을 것입니다. 그러나 그것은 당신의 원래 감정과 비교했을 때 상대적으로 덜할 것입니다. 또한 당신은 그때보다 지금 감정을 잘 제어할 수 있을 것입니다. 마음을 가라앉히기 위해서 면담을 중단하고 긴장을 풀고 싶다면, 언제라도 그렇게 하시면 됩니다. 단지 면담을 멈추고 싶다고 말하기만 하면 됩니다. 지금 당신은 통제가 가능한 상황에 있다는 것을 기억하세요.

심리치료사가 특히 외상적인(traumatic) 경험들을 묘사할 때 환자들을 돕기 위해서 사용하는 한 가지 기법은 사건이 다른 사람에게 일어나듯이 묘사하도록 하는 것이다('나' 대신에 '그' 또는 '그녀'를 사용해서 제삼자 입장에서 얘기하도록 함). 따라서 희생자는 사건을 직접적인 당사자가 아니라 안전한 거리에서 사건을 관찰하는 관찰자처럼 묘사하게 된다. "그가 내게 총을 겨눴어요."라고 말하는 것이 아니라, "그가 그녀에게 총을 겨눴어요."라고 말할 수 있다. 이 기술은 강간 피해자(Latts & Geiselman, 1991; Reiser, 1980)와 피학대 아동(Geiselman, Saywitz, & Bornstein, 출판 중)에게 적합하다.

이 기술은 기억을 보고하는 면에서, 전통적인(1인칭) 방법으로 묘사하는 경우보다는 자세하지는 못하다는 약간의 단점이 있다.[3] 그러나 이 기법은 목격자의 정서적인 상태가 성공적인 수사의 큰 장애가 되는 외상이 심각한 사건에서 효과적으로 사용할 수 있다.

우리의 감정은 부분적으로 자신의 행동에 대한 해석에서 나온다는 것은 오래전부터 알려져 왔다(James, 1890). 우리가 말을 빨리 하고 근육이 긴장한다는 것을 감지하게 되면, 불안을 경험하게 되고 자신을 불안한 것으로 명명한다. 우리의 외현적인 행동이 바뀌면, 기분도 새로운 행동에 더 가깝게 일치하도록 변한다. 그러므로 면담자는 목격자의 겉으로 드러나는 행동을 바꿔서 덜 불안해하도록 할 수 있다. 이것은 목격자에게 숨을 천천히 깊게 쉬도록 하는 것으로 달성할 수 있다. 면담을 시작하면서 사건에 대해 공식적인 내용을 수집하기 전에, 면담자는 목격자로 하여금 숨을 천천히 그리고 깊이 들이쉬고 천천히 내쉬게 하면서 긴장을 풀고, 몇 번 정도 심호흡을 하도록 요구할 수 있다.[4] 면담자는 한두 번 정도 설명을 해 주고 목격자와 몇 번 정

3) 목격자가 다른 사람의 역할을 하게 되는 경우, 세부적인 개인 맥락의 단서들 중 몇 가지는 상실될 수 있고, 목격자는 사건을 재구성하기 위해 관련된 범죄에 대한 일반적인 지식에 더 많이 의존하게 된다. 따라서 목격자는 특정 범죄의 몇 가지 세부 사항을 생략하고, 일반적인 범죄의 특징인 보다 전형적인 행동으로 대체할 것이다(Bartlett, 1932; Fisher & Chandler, 1991 참조).

4) 여기서 제안하는 이완 방법들은 최면에서 사용되는 것들과 유사해 보인다. 인지면담은 단지 최면을 대신하는 화려한 이름일 뿐인가? 최면과 인지면담이 달리 행해진다는 것을 보여 주는 몇몇 실험이 있기 때문에 그러한 생각을 배제할 수 있다. 예를 들어, 최면은 오도된 정보에 대한 응답자의 피암시성을 증가시킨다(Putnam, 1979). 반면에, 인지면담은 피암시성을 증가시키지 않는다(Geiselman, Fisher, Cohen, Holland, & Surtes, 1986). 게다가 Yuille와 Kim(1987)은 최면의 유도 요소는 기억의 강화물로써 효과적이지 않다고 주장했다. 대신, 최면은 맥락 회복 등 인지면담에서 발견되는 몇 가지 기법을 사용할 때만 기억을 향상시킬 수 있다(Timm, 1983 참조).

도 연습해야만 한다.

목격자가 긴장을 풀고 속도를 늦추도록 하는 더 미묘한 방법은 동시성의 원리(제3장)에 의한 것이다. 즉, 면담자가 고요하고 느리게, 그리고 통제된 태도로 말을 한다면, 목격자는 면담자의 방식에 따르는 경향이 있다. 일반적으로 면담자는 이와 같은 방식으로 자신을 보여 줌으로써 어조에서 긴장을 늦출 수 있도록 노력하여야 한다.

일부 사건들은 다른 사건들에 비해 스트레스가 더욱 심하다. 당연히 범죄에서 가장 스트레스를 주는 측면에 관한 질문은 무해한 질문에 비해 목격자에게 큰 불안을 느끼도록 한다. 피해자를 위협하는 가해자에 관해 질문하면, 자전적 · 배경적인 정보(예, "어디에서 일하세요?")보다 확실히 더 많은 불안을 유발할 것이다. 게다가 이런 질문이 만들어 낸 불안은 대답을 하고 난 이후에도 금세 가라앉지 않는다. 한 번 발생한 스트레스의 부정적인 사후 효과는 이후에 이어지는 질문과 면담 전반에도 계속될 수 있다. 우리가 검토한 한 면담에서 형사는 가해자가 총을 꺼내서 피해자를 위협하는 것에 대한 질문을 했다. 목격자는 이 질문 때문에 흥분하게 되어 마음의 평정을 잃었고, 주어진 질문에 대답하지 못했을 뿐만 아니라, 이후의 다섯 가지 질문 중 어떤 것에도 대답하지 못하였다. 명백하고 확실하게도, 면담자는 면담을 하는 동안 이런 스트레스를 주는 질문들을 해야만 한다. 면담자는 이를 피하기만 할 수는 없다. 하지만 면담자는 가장 스트레스를 주는 질문을 되도록 중요하고 세부적인 정보를 이끌어 내고 난 다음, 즉 면담의 후반부에 하도록 남겨 둠으로써 부정적인 사후 효과를 최소화할 수 있다.[5)]

면담을 하다가 목격자가 극심한 두려움이나 불안을 보일 때는 불안에 대해 즉각적으로 대응하여야 하고, 새로운 정보를 수집하는 면담을 진행하지 않는 것이 반드시 필요하다. 목격자의 불안이 고조되어 있는 상태에서 상세한 정보를 요구하면, 목격자는 적절하지 못한 진술을 하게 되고, 그에 따라 목격자의 확신감이 떨어지게 됨으로써 그 이후 면담에서 피상적인 진술을 유도한다.

아마도 면담자는 목격자를 나중에 다시 면담할 수 있을 것이다. 그때는 목격자의 불안이 덜 하기 때문에, 같은 질문을 다시 할 수 있다. 하지만 첫 번째 면담에서 부정확하게 반응을 했다면 이후의 면담에서도 정확하게 반응할 가능성이 낮아진다.[6)]

고도의 불안 상태에 있는 동안 면담을 하게 된 목격자는 면담이 자신의 필요에 민감하지 못한 것으로 지각할 수도 있고, 자신으로부터 동떨어져 있다고 느낄 수도 있다. 면담을 하는 동안 목격자가 극심한 불안을 보인다면, 면담자는 즉시 그 불안에 신경을 써야 한다. 면담자는 목격자가 평정을 되찾은 다음에 다시 범죄 묘사 작업을 해야만 한다. 면담이 다시 시작되면, 면담자는 부담이 없는 일련의 질문들로 시작을 해야 하고, 앞서 스트레스 반응을 불러일으킨 면담 부분에는 점진적으로 접근해 가야 한다. 목격자가 여전히 극도로 불안해하면, 면담을 종결하는 것이 최선이고, 그 회기에서 면담을 억지로 완결짓기보다는 나중에 다시 시작하는 것이 좋다.

5) 이 기법은 대부분의 폭로하는 질문('폭탄')을 면담의 후반까지 아껴 두는 신문 · 잡지에서의 면담과 유사하다(Metzler, 1979). 기저에 깔려 있는 개념은 비슷하다. 면담을 성급하게 종결시킬 수 있는 질문을 해서 면담의 남은 부분을 오염시키지 않는 것이다.

6) 본래의 질문에 답하는 것은 목격자의 기억을 변화시켜서 나중에 부정확한 응답을 할 가능성을 높이게 된다(Fisher & Chandler, 1991; Raaijmakers & Shiffrin, 1980 참조).

목격자의 자신감 증진시키기

목격자는 경고도 없이 순식간에 발생한 놀라운 사건을 상세히 묘사해야 하는데, 이러한 일이 힘들 것임을 이해하는 것이 어렵지는 않을 것이다. 이러한 어려운 사안에 직면해서, 목격자는 사건을 충분히 잘 묘사할 수 있을지에 대한 자신감을 상실하게 된다. 목격자의 자신감이 떨어지면 그의 과제가 매우 어려워지는데, 이는 자신감이 부족하게 되면 필요한 정신활동이 차단되기 때문이다(West, 1985). 자신감이 저하된 사람은 기억을 철저히 탐색하는 대신 성급하게 기억인출을 종결하고, 종종 면담자의 질문이 거의 끝나자마자 "모르겠어요."라고 응답해 버린다. 이러한 사실은 일상에 대한 회상능력에서조차 이미 자신감이 결여된 노인들, 그리고 어린 아동들에게서 입증되었다(Geiselman, Saywitz, & Bornstein, 출판 중). 곧 살펴보겠지만, 모든 사람의 자신감 수준은 때때로 연령에 상관없이 다소 가변적이다. 우리의 목적과 관련해서 목격자의 자신감은 가장 중요한 것으로서 부분적으로 면담의 과정을 반영하고, 그 면담은 면담자의 통제 아래에 있다. 면담자가 효과적인 면담을 성공적으로 지휘하기 위해서는 목격자의 자신감을 계속 유지시키고 지나치게 낮아지지 않도록 하는 능력이 필요하다.

목격자의 자신감 수준을 증진시키는 데 사용할 수 있는 몇 가지 기법을 기술하기 전에, 앞 단락에서 독자들이 생각할 수 있는 한 가지 우려에 대해 먼저 언급하고자 한다. 즉, 자신감이 낮은 목격자의 자신감 수준을 높였을 때, 목격자가 단순히 더 많은 잘못된 정보를 만들어 내게 되지 않을까? 우선, 인지면담이 더 많은 오류를 유발한다는 증거는 없다.[7] 그것은 아마도 목격자가 단순히 추측하는 것을 단념하게 하는 인지면담 내에 구성되어 있는 기제 때문일 것이다(이 장 후반부의 '목격자의 정보억압 극복하기'를 참조하라). 그러나 더 많은 오류가 있다고 하더라도, 추가적인 정확한 정보를 이끌어 내기 때문에 그러한 오류를 보상하고도 남는다. 특히, 이러한 보상은 단서들이 매우 적을 때 그러하다. 대부분의 면담자가 직면하는 문제는 오류 단서가 너무 많은 것이 아니라 정확한 정보가 충분치 못하다는 데 있다. 게다가 자신감과 정확성 사이의 관련성은 종종 매우 약하다. 낮은 자신감을 가진 목격자들이 높은 자신감을 가진 사람들만큼이나 정확한 경우가 흔하다(Deffenbacher, 1980). 그러므로 면담자는 목격자가 단지 매우 자신감이 없다고 해서 정보를 보류하는 것을 원치 않는다.

면담자는 면담을 하는 동안 목격자의 묘사에 관심을 가지고 있다는 것을 알게 할 수 있는 적절한 피드백을 제공함으로써 목격자의 자신감을 유지시킬 수 있다. 목격자가 방금 제기한 주장에 대해서, 바로 이어 상세한 묘사를 요구하는 질문들은 효과적이다. 예를 들어, 면담자는 "그것 참 흥미롭네요. 그 가해자가 입고 있던 모자에 대해서 뭐든 좀 더 얘기해 주실 수 있을까요?"와 같은 말을 할 수 있을 것이다. 더 미묘한 수준에서는 면담자가 주기적으로 대수롭지 않은 언어적인 강화('그

7) 지금까지 수행된 모든 실험실 연구에서(부록 B 참조), 한 연구(Kohnken, Finger, & Nitschke, 1991)를 제외하고는, 인지면담에서 추출된 부정확한 응답 수들은 표준면담에 비해 더 많지 않았다. 부정확한 응답의 비율(오류 수를 총 응답 수로 나눈 것)은 표준면담에 비해 인지면담이 항상 낮았다.

렇죠' 라든지 '으-흠')를 하면서 끼어드는 것이다. 응답자들은 일반적으로 이러한 단서들을 인식하지 못하지만, 그럼에도 불구하고 그들은 정보의 양을 증가시킨다(Greesnpoon, 1955).

비언어적인 신호들도 면담자의 관심을 알리고, 목격자의 자신감을 유지시키는 데 사용할 수 있다. 약간 앞으로 기운 평범한 자세(위협적이지 않게)와 주기적으로 눈맞춤을 시도하는 두 가지 기법이 있다.

피드백을 줄 때, 목격자가 어떤 특정한 진술을 하자마자 곧바로 "좋아요." "맞아요." 등과 같은 직접적이고 질적인 피드백을 주는 것을 피해야만 한다. 이러한 피드백은 면담자가 목격자의 진술에 동의한다는 신호로 해석될 가능성이 있다. 자신감을 인위적으로 증가시킬 경우에 특정 진술에 대한 목격자의 기억을 바꿀 수도 있다. 같은 이유로 면담자는 자신의 태도를 통제해야 하고, 특정한 응답 후에 놀라움을 표시해서는 안 된다. 놀라움을 표시하는 것은 응답이 정확하지 못하다는 신호로 받아들일 수 있다(Flanagan, 1981 참조).

면담자의 피드백에 반응하는 것 외에도, 목격자의 자신감은 면담할 때 자신의 수행(performance)에 의해서도 영향을 받는다. 즉, 목격자가 질문에 성공적으로 대답할 경우에는 자신감이 증가한다. 반대로 질문에 대답을 못하는 경우, 특히 여러 개의 연속적인 질문에 대답을 하지 못하는 경우에는 자신감이 감소한다. 따라서 목격자가 대답할 수 없는 여러 개의 연속적인 질문은 피해야 한다. 목격자가 마지막 몇 개의 질문에 적절히 반응하지 못한 경우, 면담자는 일련의 쉬운 질문들로 바꿔야 한다. 만약 필요하다면, 목격자가 자신감을 되찾은 다음에 다시 어려운 질문을 할 수도 있다. 주제를 전환할 때는 짧은 간격(단지 몇 초만으로 충분하다.)을 두고 면담과 관계없는 행동

(예, 물 한 잔을 제공하는 등)을 하면서 면담으로 다시 돌아가야 한다. 이때 주제를 바꿀 것이라고 분명하게 밝혀야 한다. 예를 들어, "자, 그럼 이제 다른 것들을 확인해 볼까요?"라고 말할 수 있다. 그리고는 긍정적인 반응을 이끌어 낼 수 있는 몇 가지 간단한 질문을 이어갈 수 있다.

목격자의 정보억압 극복하기

목격자들은 면담 시에 종종 중요한 사건이 생각나더라도 그것을 보고하는 것을 억제하곤 한다. 곧 살펴보겠지만, 정보를 억압하는 대부분의 구실은 그 근거가 빈약하고, 대체로 면담은 목격자가 떠오르는 모든 생각을 묘사하게 하는 것이 좋다.

대부분의 사람과 마찬가지로, 목격자들은 신뢰할 수 없어 보이는 것을 원치 않기 때문에, 때때로 앞서 말했던 내용과 모순된다고 느낄 때는 정보를 보고하지 않을 수 있다. 그러나 대중적인 믿음과는 달리, 불일치한 보고가 반드시 부정확한 회상을 의미하지는 않는다. 어떤 조건하에서는 일관성 없는 주장이 일관된 주장만큼, 혹은 일관된 주장보다 더 정확할 수 있다(Fisher & Cutler, 1991).[8)]

8) 비록 불일치한 회상이 법 체계에서 목격자 증언의 부정확성 지표로 사용되기도 하고, 성공적인 변호사들에 의해 목격자에게 이의를 제기하는 전략으로 선호되기는 하지만(예, Bailey & Rothblatt, 1971 참조), 이러한 주장을 지지할 수 있는 실험적인 자료는 없다. 우리가 알고 있는 오직 하나의 실험적인 검증에서(Fisher & Cutler, 1991), 연출된 절도 사건의 관찰자들은 두 시기(면담)를 나누어 '도둑'을 묘사하였고, 그 뒤 사진을 나열해

만약 목격자들이 일관되지 않은 이야기를 하더라도, 면담자는 그 이야기에 대해서 즉각적으로 이의를 제기해서는 안 된다. 그러한 이의 제기가 목격자의 자신감을 떨어뜨리기 때문이다. 그보다는 면담자가 한 회기에서 되도록 많은 정보를 모두 이끌어 낸 이후에 목격자에게 그 불일치를 설명하도록 요구해야 한다. 목격자의 신뢰성을 의심할 만한 충분한 이유가 없다면, 면담자는 불일치에 대해서 너무 강도 높게 공격하여서는 안 된다(Stone & DeLuca, 1980 참조). 불일치는 단순히 목격자의 묘사들 중 순수한 실수일 수 있다. 또는 면담자가 진술을 이해하는 데에서 실수한 것일 수도 있다. 위협적이지 않은 태도라면, 목격자가 다른 각도에서 진술을 하게 함으로써 추가적이고 정확한 정보를 이끌어 낼 수 있을 것이다(제8장의 '다중 인출 시도'를 참조하라).

사람들이 때때로 정보를 생략하는 두 번째 이유는, 그 정보의 순서가 맞지 않거나 지금 묘사하고 있는 문제들과 관련되어 있지 않은 것처럼 여기기 때문이다. 일련의 사건들을 묘사하는 전형적인 방법은 순차적(forward)으로, 연대순(chronological)으로 묘사하는 것이다(Burns, 1981). 때로는 상황을 묘사하는 도중에 선행사건이 생각

두거나 용의자들을 줄을 세워 두고 그를 식별하도록 했다. 목격자의 일관성과 회상의 정확성 간의 관계성은 놀라울 정도로 약했다. 두 명의 면담자에게 비일관적인 응답을 한 목격자들이 응답을 일관적으로 한 사람들에 비해 덜 정확한 것은 아니었다. 이러한 약한 관계성은 묘사의 정확성에서나 사진 나열(photoarray) 및 라인업(lineup) 식별 모두에서 나타났다.

우리 실험의 목격자들이 거짓말을 할 아무런 동기가 없기 때문에, 이러한 결과를 해석할 때 주의를 기울여야 한다. 비일관성과 정확성 사이에 관계성이 없다는 우리의 결과는 단지 목격자가 진실되려고 노력하는, 실제 삶에서는 얻기 어려운 사례들에서만 유효하다.

날 수도 있다. 만약 꼭 시간 순서에 따라 말하지 않아도 된다고 얘기해 두지 않으면, 진술을 완전히 끝낼 때까지 그 사건을 진술하는 것을 억제할 수 있다. 하지만 그때가 되면, 목격자는 다른 정신적인 상태에 있게 되고 앞서 생각났던 기억이 마음 깊은 곳으로 사라져서, 결국 다시는 생각해 낼 수 없게 될 수 있다. 이것은 특히 아주 미세한 내용들인 경우 더 그러한데, 이런 미세한 내용들은 이야기의 주된 내용들과 밀접하게 연결되어 있지 않다. 이와 유사한 형태로 사람들은 때때로 지금 현재 다른 주제를 얘기하고 있기 때문에 특정 사실(fact)은 '제자리가 아니다(out of place).'라는 이유로 그 사실을 억누른다. 다시 말하지만, 어떤 사실이 마음속에 떠올랐을 때 즉시 표현하지 않고 '더 적절한' 시기에 말하기 위해 억제하게 된다면 그 사실은 다시 의식 위로 떠오르지 않을지 모른다.

마지막으로, 목격자는 어떤 정보가 사소하고 조사할 가치가 없는 것이라고 생각해서 그 정보를 말하는 것을 보류할 수도 있다. 대부분의 목격자는 무엇이 조사할 가치가 있는지 없는지에 대해서 알지 못하기 때문에 이러한 자기-편집(self-editing)은 도움이 되기보다는 해를 끼친다. 정보가 아무리 사소한 것이라 할지라도, 그것을 회상하는 것은 조사할 가치가 있는 관련 사실을 촉발할 수도 있다. 사소하다고 생각되는 사실을 회상하는 것이 억제되면, 가치 있는 정보가 떠오르는 것 또한 억제된다.

원칙은 간단하다. 생각이 떠오르자마자 그 모든 것을 묘사하도록 목격자를 격려하라. 면담을 시작할 때, 면담자는 목격자에게 떠오르는 생각들 중 아무것도 편집하지 말고, 사소해 보이거나, 제자리가 아니라고 생각하거나, 일관성이 없어 보이더라도 생각이 떠올랐을 때 모든 것을 말

해야 한다고 알려 주어야만 한다. 면담자는 목격자에게 모든 상세한 부분은 나중에 정리할 것이니, 이야기가 일목요연하고 체계적이어야 한다는 걱정을 하지 말라고 상기시켜 줄 수 있다. 면담자의 주된 관심은 목격자가 최대한 많은 정보를 말해 주는 것이지, 정보를 순서에 맞춰 논리 정연하게 제시하는 것이 아니다.

생각을 편집하지 말라는 지시 사항에 대해 목격자는 사실이든 아니든 단지 면담자를 기쁘게 하기 위해 진술을 꾸며 내도록 격려하는 것으로 오해할 수 있다. 그것은 분명히 거짓 정보를 만들어 내기 때문에 바람직하지 않다. 면담자는 목격자에게 추측하거나 꾸며 내지 말라고 명확하게 경고하여야 한다. 이렇게 제안할 수 있다. "저는 당신이 모르는 경우, 단순히 무언가를 만들어 내기를 바라는 것이 아닙니다."라고 하든지, 또는 좀 더 단호하게 "당신이 뭔가 알지 못해도, 괜찮습니다. 모른다고 말하기만 하면 됩니다. 아무것도 꾸며 낼 필요는 없고, 제게 대답을 해 주시기만 하면 됩니다."라고 하면 된다.

목격자의 의사소통 촉진하기

목격자가 범죄를 주의 깊게 관찰을 했건, 단지 피상적으로 관찰을 했건 간에, 대부분은 해당 범죄를 상세하게 묘사할 수 있는 능력에 있어서 제한적이다. 뉴스 리포터와는 달리, 대부분의 시민은 일상적인 삶에서 이렇게 상세하고 세부적인 묘사를 할 필요가 없기 때문에 이러한 작업에 익숙하지 않다. 목격자의 묘사하는 기술이 좋건 나쁘건, 주의 깊게 실시된 면담에 의해 묘사의 수준을 향상시킬 수 있다.

상대적 판단 대 절대적 판단

목격자의 묘사를 향상시킬 수 있는 한 가지 일반적인 전략은 목격자들에게 비교할 수 있는 구체적인 참조점(reference point)을 제공해 주는 것이다. 여러 연구에서 볼 수 있듯이, 실제로 모든 사람은 절대적인 판단보다 상대적인 판단에 더 뛰어나다(Miller, 1956).[9] 예를 들어, 대부분의 사람은 어떤 사람이 얼마나 큰지 정확하게 말하기 어렵지만, 둘 중에 누가 더 큰지에 관해서는 매우 정확하게 판단할 수 있다. 목격자가 용의자의 키에 대해 묘사하지 못한다면, 면담자 혹은 목격자가 아는 다른 어떤 사람과 비교하여 얼마나 큰지 물어볼 수 있다(Rochester, N.Y.P.D. 1981 참조). 참조점이 묘사되는 대상과 더 유사할수록 판단은 더 정확해질 것이다.

색깔에 대한 절대적인 판단을 하는 것은 매우 어려운데, 특히 묘사되는 대상이 표준색들(흰색, 검정, 갈색, 빨강, 분홍, 주황, 노랑, 초록, 파랑, 보라 등) 중 하나가 아닐 때 더욱 그러하다(Rosch, 1973). 그럼에도 불구하고, 비록 사람들이 청록색(aquamarine blue)을 묘사하는 적절한 어휘를 가지고 있지 않더라도 그들은 정확하게 특정 기준보다도 더 파란색인지 혹은 더 녹색인지를 말할 수 있다. 색깔을 묘사하는 데 도움을 주기 위해, 면담자는 간단한 색채표(페인트 가게

9) Miller(1956)의 고전적인 연구에서 다양한 지각적인 차원들(소리 크기, 밝음, 색조 등의 판단)에 걸쳐서, 실험 참여자들은 오직 대략 7개(에서 2개 많거나 적은)의 범주만을 정확하게 구별하였다. 예를 들어, 참여자들은 대략 7개의 범주 중 하나로 소리 크기를 범주화했다. 7개 이상의 범주에서 참여자들은 소리를 범주화하는 데 오류가 생기기 시작했다. 그러나 비록 참여자들이 절대적인 판단을 할 때 7개의 범주로 제한하였다고 하더라도 과업에서 상대적인 판단을 하도록 요구되었을 때, 훨씬 섬세한 구별을 할 수 있었다(예, 다음의 두 소리 중 어떤 소리가 더 큰가?).

에서 구할 수 있는 다양한 색깔의 헝겊 조각)를 가지고 다닐 수 있다. 그리고 목격자에게 기준과 비교했을 때 색깔이 어떤지 알려 달라고 할 수 있다.

재인 대 회상

사람들은 대상을 회상하는 것보다 재인하는 것을 더 잘한다(Kintsch, 1970).[10] 예를 들어, 목격자는 무기가 회전식 권총이었는지 자동식 권총인지를 묘사하지 못할 수도 있다. 그럼에도 불구하고, 목격자는 전형적인 회전식과 자동식 권총의 사진 중에서 정확하게 하나를 선택할 수 있다. 마찬가지로 다른 유형의 차들을 잘 알지 못하는 목격자는 특정한 차량을 묘사하지 못할 수도 있지만, 그림에서 고를 수는 있다. 따라서 면담자는 전형적인 무기, 차량, 기타 기술적인 사물들의 사진이나 그림을 가지고 다니면서 목격자에게 적합한 것을 고르게 하거나 여러 선택지(alternatives) 중 어느 하나와 비교해서 해당 사물이 어떻게 다른지 알려 달라고 요구하는 것이 좋다.

그림이나 사진들을 사용할 수 없는 경우가 보통인데, 면담자는 다른 선택 대상을 언어적으로 알려 줄 수 있다. 예를 들어, 목격자가 가해자의 모자를 묘사하려고 한다면, 다양한 가능성들(야구모자, 선원의 모자 등)을 제시할 수 있을 것이다.

일련의 선택지들을 제시할 때마다 면담자는 목격자의 반응에 편향되지 않도록 주의를 기울여야 한다. 선택 대상물들이 몇 개 안 되는

10) 비록 사람들이 대상을 회상하는 것보다 재인하는 것을 더 잘하지만, 거기에는 물체, 사람 또는 사건은 회상할 수 있어도 재인되지는 않는 몇 가지 경우들이 여전히 존재한다(Tulving & Thomson, 1973).

경우라면, 면담자는 최대한 모든 선택지를 제안하여야 한다. 만약 선택지들이 너무 많아서 모든 경우를 열거할 수 없다면, 면담자는 아무것도 제시하지 않거나 또는 제시하는 선택지들이 다양한 선택지들 중에서 몇 가지 사례일 뿐이라는 것을 명백히 알려 주어야 한다.

비언어적 응답

면담 시 대부분의 정보는 언어적으로 전달된다. 면담자는 질문을 할 때 언어를 사용하고, 목격자는 응답을 하기 위해 언어를 사용한다. 언어적인 방법이 의사소통의 전형적인 수단임에도 불구하고, 그것이 모든 사건에 적합하지는 않다. 복잡한 행동이나 익숙하지 않은 대상 등에 관련된 사건에서는 말로 설명하기 곤란할 수 있다. 이처럼 설명하기 어려운 사건이나 대상에 대해서는 목격자에게 그것을 실제 행동으로 보여 달라고 요구하거나, 그림으로 그려 보게 하거나, 어떤 방법을 사용해서 비언어적인 방식으로 응답하게 하는 것이 좋다.[11)]

특별히 우리가 지켜본 면담 중에는 비행기 사고의 목격자를 대상으로 한 흥미로운 경우가 있었는데, 목격자는 비행기가 제어되지 못한 채로 추락하게 된 과정을 표현하는 것을 상당히 어려워했다. 목격자에게 비행기의 동작을 설명할 수 있도록 모형비행기를 주었을 때, 목격자는 확실히 더 정확하고 이해하기 쉬운 묘사를 할 수 있었

11) 친숙한 물체조차도 언어적으로 묘사하기는 힘들지만, 비언어적으로는 쉽게 묘사될 수 있다. 예를 들어, 사람들은 지폐의 크기를 언어적으로 표현할 때 많은 오류를 만들어 내지만, 지폐의 크기보다 더 크거나 작은 종잇조각을 제시하면 이를 만져 보고 매우 정확하게 구분할 수 있다(Leibowitz & Guzy, 1990).

다. 이와 유사하게 교통사고에 관한 묘사를 이끌어 내는 데에서 다음의 경우들처럼 면담자는 더 정확하고 이해가 쉬운 묘사를 이끌어 낼 수 있을 것이다. ① 교차로의 그림을 그려 달라고 요구하거나 또는 교차로의 그림을 목격자에게 보여 주고, ② 관련 차량을 지적할 수 있도록 모형을 제공하고, ③ 관련 차량의 모형을 주고 움직임을 따라 해 보도록 요청한다. 목격자가 사건의 적극적인 참여자였고(예, 비행기 사고에서 조종사가 목격자인 경우), 특정 행동에 대한 목격자의 결정이 중요한 것이었다면, 이상적으로는 유사한 비행기 내에서 목격자와 면담을 해야 하고, 원래 자신이 했던 동작을 재현함으로써 당시의 행동을 알려 주어야 한다(Greenwald, 1970 참조).

비언어적인 응답은 특히 어린 아동과 같이 언어적 기술이 제한적인 목격자와 면담할 때 도움이 된다(이 장의 '독특한 의사소통장애를 가진 사람'을 참조하라).

세부적인 묘사 유도하기

대부분의 사람은 세련되고 상세하게 묘사하는 훈련이 되어 있지 않거나 그런 연습을 해 본 적이 별로 없다. 일상적인 일들에 대해서 얘기할 때는 보통 대략적인 묘사만으로 충분하다. 우리는 다른 사람들에게 그 '커피 잔'을 건네달라고 부탁하지, '좁고, 파란색이며, 바깥쪽에 수직 줄무늬가 있고, 물과 섞인 어두운 갈색의 액체가 담긴 11cm의 세라믹 그릇'을 달라고 하지는 않는다. 결과적으로 대부분의 목격자는 성공적인 수사면담을 위해 중요한 요소인 사건을 상세하게 묘사하는 기술을 거의 가지고 있지 않다.

피상적인 응답보다 세련되고 상세한 응답을 하는 데 시간이 더 오래 걸린다. 따라서 **면담자는 목격자에게 면담을 시작할 때 대답을 하기 전 충분한 시간을 가져야 한다고 말을 해 주어야만 한다**(Prior & Silberstein, 1969 참조). 우리가 언급하였듯이, 종종 면담자들은 면담이 '단지 몇 분만' 걸린다고 말한다. 그러한 방식으로 소개할 경우에 목격자는 피상적인 응답도 받아들일 것으로 생각하게 되고, 이러한 생각은 상세한 응답을 촉진하는 데 거의 도움이 되지 않는다.

면담자들이 부딪치게 되는 주요한 장애물 중 하나는, 특히 용의자에 관한 묘사에서 면담자가 세부적인 묘사를 필요로 하지 않는다고 목격자가 생각할 수도 있다는 것이다. 목격자의 주된 관심은 단지 자신이 개인적으로 침해당했다는 것이기 때문에, 사건과 관련하여 특별히 상세한 것에 맞추는 것이 아니라 일반적인 수준의 행위에 초점을 맞추어 묘사한다.[12)]

수사를 하는 형사들에게는 행위 정보가 중요한 것이지만, 그들의 주된 관심은 인물(용의자) 또는 사물 정보들(예, 무기, 차량)을 이끌어 내는 것이다. **면담자는 목격자에게 상세한 인물 정보를 제공하도록 명백하게 요구하는 것이 필수적이다.**

우리가 청취한 수백 건의 면담에서, 면담자는 상세한 응답을 필요로 한다고 명확하게 얘기하고 있지 않다. 거의 변함없이, 면담자들

12) 강도 피해자를 대상으로 한 전형적인 면담에서, 도출된 사실들의 64%가 발생한 행위와 관련된 것이었고, 오직 30%의 사실만이 사람과 관련된 것이었다(Fisher, Geiselman, & Raymond, 1987).

은 최소한의 것만을 요구하는데, 이는 "무슨 일이 있었는지 얘기해 보세요."와 같다. 그러나 이렇게 애매해서는 안 된다. 진정으로 상세한 응답을 이끌어 내고자 한다면, 면담자는 매우 명백하게 얘기를 해야 한다. 면담자는 다음과 같이 말할 수 있다.

> 이 사건을 해결하기 위해서, 우리는 범죄를 저지른 사람에 관해서 가능한 상세한 묘사를 필요로 합니다. 당신이 할 수 있는 한 가장 자세하게 그 사람의 얼굴을 묘사해 주세요. 제가 그 사람을 그리고 있는데, 제가 가진 정보는 오직 당신이 말해 주는 것뿐이라고 상상해 보세요. 그 사람에 관해서 당신이 말해 줄 수 있는 모든 것을 얘기해 주세요.

정보 가치가 있는 응답

때때로 목격자는 단지 그 중요성을 깨닫지 못하기 때문에 행위, 대상 또는 인물의 중요한 특징을 묘사하지 않는다. 예를 들어, 목격자는 총기 손잡이가 다양한 모양이라는 것을 알지 못할 수도 있다. 결과적으로 목격자는 범죄에 사용된 총기의 손잡이를 묘사하지 못한다. 그것은 기억을 못해서가 아니라 단순히 그 손잡이가 정보로서 중요하지 않다고 믿기 때문이다. 만약 묘사할 대상이 기술적인 경우(또는 목격자에게 익숙하지 않은 것일 경우), 면담자는 묘사해야 할 중요한 특성이 무엇인지 목격자에게 알려 주어야 한다.

전형적으로 경찰 면담자는 신장, 체중(또는 체형) 그리고 다른 일반적 특징에 대한 정보를 요구한다. 이러한 특징들은 목격자가 쉽게 접근할 수 있는 반면에(제10장의 '개념 코드 탐지'를 참조하라), 그 특징들을 정확히 구별하는 경우는 드물다. 어떤 목격자가 가해자를 약 5피트 8인치의 키에 169파운드의 체중이었다고 묘사했을 때, 그러한 경우는 대부분 남성에 해당된다. 가해자가 특별히 작거나 크다든지, 또는 특별히 날씬하거나 뚱뚱하지 않다면, 이런 일반적인 묘사는 별로 가치가 없다. 이것은 특히 많은 시민이 신장이나 체중을 잘 가늠하지 못하기 때문이다(Yuille & Cutshall, 1986). 따라서 면담자가 그러한 정보를 이끌어 내는 것도 필요하지만, 신뢰성이 부족하고 구별이 모호하기 때문에 너무 열정적으로 그러한 정보를 추구하는 것은 옳지 못하다.

이러한 일반적인 특징들보다 정보로서 더 중요한 것들은 얼굴 그리고 특이하거나 매우 독특한 특징에 관한 묘사다. 얼굴의 특징 중에서 정보로서 가장 가치 있는 특징은 얼굴 윗부분인데, 특히 머리카락과 앞이마의 머리선(hair line)이다(Ellis, 1984). 따라서 얼굴 특징에 대해 조사할 때, 면담자는 머리카락과 정수리에서 시작해서 아래로, 턱을 향해 진행하여야 한다.

말 그대로 특이한 특징들은 차이가 분명하기 때문에 이끌어 내는 것이 가장 바람직하다. 만약 목격자가 이러한 정보를 개방형 질문에서 자발적으로 얘기해 주지 않는다면, 정보를 끌어내는 것이 종종 어렵다(제6장의 '폐쇄형 질문 대 개방형 질문'을 참조하라). 면담자는 "강도의 외모에서 평범하지 않은 점이 있었나요?"라는 질문을 함으로써 특이한 정보를 얻으려고 할 수 있다. 경찰면담을 분석한 결과, 많은 형사들이 이런 식의 질문을 하였다. 하지만 거의 모든 사례에서 그러한 질문은 "아니요."라는 응답을 이끌어 냈다. 우리는 이 질문이 특별히 가치가 없다는 것을 의심하게 되었다—그리고 최후의 수단으로만 사용하여야 한다—왜냐하면 이러한 질문은 모호하기 때문에 효과적인 인출 단서로 작용하지 않는다. 또한 이것은 암묵적으로 면담자가 "아니요."라는 응답을 받아들인다고 생각하게 만든다. 대신에 더 긍정적인 답변을 이끌어 내기 위해, 면담자가 질문을 약간 바꾸어서 "강도의 외모에서 가장 눈에 띄는 특징은 무엇이었나요?"라고 묻기를 제안한다. 아무리 개성이 없다고 하더라도 모든 사람은 다른 사람들과는 구분되는 몇 가지 특징을 가지고 있다. 목격자가 이 질문에 대해서 긍정적인 답변을 한다면, 면담자는 "그다음으로 특징적인 부분은 무엇이었나요?"라고 이어서 질문할 수 있다. 그리고 이러한 질문을 목격자가 더 이상 긍정적인 답변을 제공할 수 없을 때까지 계속해야 한다.

때때로 인물이나 사물에 대한 묘사를 할 때, 목격자는 주관적으로 묘사를 한다. 예를 들어, "그는 화나 보였어요." "그 남자는 농부처럼 보였어요."와 같은 정보는 비록 법정에서는 받아들일 수 없지만, 약간만 객관적인 형태로 바뀐다면 면담자에게 유용하게 쓰일 수 있다. 면담자는 목격자의 주관적인 묘사에 이어 그것에 관해 더 객관적인 용어로 상세하게 진술하도록 요구해야 한다. 주관적인 표현을 객관적인 표현으로 바꿀 수 있는 간단한 공식은 다음과 같이 질문하는 것이다. "그 남자의 어떤 점이 그를 (화가 난 것처럼, 농부처럼) 보이게 했나요?" 목격자가 응답할 충분한 시간이 있다면 이런 질문은 거의 어김없이 객관적인 묘사를 이끌어 낸다.

독특한 의사소통장애를 가진 사람

많은 시민이 상세한 묘사를 표현하는 데 어느 정도의 문제를 가지고 있기는 하지만, 그래도 그들은 항상 최소한 납득이 가는 묘사를 제공할 수 있다. 하지만 어떤 사람들은 빈약한 의사소통기술을 가지고 있어서 수사에 어떤 유용한 정보도 제공하지 못하는 것처럼 보인다. 적절한 정규교육을 받지 못했거나, 영어가 모국어가 아니거나, 면담을 할 때 취해 있을 수도 있다. 첫 질문에서, 그러한 사람들은 가치 있는 정보를 거의 제공하지 못하는 것처럼 보일 수 있다. 하지만 적절한 면담기술을 사용한다면, 이들이 놀랄 만큼 유용한 정보를 제공할 수도 있다.[13)]

취한 목격자 취한 목격자에게서는 독특한 문제점이 나타나는데, 그들은 논리적인 반응을 조직하는 능력뿐만 아니라 표현능력이 손상되어 있기 때문이다(Eich, 1977). 이러한 제한들 중 일부는 선택지를 주어 고르게 하거나 묘사할 관련 특징을 제시해 줌으로써 극복될 수 있다. 더욱이 취한 목격자는 응답을 조직화하기 힘들기 때문에, 면담자는 특정 주제에 관한 정보를 요구하고, 다른 주제로 넘어가는 식으로 보고를 나누어서 하게 해야 한다. 오직 이러한 방식만이 보고를 완성할 수 있다. 만약 취한 목격자에게 지나치게 넓은 범위의 질문(너무 개방적인 질문)을 할 경우—통상적으로 정상적인 목격자에게는 바람직한 전략이다—정보의 부분들이 통째로 손실될 수 있다. 따라서 면담자가 온전한 목격자에게는 가해자의 옷차림에 대해 묘사해 달라고 요구할 수도 있지만, 취한 목격자와 면담을 할 때는 가해자의 셔

13) Brown과 Geiselman(1991)은, 예를 들어 인지면담이 경도 정신지체를 가진 사람들에게서 정확한 정보의 회상의 양을 32% 증가시켰다는 것을 발견했다.

츠, 재킷, 신발 등에 관해 나누어서 물어야 한다. 취한 목격자를 면담할 때의 핵심은 최대한 많은 구성으로 나누어 질문하는 것이다.

여기서 명백한 의문이 하나 있다. 목격자가 정신을 차릴 때까지 기다렸다가 면담을 하는 것이 더 낫지 않을까? 만약 사건이 최근에 일어났고, 목격자가 사건 당시 취해 있었다면 그가 정신을 차릴 때까지 면담을 연기하는 것보다 취해 있더라도 즉시 면담을 하는 것이 낫다. 만약 목격자가 정신을 차린 이후에 면담을 하려고 계획을 세웠더라도, 일단 취해 있을 때 면담을 하고 나중에 정신을 차리고 나서 면담을 다시 하는 것이 바람직하다(Yuille & Tollestrup, 1990).[14] 당연히 이것은 목격자가 취한 정도에 달려 있다. 우리는 비록 목격자가 취했더라도, 분명히 여전히 이성적으로 조리가 있을 것이라고 가정하고 있다.

영어가 모국어가 아닌 사람 분명히 면담자와 목격자가 사용하는 언어가 같다면 더할 나위 없이 좋다. 하지만 때때로 이런 경우가 가능하지 않기 때문에 통역자를 써야만 한다. 목격자가 면담자의 언어를 이해는 하지만, 단지 그 언어로 대답을 하지 못할 경우라면, 면담자는 통역자를 거치지 않고 목격자에게 직접 말을 해야 한다. 전문적이지 않은 많은 통역자는 내용을 다소 왜곡할 수 있기 때문에

14) 이렇게 하는 세 가지 이유가 있다. 먼저, 기억은 시간이 지날수록 감소하기 때문에 사건이 일어난 직후에는 기억할 수 있는 일부 정보들은 면담이 지연될 때 사라진다. 두 번째로, 이미 언급했듯이(제4장의 각주 6), 첫 면담에서 사건을 회상하려는 시도는 후에 사건에 대한 기억을 더 쉽게 만든다. 세 번째로, 첫 면담 시의 생리적 상태(취한)가 사건 당시와 같을 때 회상을 증진시킨다(제7장).

통역자를 통해 말하는 것을 피하는 것이 좋다. 목격자에게 직접 말을 할 때, 면담자는 짧은 문장과 쉬운 어휘를 사용하고, 말을 천천히 또박또박 해야 한다.

만약 목격자가 면담자의 언어를 알아듣지도 말하지도 못해서 통역자가 필요한 경우, 면담자는 복잡한 질문을 마칠 때까지 기다렸다가 한꺼번에 전부 번역하는 대신, 짧은 구절을 말하고 구절 단위로 번역해 달라고 요청해야 한다. 마찬가지로 면담자는 목격자에게도 짧은 구절로 천천히 말하도록 요구하고, 통역자에게는 구절 단위로 통역해 달라고 요구해야 한다.

목격자가 미국인이 아니라서 미국식 단위 체계(피트, 파운드, 갤런)보다 미터법(미터, 그램, 리터)에 보다 익숙하다면, 중요한 사람이나 사물을 묘사할 때 그들이 익숙한 도량형(미터법)으로 묘사하여야 한다. 특히 목격자가 면담을 할 때 불안해한다면, 목격자에게 익숙하지 않은 단위 체계를 사용하도록 요구하면 큰 오류를 낳을 수 있다(Smith, Jobe, & Mingay, 1991).

아동[15] 아동은 성인과 비교해 인지적인 기술과 사회적 지각의 중요한 방식이 다르기 때문에 면담을 수정하는 것이 필수적이다. 이러한 차이점은 대략 세 가지로 초점이 맞추어진다. 첫째, 아동은 알지 못하는 성인 앞에서, 특히 익숙하지 않은 환경에서 매우 불편해한다. 둘째, 아동의 언어적 기술은 성인보다 훨씬 덜 발달되어 있다. 셋째, 면담 시 아동에게 기대되는 역할은 면담자의 행동에 훨씬 쉽

15) 이 부분은 Michelle McCauley와 함께 썼다.

게 영향을 받는다.

어린 아동을 면담할 때의 첫 번째 규칙은 면담 환경과 면담자를 편하게 느끼도록 하는 것이다. 아동의 집이 아닌 다른 장소에서 면담을 할 경우, 면담실에는 아동에게 익숙한 장난감, 놀이도구, 색칠 공부 책 등을 구비해 두어야 한다. 면담을 시작하고 몇 분 동안은 다른 것은 하지 않고 오직 아동과 면담자 사이에 라포를 형성하는 데 할애하여야 한다(Dent, 1982; Saywitz, 1988). 이것은 아동의 세계를 이해하려는 순수한 관심을 보이는 것을 의미한다. 면담자는 아동의 친구들이나 가족, 좋아하는 놀이, 장난감, TV 프로그램, 영화 또는 학교에 관한 대화에 아동을 끌어들일 수 있다. 여기서 라포를 형성하는 데는 면담자가 아동과 의미 있는 상호작용을 할 필요가 있다. "네가 제일 좋아하는 TV 프로그램이 뭐니?" 혹은 "몇 학년이니?" 같은 일련의 인구조사식 질문을 하는 것이 아니라 흥미 있는 한 집단으로서 기여해야 한다.

또한 어린 아동은 면담자의 질문을 이해하지 못하거나, 관련된 사건에 대한 묘사를 못하는 것에서 보이듯이 언어적인 기술이 취약하다(Saywitz, 1988, 1989 참조). 일반적으로 면담자는 대화를 쉽게 해야 한다. 이것은 짧은 문장을 사용하는 것과 아동이 아는 단어로 제한하는 것을 뜻한다. 이러한 기술은 성적 학대를 당한 사건에서 아동들과 면담을 할 때 특히 중요한데, 아동이 성적인 신체 부위를 나타낼 때 특이한 용어를 사용할 수 있기 때문이다. 아동이 어떤 개념을 특이한 명칭으로 인식하는 경우에, 면담자는 면담 중에는 전적으로 그 명칭을 사용해야 한다.

아동은 종종 사건이나 대상에 관해서 매우 짧고 상세하지 않게 묘사하는데(Chi & Ceci, 1986), 특히 면담자와 라포가 충분히 형성되어 있지 않을 경우 그러하다. 면담자는 아동의 이러한 한계를 특히 처음 라포를 형성하는 시기에 익숙한 사건, 예를 들면 좋아하는 게임을 묘사할 때 중단하지 않고 말할 수 있게 격려함으로써 극복하도록 도울 수 있다. "그거 참 재미있구나. 그 게임을 어떻게 하는지 좀 더 알려줄래?" 와 같이 말함으로써 라포를 형성하는 것을 도울 뿐 아니라 아동이 세부적이고 상세한 응답을 떠올릴 수 있도록 하는 두 가지 역할을 동시에 할 수 있다. 일단 라포를 형성하는 시기에 아동이 그런 정밀하고 상세한 대답을 하고 나면, 면담자는 그 내용을 나중에도 기준으로 삼을 수 있다. 예를 들어, 아동이 처음에 자신이 집에서 좋아하는 게임을 어떻게 하는지 자세히 묘사를 했다면, 면담자는 나중의 면담에서 "자, 그 남자(가해자)가 너를 만졌을 때에 대해서 얘기해 보자. 하지만 방금 네가 컴퓨터 게임을 어떻게 하는지 나에게 설명해 준 것처럼 어떤 일이 있었는지 전부 다 얘기하려고 노력해야 해." 라고 말할 수 있다.

목격자로부터 상세한 정보를 얻기 위해서는 개방형 질문이 더 효과적이지만(제6장 참조), 아동으로부터 상세한 정보를 얻기 위해서는 전형적으로 더욱 직접적인 질문을 하는 것이 좋다(Saywitz, 1988). 면담자는 처음에 개방형 질문으로 정보를 이끌어 내려고 노력해 본 다음, 이후에 직접적인 질문을 사용해야 한다.

심지어 최상의 조건하에서도, 아동은 많은 사건을 말로 표현하지 못하곤 한다. 그런 경우, 면담자는 아동이 비언어적인 형태의 의사소통을 사용하도록 격려해야 한다(이 장의 '비언어적 응답'을 참조하라). 아동은 행동으로 또는 그림을 그려서 자신이 관찰한 것을 전달할 수 있다. 만약 소도구들이 사용될 경우(예, 해부학적으로 정확한 인형), 그것들이 지나치게 암시적으로 사용되지 않는지 확신할 수 있도록 주의를 기울여야 한다(Goodman, Bottoms, Schwart-Kenney, & Rudy, 1991).

성인이 훨씬 더 그렇기는 하지만, 아동도 마찬가지로 면담자의 의도를 잘못 해석하고, 면담자를 기쁘게 하기 위해 정보를 꾸며 낼 수 있다. 예를 들어, 질문을 재차 하게 되면 아동은 첫 번째 응답이 면담자의 마음에 들지 않았다고 생각하고, 결국 답변을 바꾸게 된다(Geiselman & Padilla, 1988; Geiselman, Saywitz, & Bornstein, 출판 중). 이와 유사하게, 지나치게 열성적인 면담자는 "그게 네가 기억하는 모든 것이니? 그것 말고 더 기억나는 것은 없어?"라는 질문을 반복적으로 함으로써 아동으로 하여금 이야기를 꾸며 내도록 부추기기도 한다. 면담을 심층적으로 진행하고자 할 때는 면담 시작 전에 대답을 지어 내서는 안 되며, 진실만을 이야기해 달라고 명백히 말해 주어야 한다. 이러한 지시는 아동이 질문에 대해서 언제든지 "저는 잘 모르겠어요."라는 답변을 할 수 있는 선택권을 주면 더욱 강화된다. 또한 면담자는 자신이 하는 질문을 아동이 이해했는지 여부를 알려 달라고 해야만 하는데, 이해하지 못했을 경우 표현을 다르게 하여 말할 수 있다.

요 약

1. 면담자가 목격자의 불안을 알아차리고, 그와 같은 상황에서는 불안이 자연스러운 것임을 말해 주어 목격자의 불안을 감소시킬 수 있다. 고조된 불안의 부정적 효과를 감소시킬 수 있는 다른 기법들은 ① 불안을 사전에 검토하기('놀람 효과'를 줄이기 위해), ② 사건이 마치 다른 사람에게 일어난 것처럼 사건을 묘사하도록 격려하기, 그리고 ③ 목격자가 느리고 깊게 숨을 쉬도록 직접적으로나 간접적으로 동기를 부여하여 이완반응을 유도하는 것을 포함한다. 면담자는 가장 스트레스를 주는 질문들을 면담의 후반부로 미루어야 한다.
2. 면담자는 ① 목격자의 응답에 대해 언어적 혹은 비언어적으로 관심을 전달하고, ② 목격자가 대답하지 못하는 일련의 연속적인 질문을 묻는 것을 피해서, 면담 전반에 걸쳐 목격자가 자신감을 유지할 수 있도록 노력해야만 한다.
3. 목격자는 어떤 정보가 수사를 위해서 가치가 있을 수 있음에도 불구하고, 종종 정보들을 보류한다. 면담자는 생각이 나자마자 마음속에 떠오르는 모든 것을 묘사하도록 격려해야 한다. 또 면담자는 목격자가 응답을 꾸며 내지 않도록 명시적으로 경고해야 한다.
4. 면담자는 ① 목격자에게 그들의 응답을 안내할 수 있도록 구체적인 참조점을 제시하고, ② 절대적인 판단보다 상대적인 판단을 하도록 하고, ③ 회상보다는 재인을 하게 함으로써 목격자가 상세하게 묘사할 수 있도록 도울 수 있다. 재인을 하기 위한 선택지들을 제시할 때에는 선택지들의 모든 가능한 경우들을 알려 주어야 한다.
5. 행동이나 복잡한 사물에 대한 묘사는 목격자가 비언어적으로 응답하게 격려하거나, 행동으로 보여 주거나, 또는 그 사건이나 대상을 그리게 함으로써 개선될 수 있다.
6. 면담자는 상세한 인물 정보가 필요하다는 것을 명시적으로 알려야만

한다.

7. 얼굴 특징과 특별한 특징들은 인물 묘사에서 가장 중요하다. 앞이마의 머리선과 얼굴 상단의 특징들은 가장 확연히 드러난다. 목격자들에게 '가장' 드러나는 특징을 알려 달라고 요구하면 특이한 특징을 이끌어 낼 수 있다.
8. 목격자의 주관적인 반응들은 그 말을 다른 표현으로 바꿈으로써 더 유용하고, 객관적인 묘사로 바꿀 수 있다.
9. 독특한 의사소통 한계를 가진 사람들(예, 취한 사람, 영어가 모국어가 아닌 사람 그리고 아동)을 위해서 그들의 한계를 극복하도록 도울 수 있는 특별한 기법이 필요하다.

05

면담 준비

면담 장소

범죄현장에서 실시하는 면담

면담 시기

목격자와 복수면담 실시하기

면담 연장하기

일부 복잡한 면담 전략을 검토하기 전에 면담의 전략들과 관련된 기본적인 결정을 보기로 하자. 이 장에서는 두 가지 사안, 즉 면담을 실시하기 위한 시기와 장소에 초점을 맞출 것이다. 또한 경찰수사에서 종종 나타나는 문제인 동일한 목격자와 여러 차례 면담하는 것에 관해서 검토할 것이다. 끝으로 면담의 기능적 생명을 연장하는 간단한 절차를 기술할 것이다.

면담 장소

면담자들은 일반적으로 목격자의 일정상의 편의를 고려해 면담 장소를 선택한다. 비록 편리성이 분명 실용적인 기준이기는 하지만, 모든 면담 장소에서 똑같이 좋은 면담을 진척시키지는 못한다는 것을 깨닫는 것이 중요하다. 만약 수집해야 할 정보를 극대화할 수 있는 장소를 선택하려 한다면, 다음 사항을 고려하여야 한다. 주의 분산이 가장 적은 장소는 어디인가? 외부적인 주의 분산으로 목격자의 집중이 방해받으면 수집되는 정보의 양이 줄고, 이끌어 내는 정보가 더 피상적이며, 상세하지 못할 수 있다.

일단 면담이 시작되면 면담자가 거의 통제할 수 없는 주의를 분산시키는 몇 가지 외부 요소들이 항상 존재한다. 보통 이것들은 면담의 특정 장소와 관련되어 있는데, 범죄현장에서 떼를 지어 돌아다니는 관찰자들을 예로 들 수 있다. 면담자가 비록 이러한 산만함을 완전히 통제하지는 못하겠지만, 그것들을 최소화하기 위해서 몇 가지 가능한 방법들이 있다.

첫 번째 규칙은 한 번에 한 목격자와만 면담을 실시하도록 노력하는 것이다.[1] 둘 또는 그 이상의 목격자가 있으면, 면담자는 이들을 따로 떼어 놓고 각자 개별적으로 얘기해야 한다(Rand, 1995; Wells, 1998을 볼 것). 면담이 범죄현장에서 실시되고, 잠재적인 목격자가 면담이 실시되기 전에 그 장소를 떠날 수 있다면, 면담자는 범죄현장을 즉시 떠나야만 하는 모든 사람의 이름, 전화번호 그리고 주소를 물어봐야 한다. 그래야만 면담자는 이후에 면담을 할 수 있다.

만약 목격자가 두려움이나 다른 개인적 이유 등으로 혼자서 면담받기를 거부한다면, 면담자는 필요한 제3의 인물을 가까이 있게 하되, 목격자의 시야에서는 벗어나 있도록 면담 장소를 배치해야 한다. 제3의 인물에게는 면담을 종결할 때까지 어떤 방식으로든 말을 꺼내거나 면담에 끼어들어서는 안 된다는 사실을 명시적으로 알려야 한다. 통역자가 필요한 면담에 대해서는 4장을 참고하라.

일단 일반적인 면담 지역이 결정되고 나면, 면담은 주의 분산의

1) 집단면담은 여러 가지 위험을 지니고 있다. 첫째, 두 사람 이상의 사람들이 동시에 참여하게 될 때, 그들 중 한 사람이 다른 사람의 응답 중간에 끼어들 가능성이 많다. 이것은 면담자가 대답에 끼어드는 것과 똑같은 종류의 방해를 하게 된다. 둘째, 한 목격자의 진술은 다른 목격자의 기억을 변화시킬 수 있는데, 이런 경우 각 목격자의 증언을 받아들일지와 관련해서 많은 법적인 문제를 일으키게 된다. 셋째, 회상에 대한 목격자의 자신감은 다른 목격자가 자신의 묘사에 대해서 동의하는지 여부에 따라 인위적으로 높아지거나 낮아지게 된다.

잠재적인 요소들에서 떨어진, 최대한 조용한 장소에서 실시되어야 한다(Wicks, 1974 참조). 면담자는 다른 행인들이 있는지, 주의를 분산시킬 수 있는 소음(전화, 벨, 차 소음 등)이 있지 않은지, 그리고 면담을 하는 동안 다른 사람이 목격자를 찾지 않을지를 고려해야 한다. 이러한 결정이 각 면담 장소에 따라 다르기 때문에 다양한 면담 장소를 개별적으로 검토하여야만 한다.

형사면담(detective interview)은 일반적으로 범죄현장, 경찰본부, 목격자의 거주지 또는 목격자의 근무지 등에서 실시된다. 이러한 각각의 장소의 장단점은 무엇일까?

범죄현장에서 실시하는 면담

이 절에서 언급하는 범죄들은 거주지나 사업장이 아닌 장소, 예를 들어 쇼핑을 하고 있거나 길을 걷다가 보게 되는 범죄들이다. 또한 거주지나 사업장이 범죄가 발생한 현장이라면, 이곳에서 행하게 되는 면담은 '거주지' 또는 '사업장'이라는 범주에 포함시켜 살펴볼 것이다.

일반적으로 면담은 범죄현장에서 하게 되는데, 면담자가 목격자가 떠나기 전에 도착하기 때문이다. 범죄현장에서 실시하는 면담에는 두 가지 이점이 있다. 먼저 이런 면담은 보통 범죄가 발생한 직후에 하기 때문에 범죄에 관한 목격자의 기억이 거의 사라지지 않는다. 게다가 면담 장소의 맥락이 범죄 자체에 대한 맥락과 매우 유사한데, 이러한 맥락은 종종 기억을 증진시킬 수 있는 요인이 되기도 한다(제7장의 '기억인출'을 참조하라).

이론적으로는 사건 직후 면담 장소에서 바로 실시하는 면담이 가장 효과적일 것이다. 그러나 실제로는 이러한 면담의 효과를 저해하는 몇몇 요인들이 있다. 첫째, 범죄가 지금 막 발생했다면, 목격자는 고도로 불안하거나 두려운 상태일 수 있다. 둘째, 범죄의 유형에 따라 여러 구경꾼이나 다른 잠재적인 목격자들이 있을 수 있다. 다른 사람의 존재는 사적인 면담 수행을 방해하고 불필요한 주의 분산의 가능성을 증가시킨다. 만약 다른 목격자가 나타난다면 면담자는 이 다른 목격자들을 놓치고 싶어 하지 않기 때문에 면담을 조급하게 끝내려고 하는 유혹을 받게 된다. 또한 범죄 발생 직후 범죄현장에서 실시되는 면담에서는 목격자와 면담자 간의 사전 준비가 되어 있지 않기 때문에 적절한 절충안을 찾아야 한다. 목격자가 가족에게 연락을 해야 하거나 다른 약속이 있음으로써 면담을 급하게 중단하거나 끝내야만 할 수도 있다.

범죄현장에서 면담을 실시할 때의 주된 문제는 산만함에 대해 최소한의 통제만이 가능하다는 것이다. 교통 소음, 행인들, 날씨 그리고 기타 주의 분산의 원인들 때문에 효과적인 면담을 실시하기 위한 충분한 집중을 유도하기가 사실상 불가능해진다. 만약 면담자가 범죄현장에서 면담을 실시한다면, 외부의 산만함으로부터 최소한의 영향을 받으면서도 최대한의 프라이버시를 누릴 수 있는, 가장 멀리 떨어져 있는 위치를 선택해야 한다. 대부분의 다른 영향을 차단할 수 있기 때문에 종종 경찰순찰차가 이러한 기능을 할 수 있다.

범죄현장으로 목격자를 데리고 가면 범죄가 원래 사건에 대한 기억을 환기시켜 줄 수 있다고 자주 제안된다(예, Wicks, 1974). 아마도 이것은 사실이기는 하겠지만(제7장의 '기억인출'을 참조하라), 우리는 일반적으로 이 기법을 권장하지 않는다. 왜냐하면 이는 더 쉬운 방법, 즉 단순히 머릿속에 범죄현장을 떠올리게 함으로써 동일한 기억을 떠오르게 하는 것을 달성할 수 있기 때문이다(Smith, 1979). 이것은 목격자가 잘 알고 있는 장소에서 발생한 범죄의 경우 특히 그러하다. 더군다나 많은 범죄현장의 세부적인 상태는 원래의 사건이 있고 나서 그 이후의 면담이 있기까지 변한다. 예를 들어, 만약 범죄가 밖에서 발생했다면, 날씨 또는 조명 조건이 같다거나, 교통 상황이나 거리의 소음이 지속되거나, 또는 동일한 행인들이 면담 상황에 있지는 않을 것이다. 이러한 세부적인 상태는 사건이 발생했을 때와 면담하는 때의 상황 간에 차이가 있는 만큼, 기억이 손상된다(Loftus, Manber, & Keating, 1983). 범죄현장에 돌아가는 것을 권장하는 경우는 범죄를 정신적으로 재구성할 수 없도록 목격자가 잘 모르는 장소에서 범죄가 발생한 경우나 환경이 변하지 않고 그대로인 경우로 제한되어야 한다. 대부분의 사건은 범죄현장을 정신적으로 상상하는 것으로 충분하다.

범죄가 발생한 직후 범죄현장에서 실시된 면담의 전반적인 성공은 주로 목격자의 정서 상태, 그리고 외부의 산만함을 통제할 수 있는 면담자의 능력에 달려 있다. 목격자가 이성적으로 차분하고, 면담이 중단되지 않고 진행될 수 있다면, 특히 시간이 경과함에 따라 빠르게 잊어버리게 되는 세부 정보를 수집하기에 범죄현장만큼 잠재적으로 훌륭한 장소는 없다. 반대로 목격자가 여전히 불안해하거나 산만함을 통제할 수 없는 상황이라면, 범죄현장에서 실시된 면담은 불완전하거나 심지어 부정확할 수 있다. 이런 경우에는 면담을 지연시키게 되더라도, 좀 더 통제된 조건에서 면담을 실시하는 것이 더 나을 것이다.

경찰본부에서 실시하는 면담

경찰본부에서 실시하는 면담은 일반적으로 사건이 발생한 지 며칠이 지나고 나서 실시되기 때문에 범죄에 관한 목격자의 기억이 다소 희미해지게 된다. 그 결과 목격자는 사건이 발생한 직후에 실시되는 면담에서보다 사건의 회상을 위해 더 많이 집중해야 한다. 반면, 면담자는 다른 장소에서 실시되는 면담보다 면담 환경을 더 잘 통제할 수 있다. 면담자는 적절한 주의를 통해 주의 분산을 최소화할 수 있어야 하고, 더 효과적인 기억인출작용을 유도하여야 한다. 더 나아가 시간이 경과함으로써 목격자는 감정을 더 잘 통제하는 상태에 있을 수 있다.

면담자의 주된 관심사는 되도록 주의 분산이 없는 면담실을 준비하는 것이다. 만약 가능하다면, 하나 또는 몇 개의 공간을 목격자 면담에만 사용할 수 있도록 각 경찰서 내에 따로 준비해야 한다. 이 공간들은 건물 내의 다른 소음을 피할 수 있도록 가능한 떨어져 있어야 한다. 만약 시설이 면담을 위해 별도로 공간을 마련할 수 있다면, 탁자 하나와 의자 두 개 그리고 필요한 필수품(즉, 재떨이와 메모장)을 최소한으로 구비한다. 목격자가 사용할 의자는 자주 자세를 바꾸지 않고서도 긴 회기 동안 앉아 있을 수 있기에 충분할 만큼 편해야 한다. 전화기와 인터콤 시스템과 같은 청각적으로 주의를 분산시키는 물건들은 선을 뽑아 놓거나 꺼 놓아야 한다. 마찬가지로 시각적으로 주의를 분산시키는 어떤 것들(거울, 시계, 사진, 포스터 등)은 가능하다면 제거하거나 가려야 한다. 일정한 방을 사용하고 있다면 이를 알릴 수 있게 문 바깥쪽에 표지판을 두어야 한다. 그렇게 하면 다른 사람이 면담 중에 들어오려고 하지 않을 것이다.

목격자의 거주지에서 실시하는 면담

목격자의 거주지에서 면담을 실시하는 것은 전반적으로 목격자에게 편리하다. 또한 이 면담은 목격자의 주거지에서 범죄가 발생한 경우에 자연스러운 면담 장소가 되는데, 특히 면담이 범죄 발생 직후에 이뤄지는 경우에 그러하다.

목격자의 거주지에서 면담을 실시할 때의 한 가지 이점은 목격자가 물리적 환경을 제대로 통제할 수 있다는 것이다. 면담자가 신뢰를 빨리 얻게 되면, 면담자는 그 신뢰를 이용해서 물리적 환경을 통제할 수 있고, 산만하지 않게 면담을 할 수 있다. 이를 위해서 면담자는 면담의 시작 단계에서 라포를 형성하고 목격자의 신뢰를 얻는 데에 어느 정도의 시간을 써야 한다. 일단 면담자가 목격자의 신뢰를 얻고 나면, 경찰본부에서 산만하지 않은 환경을 조성하는 것처럼 동일한 일반 패턴을 따르도록 요청할 수 있다. 즉, 면담은 청각적·시각적으로 주의 분산이 되지 않는 공간에서 실시해야 한다. 다른 가족이 있는 상황이라면, 면담은 그들이 지나다니지 않는 방에서 실시해야 한다. 마지막으로 가족 구성원들에게 면담 도중에 방해하지 않도록 자제해 달라고 요구해야 한다. 면담자는 가족 구성원들에게 면담의 전후에 면담자와 대화할 수 있는 기회가 주어질 것이라고 말해 주어야 한다.

만약 범죄가 목격자의 거주지에서 발생하고, 면담을 범죄 직후에

하게 되면, 면담의 역동은 범죄현장에서 실시된 면담과 유사해진다. 즉, 목격자가 여전히 높은 불안 상태에 있을 수 있다. 이 경우에 면담자가 가장 관심을 가져야 할 것은 이러한 불안을 극복하는 것이다. 만약 다른 목격자들이 존재한다면, 앞서 제안한 일반적인 지침들을 그대로 적용할 수 있다. 즉, 그들을 분리시켜 따로따로 면담하는 것이다.

목격자의 근무지에서 실시하는 면담

면담은 목격자의 사업장에서 실시되기도 하는데, 목격자가 근무 중이었고 범죄가 최근에 일어난 경우, 즉 근무지가 범죄현장인 경우이거나 또는 그곳이 편한 장소이기 때문이다. 만약 근무지가 최근에 발생한 범죄의 현장이라면, 앞서 얘기한 동일한 원칙들이 적용된다.

일반적으로, 목격자의 직장은 면담을 실시하는 장소로는 적합하지 않다. 직장은 시끄럽고, 소음을 통제할 기회가 거의 없다. 우리는 패스트푸드점이나 24시간 편의점에서 실시된 여러 개의 면담을 청취하였는데, 질문하는 고객들에 의한 방해나 업무에서 비롯되는 불가피한 소음들이 모두 있었다(문을 열고 닫음, 금전등록기의 울림 등등).

환경이 꽤 조용하더라도, 목격자는 업무적인 일에 마음을 빼앗기고 있기 때문에 면담의 세부 사항에 완전히 집중할 수 없을지도 모른다. 만약 목격자가 종업원이라면, 업무 시간을 빼앗기는 것을 감시받고 있다고 느낄 수 있어서 면담을 성급히 끝내거나 시간적 여유가 충분할 때에 비해 덜 상세한 응답을 하게 된다. 직장의 고용주, 소유주 또는 관리인과 면담을 할 경우에는 추가적인 문제에 직면하게 된다. 만약 목격자가 의사결정의 책임이 있거나 중요한 정보를 가지고 있다면, 다른 작업자들은 즉각 그의 조언이 필요하기 때문에 면담에 끼어들고 싶은 유혹을 받게 된다. 마찬가지로 목격자도 동료들에 대해 책임감을 느낄 것이다. 둘 중 어떤 경우라 하더라도, 목격자는 면담을 성급히 끝내려고 하거나 피상적으로 대답할 수 있다.

이러한 이유들 때문에 최근에 범죄가 그곳에서 발생하여 즉각적으로 면담을 실시하는 것이 중요한 경우가 아니라면, 우리는 목격자의 근무지에서의 면담을 피하도록 조언하고 싶다. 만약 범죄 후에 즉각적으로 면담이 실시되지 않았다면 목격자의 거주지에서 하거나 그것이 가능하지 않다면 경찰본부에서 하는 것이 낫다.

전화상으로 실시하는 인터뷰

매우 편리하기 때문에 면담을 실시하기 위해 전화를 사용하는 일이 잦다. 전화면담을 해 본 경험에 따르면, 이는 먼저 면대면(face-to-face) 면담을 실시한 후에 하면 효과적이다. 그러나 인출이 쉬운 경우에만 그렇다. 전화면담은 범인의 전반적인 특징을 이끌어 내는 데 사용하거나, 또는 목격자의 일정과 같은 일반적이고 배경적인 정보를 이끌어 내는 데 사용되어야 한다. 그러나 면대면 면담을 대체하기 위해서 전화면담을 사용해서는 안 된다. 전화면담은 비인적(impersonal)이기 때문에, 면담자와 아직 면대면으로 만나지 않은 목격자는 많은 정보를 꺼내 놓지 않는다. 또한 목격자가 기억하기 위해 필요한 정신적 작용을 유도하는 것이 특히 어렵다(제8장을 참조하라).

면담 시기

원칙적으로는 사건이 발생한 이후에 가능한 빨리 목격자를 면담해야 한다(Lipton, 1997; Wells, 1998). 왜냐하면 망각이 즉시 시작되고, 면담을 더 오래 지연할수록 더 많이 잊어버리게 되기 때문이다. 범죄의 세부 사항, 예를 들어 옷의 색깔 등은 가장 빨리 잊게 되고, 의미적인 행동은 가장 늦게 잊혀진다.

원리적인 측면에서 기억이 시간 경과에 따라 일반적으로 감소된다고 하지만, 면담을 미루어야 할 중요한 이유가 있다. 특히 정보 회상 능력은 목격자의 기억 저장의 가용성에 달려 있을 뿐만 아니라 다른 우연적 요인에도 영향을 받는다. 가령, 지시를 따르고 정보를 적절히 인출하는 목격자의 능력을 예로 들 수 있다. 매우 최근에 외상(trauma)을 겪은 고도로 불안한 목격자는 기억 속에 상당량의 정보를 가지고 있을 수도 있지만, 엄청난 불안이 기억의 인출 과정을 방해하기 때문에 그러한 정보에 접근하지 못할 수도 있다(Reiser, 1980). 목격자가 그런 고조된 불안 상태에 있다면, 그가 진정될 때까지 기다렸다가 나중에 면담을 실시하는 것이 유리하다. 면담자는 사건 직후에 면담을 하는 경우, 고조된 불안의 불이익과 최상의 기억이 갖는 이점을 비교해서 합리적인 판단을 내려야만 한다. 만약 목격자가 적당히 안정되어 있고, 지시를 따를 수 있는 것으로 보이고, 강도 높은 기억인출작업을 수행할 수 있다면, 면담은 사건 직후에 실시되어야 한다. 그러나 만약 목격자가 극로도 불안해하고, 간단한 지시조차 따르는데 애먹고, 강도 높은 기억인출을 할 수 없는 것으로 보이면, 면담을 얼마간 지연하는 것이 더 낫다.

목격자의 불안 수준 외에 면담을 지연해야 하는 다른 실제적인 이유가 있을 수 있다. 목격자는 취소할 수 없는 다른 약속이 있을 수 있다. 현재의 면담 장면이 혼란스럽고 몹시 산만하기 때문에 면담자와 목격자가 제대로 집중하는 것이 현실적으로 불가능한 경우가 있다. 만약 현재의 상태가 너무 방해되어서 만족스럽지 못한 면담을 하게 된다면, 더 좋은 조건을 확보하기 위해 면담을 한동안 미루는 것이 낫다. 범죄 후에 즉시 면담을 실시할 수 없다면, 면담을 다소 늦추더라도 기억손실은 거의 없을 것이다(Wells, 1988). 그러므로 면담을 범죄 후 한두 시간 지연시킬 때는 많은 감소가 있을 수 있지만, 이틀 내지 사흘 정도 지연시킬 때는 상대적으로 손실이 적다. 따라서 더 좋은 환경을 조성하기 위해서 한정된 시간 동안 면담을 미룬다면 아마도 더 많은 정보를 이끌어 낼 것이다.

면담의 일정을 짤 때, 면담자는 예상보다 면담이 길어지는 경우를 생각해서 상당한 여유 시간이 있는 시간대를 선택하려고 노력해야 한다(Wicks, 1974 참조). 면담자나 목격자의 다른 약속 때문에 면담을 성급히 끝내는 것은 반드시 피해야 한다. 만약 면담이 성공적이고 목격자가 풍부한 관련 정보를 가지고 있더라도, 목격자가 완전하게 기억을 다 쏟아 낼 기회를 가지기 전에 면담을 종결하는 것은 완전하지 못한 수사를 낳게 된다(Wicks, 1974 참조). 면담이 추후 다시 시작해야만 하는 경우라도, 목격자를 앞서의 면담 때와 동일한 효과적인 기억인출 상태로 되돌릴 수는 없다.[2]

2) 이는 추수면담이 새로운 정보를 이끌어 내지 못한다는 것을 암시하는 것은 아니다. 복수

목격자와 복수면담 실시하기

전형적인 경찰수사에서는 목격자와 여러 차례 면담을 하게 된다. 범죄 직후에는 제복을 입은 경찰관이, 몇 시간이나 며칠 뒤에는 형사가, 주 또는 지역 검사 사무실의 직원이, 몇 주 또는 몇 달 뒤에는 변호사나 지방검사 등이 면담을 행한다. 그러한 반복된 검사(testing)는 목격자와 면담자 양쪽 모두의 면담에 접근하는 방식뿐만 아니라 도출되는 정보의 양과 질에도 독특한 영향을 미친다. 면담에 참여했던 많은 목격자는 복수검사 형식(multiple-testing format)을 부담스럽게 여기고, 비효율적이라고 생각한다—왜 한 번의 면담으로 모든 정보를 얻어 가지 않고, 동일한 질문을 반복하고 동일한 대답만 얻어 가는 것일까?

최초의 면담자에게 기억할 수 있는 모든 것을 이미 말했다는 목격자의 믿음에도 불구하고, 주의 깊게 실시된 추수면담을 통해 새로운 정보를 끌어내야 한다고 믿을 만한 충분한 이론적인 근거와 많은 자료가 존재한다(개관을 위해서는 Payne, 1987 참조).[3] 그러므로 제대

면담에 관한 절에서 기술하겠지만, 추수면담은 새로운 정보를 생산한다. 그러나 첫 면담에서 이미 끄집어낸 일부의 정보들은 잃게 된다.

3) 새로운 정보를 기대하는 몇 가지 이유는 ① 목격자가 추수면담에서는 보다 잘 통제된 정서 상태가 되고, 그렇기 때문에 목격자의 사건 당시의 불안에서 비롯되는 방해가 덜하다. ② 목격자가 보다 많은 정보를 기억해 낼 수 있게 만드는, 범죄에 대해 생각할 수 있는 많은 시간을 갖게 된다(Roediger & Payne, 1982). ③ 면담의 맥락은 첫 면담에서 추수면담으로 갈수록 변화하며, 이것은 새로운 회상을 가능하게 만든다(더욱 세부적인 분석은 제8장의 '다중 인출 시도'를 참조하라).

로 사용된다면, 복수검사 방식은 면담을 한 번만 하는 것보다 더 많은 정보를 끌어낼 수 있는 좋은 기회를 제공한다. 이 기회를 이용하기 전에 몇몇 장애물을 반드시 극복해야 한다. 목격자와 면담자 각각의 관점에서 이런 장애물을 살펴보자.

목격자가 극복해야 할 주된 장애물은 동기의 부족이다. 많은 목격자들은 심지어 단 1회의 면담을 하는 것조차 반대한다. 그들은 불쾌한 사건을 잊길 바라며, 수사에 참여하기 위해 자신의 일정에서 시간을 내는 것을 원치 않는다. 목격자가 두 번째 면담에 참여해 달라는 요청을 받았을 때, 문제가 복잡해진다는 것에는 의심의 여지가 없다. 그들은 이미 알고 있는 모든 것을 앞의 면담자에게 말했다고 믿기 때문에, 많은 목격자들은 추수면담이 추가적인 시간 낭비일 것이라고 예상한다. 왜 귀찮게 면담을 반복해야 할까? 이에 면담자의 첫 번째 과제는 목격자에게 추수면담을 하는 것이 가치가 있다는 확신을 심어 주는 것이다. 면담자는 목격자에게 이번 면담에서는 다른 무언가가, 앞서의 면담에서는 밝히지 못한 무언가가 있을 수 있다는 것을 전달해야만 한다. 면담자는 첫 면담 이후에 몇 가지 새로운 정

이것은 흥미로운 법적인 시사점을 가지고 있는데, 목격자가 후의 면담(예, 법정 증언)에서 초기의 면담(예, 선서 증언)에서는 보고하는 데 실패했던 범죄의 어떤 세부적인 내용을 기억할 수도 있다는 것을 제안한다. 이런 일은 종종 생기는데, 반대측 변호사는 목격자가 다른 사람이 한 얘기를 들은 것이 틀림없다고 주장하면서, 목격자가 '새로 찾은' 기억에 대해 의혹을 제기한다. '결국', 반대편 변호사는 "우리 모두는 기억이 시간이 지남에 따라 감소한다는 것으로 알고 있습니다. 그런데 어떻게 목격자는 처음(선서 증언)에는 기억하지 못했던 것을 이후(법정 증언)에서 기억할 수 있을까요?"라고 말할 것이다. 이것은 평범한 사람들에게는 설득력 있는 주장처럼 보일 수도 있지만, 심리학적인 측면에서는 설득력이 없다.

보를 찾아냈다고 알리고, 이것들을 실마리로 삼을 수 있다. 대안적인 방법으로 목격자가 수사 팀의 일원이며, 목격자의 증언이 사건 해결에 도움이 된다는 느낌을 주도록 동기 부여를 하기 위해 노력해야 한다.

일단 면담자가 목격자의 참여를 확보하고 나서도, 면담자는 여전히 실제로 새로운 정보를 수집하는 업무에 부딪치게 된다. 두 번째 면담을 할 때, 많은 사람들은 다양한 심리적인 이유 때문에 단지 이전에 말했던 모든 것을 반복할 뿐이다.4) 이와 같은 정보는 이미 수집되었으므로, 면담은 더 이상 수사로 진전되지 않는다. 이 문제를 피하기 위해서 면담자가 사용할 수 있는 몇 가지 기법을 간단히 설명하고자 한다.

비협조적인 목격자에 의해 발생하는 문제들에 더해서, 면담자가 갖는 부적절한 태도 때문에 복수면담 방식에 나타나는 한계들이 있다. 이 한계들 중 많은 것은 면담자들이 종종 목격자가 처음의 면담

4) 목격자가 이전에 얘기했던 것을 단순히 반복하는 경향을 설명하는 사회적·인지적·정서적 원인이 있다. 목격자는 일관성을 가져야 한다는 사회적 압박 때문에 신뢰성이 없어 보이는 것을 원하지 않는다(Festinger & Carlsmith, 1959). 인지적으로는 목격자가 원래의 범죄현장에 대한 기억을 다시 인출하는 것보다 이전에 했던 증언을 반복하는 것이 더 쉽다. 첫 번째 면담에서 회상되었던 사실은 초기의 회상의 결과로 보다 기억하기 쉽다(Raaijmaker & Shiffrin, 1980). 따라서 새로운 정보를 인출하는 것보다 이미 예전에 회상했었던 사실을 인출하는 것이 정신적인 노력을 적게 필요로 한다. 마지막으로, 원래의 사건을 회복하고 상기하는 것은 초기면담 시의 사건을 반복하는 것보다 정서적으로 더 많이 힘들다. 목격자는 사건 당시에 높은 스트레스를 받았을 것이므로, 그들은 그것을 다시 생각해 내는 것을 회피할 가능성이 높다. 목격자는 사건 당시를 다시 생각해 보는 대안으로, 목격자는 초기의 면담을 고쳐 말함으로써 심리적인 안정감을 얻을 수 있는 쪽을 선택한다.

에서 보고한 내용을 알고 있다는 사실에서 비롯된다. 초기면담을 기준으로 삼아서, 면담자는 이전 면담자가 한 것과 동일한 질문을 함으로써 목격자의 이전 증언을 확인하려 하는 데 초점을 맞춘다. 이러한 접근 방식은 이야기를 꾸며 낸 몇몇 응답자를 걸러 내기는 하겠지만, 또한 새로운 정보를 알아내야 하는 추수면담의 잠재력을 심각하게 제한하기도 한다.[5] 초기면담의 타당성을 확인하려고 하기보다는, 추수면담의 면담자는 되도록 많은 새로운 정보를 이끌어 내기 위한 면담을 실시해야 한다.

최초의 면담에서 보고된 내용을 면담자가 알 때 나타날 수 있는 또 다른 문제는 목격자의 지식에 관해서, 그리고 잠재적인 용의자에 관해서 여러 가지 기대를 가질 수 있다는 것이다. 이런 기대들은 면담의 효과를 떨어뜨릴 수 있는데, 그 이유는 다음과 같다. 첫째, 해당 면담자가 유도질문을 하는 경향이 있다(제6장의 '질문의 언어화'를 참조하라). 둘째, 해당 면담자는 자신의 예상을 확인하는 것에 관심을 가지게 되어, 다시 개방적인 질문을 함으로써 얻을 수 있는 가능한 다른 고려 사항들을 배제하게 된다(Stone & DeLuca, 1980 참조). 셋째, 해당 면담자가 덜 적극적으로 듣기 때문에 이번 면담에서 얻을

5) 원래의 면담자와 같은 질문을 함으로써, 면담자는 목격자에게 이전 면담 시와 같은 동일한 정신작용을 불러일으키고, 신뢰성을 유지하기 위해 동일한 응답을 하게 된다. 또한 동일한 질문을 함으로써 원래 면담의 조건에 따라 추수면담의 질이 제한될 수 있다, 이는 거의 확실히 효율적이지 않다. 이것은 최초 면담이 범죄 직후에 제복을 입은 경관에 의해 수행되었을 때 특히 더 문제가 된다. 왜냐하면, ① 유니폼을 입은 경관은 일반적으로 경험이 적고 따라서 그 이후의 면담자보다 덜 능숙하고, ② 목격자는 아마도 최초면담 시 스트레스가 많은 정서적 상태였고, ③ 일반적으로 최초면담은 시간적 압박이 더 많기 때문이다.

수 있는 미묘한 단서들 중 일부를 놓치게 된다. 매우 흥미롭게도, 우리는 종종 사전에 그 사건을 알지 못하는 면담자들이 가장 효과적인 면담을 하는 것을 관찰해 왔다. 앞서 이루어진 면담의 정보를 가장 잘 활용하기 위해서 면담자는 그 사건에 관해서 사전 지식이 없는 것처럼 행동해야 하고, 그러므로 유도질문을 더 적게 사용하고, 범죄의 다른 해결책에 대해 가능성을 열어 두고, 더 적극적으로 듣도록 해야 한다.

다음의 특별한 제안들은 복수면담 방식에서 수집되는 정보량을 최대화하기 위한 것이다. 최초면담을 실시한 면담자와 추수면담을 실시한 면담자들 사이의 차이에 주목하라.

최초면담을 실시할 때에 적용되는 핵심적인 규칙이 있는데, 비록 추수면담이 예상되고, 어쩌면 더 나은 조건에서 면담이 있을 수 있더라도, 최초면담은 모든 것을 포함하여야 하고, 최대한 효과적으로 실시되어야 한다. 면담자는 초기에 수집되지 않은 정보를 끌어내기 위해 추수 면담자에게 의존하지 말아야 한다.[6)]

추수면담을 실시할 때, 면담자는 최초면담에서 사용한 것과 완전히 똑같이 질문을 하고 동일한 순서로 질문하는 것을 피해야 한다. 이런 전략은 최초면담에서 답해진 것과 동일한 대답을 하도록 할 가능성이 있다. 이 반복되는 정보는 이미 수집된 것이기 때문에 특별

6) 목격자가 추수면담에서 진술을 할 것이라는 보장은 없다. 목격자가 두 번째 면담에 참여할지의 여부는 부분적으로 초기면담에서 얼마나 많은 회상을 해냈는지에 영향을 받는다. 목격자가 더 많이 회상할수록 심리적으로 수사에 더 개입할 것이고, 나중에 참여할 가능성도 높아진다(Festinger, 1957). 추수면담에 참여한다면, 목격자가 회상하는 양은 최초면담에서 회상했던 양과 직접적으로 관련이 있을 것이다. 더 많은 정보가 초기에 회상됐을수록 그 후 면담에서 기억하는 양이 더 많이 증가할 것이다(Roediger, Payne, & Gillespie, 1982).

한 가치가 없다. 대신에, 면담자의 목표는 최초면담에서 발견되지 않은 새로운 정보를 이끌어 내는 것이어야 한다. 그런 새로운 정보를 발견하기 위해, 면담자는 명시적으로 목격자가 원래의 범죄에 대해 생각하고, 이전의 면담에서 제시했던 대답을 고려하지 않도록 지시해야 한다. 면담자는 목격자에게 이전에 보고하지 않은 새로운 사실이 생각날 수 있으며, 지금 생각이 나는 것이 이전에 보고했던 내용과 일치하지 않거나 심지어 모순되더라도 괜찮다고 말해 주어야 한다(제4장 참조). 목격자가 원래 사건의 기억 내용으로부터 회상을 하고, 첫 번째 면담에서 했던 말들을 단순히 반복하지 않도록 돕기 위해서 면담자는 사건 당시의 환경을 재현해야 하는데, 이를 통해 원래 사건에서 존재했던 심리적인 마음의 상태로 되돌려 놓게 된다(좀 더 자세한 내용은 제8장의 '맥락 회복'를 참조하라).

드물기는 하지만, 추수면담에서 원래 사건에 주의를 기울이도록 하여 구체적인 회상을 이끌어 내는 모든 시도가 실패할 수 있다. 이런 일이 생기게 되면 최후의 수단으로, 면담자는 목격자에게 최초면담에서 무슨 얘기를 했었는지 기억해 보라고 제안할 수 있다. 이 간접적인 방법은 이전 면담에서 수집된 정보를 반복하게 만드는 경향이 있기 때문에, 원래의 기억을 활성화하려는 더 직접적인 방법이 한계를 드러냈을 때에만 사용해야 한다. 만약 목격자가 이전 면담에서 말했던 것을 회상할 수 있다면, 면담자는 이번에는 앞서의 회상을 지침으로 삼아 원래 사건으로 되돌아가도록 다시 지시해야 한다. 예를 들어, 추수면담에서 목격자가 도주 차량에 대해 어떤 것도 기억하지 못한다고 해 보자. 그러나 질문을 받게 되면, 목격자는 처음 면담자에게 차가 '낡은' 상태였다고 말했던 것을 회상할 수 있다.

두 번째 면담자는 이번에는 다음과 같은 지시를 하면서 다음 질문을 이어서 할 수 있다.

> 당신은 제복을 입은 경관에게 자동차가 '낡았다'고 말했던 것이 기억났다고 말했습니다. 당신이 최초로 그 자동차를 보았을 때를 회상하려고 해 보세요. 자동차를 봤을 때 당신은 어디에 있었죠? 자동차의 어느 부위를 보셨나요? (원래의 맥락 회복) 차의 어떤 점 때문에 '낡아' 보였나요?

면담 연장하기

많은 면담자는 많은 사건을 담당하고 있고, 각 면담을 실시할 시간이 제한되어 있다. 특히 범죄가 심각하지 않거나 해결 가능성을 열어 주는 요소들이 별로 없는 경우에 그러하다. 그럼에도 불구하고, 우리는 면담자가 각 면담에 대하여 몇 분 정도의 더 많은 시간을 사용하고, 비록 길에서는 시간을 덜 보낼지라도 각 면담을 몇 분 정도 늘림으로써 제한된 시간을 좀 더 유용하게 사용하기를 권한다.[7]

제한된 시간을 효과적으로 사용하기 위하여, 형사는 물리적으로는 실재하지 않더라도 면담의 기능적 생명을 증가시킬 수 있다. 목

7) 우리의 표본에서, 일반적인 면담은 단지 10분간 지속된다(실제 면담 시간은 몇 분 더 길다. 우리는 녹음기에 녹음된 시간의 양만을 측정하였다). George(1991)의 연구에서, 평균적인 면담 시간은 16분이었다. 이와는 대조적으로, 형사는 범죄 보고서를 작성하고, 법정에 출두하고, 증언을 하기 위해 '거리에서' 상당히 많은 시간을 소비한다.

격자, 특히 피해자가 면담이 종료된 후에 오랫동안 범죄에 관해 계속 생각하게 되는 것은 당연하다. 그 추가적인 시간 동안, 목격자는 새로운 정보를 회상할 것이다(이 장의 각주 3 참조). 효율적인 면담자는 목격자에게 면담이 끝난 이후에 떠오르는 새로운 정보를 어떤 것이든 말해 달라고 격려함으로써 이 추가적인 정신적 노력을 활용할 수 있다. 우리의 사례에서 대부분의 형사들은 "만약 내가 떠난 뒤 당신이 어떤 관련된 것이 생각난다면, 연락해 주십시오."와 같은 말을 함으로써 이러한 노력을 기울였다. 그런 종류의 요구들은 마치 그 형사가 목격자에게 새로운 정보를 생각해 내기를 진심으로 기대하지는 않는 것처럼 면담자의 의도를 불확실('만약 당신이 무엇인가 생각난다면')하게 보이게 한다. 목격자가 더 많은 정보를 기억하기를 면담자가 정말로 기대하고 있다는 생각을 더 강하게 전달할 경우, 목격자는 나중에 전화를 해 올 가능성이 더 높다. 면담자는 기대를 높이기 위해 다음과 같이 더 강력한 표현으로 면담을 종결해야 한다.

> 저는 당신이 제가 떠난 뒤에도 범죄에 관해 계속 생각할 것이라고 확신합니다. 당신이 범죄에 관해 생각하게 되면, 지금 당장 기억할 수 없는 어떤 정보를 기억해 낼 수 있을 것입니다. 그것을 기록하고 새로운 것을 생각하자마자 지체 없이 저에게 연락을 해 주십시오. 비록 그것이 하찮아 보일지라도 말입니다. 여기 제 명함이 있습니다.

목격자가 면담이 끝난 뒤에 가치 있는 정보를 생각해 냈다면, 목격자가 기억해 낸 것을 발견해 내는 것은 면담자의 몫이다. 목격자가 전화하기를 기다려서는 안 된다. 면담 후 어떤 시점에, 아마도 하루나 이틀 뒤에 면담자는 편리에 따라 전화 또는 인편으로라도 목격자와 연락을 해서 뭐든 새로운 것이 기억났는지의 여부를 물어야 한다. 통상의 정중함을 보이기 위해, 면담자는 목격자의 신체적 · 정서적 상태를 물어야 한다.

요 약

1. 장소와 상관없이, 면담은 가능한 한 번에 한 명씩의 목격자를 대상으로 실시해야 한다.
2. 범죄현장에서 실시하는 면담은 통제되지 않는 수많은 산만함에 의해 영향을 받는다. 면담자는 프라이버시를 가장 잘 지켜 줄 수 있도록, 가장 멀리 떨어져 있는 장소를 골라야 한다.
3. 가능하다면, 주의 분산을 최소화할 수 있도록 경찰본부에 독립된 면담 공간을 따로 마련해 두어야 한다.
4. 목격자의 주거지에서 실시하는 면담은 환경을 통제할 수 있도록 해야 한다. 이 이점을 극대화하기 위해서, 면담자는 목격자와 라포를 형성해야만 한다.
5. 목격자의 사업장에서 실시하는 면담은 많은 통제되지 않은 주의 분산으로 영향을 받기 때문에 권장되지 않는다.
6. 전화상으로 실시하는 면담은 대면 면담의 후속으로는 적합하다. 하지만 주된 면담 방식으로 사용해서는 안 된다.
7. 일반적으로, 면담은 망각의 최소화를 위해 사건 후 바로 실시해야 한다. 그러나 목격자가 극도로 불안해하고, 지시 사항을 따르거나 기억을 인출하는 데 크게 어려움을 겪는다면 면담을 미루는 것이 더 좋다.
8. 면담자는 추수면담에 참여하도록 목격자에게 동기를 부여해야 한다.

왜냐하면 새로운 정보가 발견될 수 있기 때문이다. 추수면담을 하는 면담자는 사건에 대해서 알고 있는 사전 정보에 의해 지나치게 편향되는 것을 피해야 하는데, 그래야만 적극적으로 청취를 할 수 있다. 추수면담을 하는 면담자는 이전 면담자와 동일한 질문을 하는 것을 피해야 한다. 반복된 질문은 앞서 보고했던 모든 것을 단순히 반복하게 만들 뿐이다.

9. 면담의 기능적 수명은 목격자가 면담 후에 생각나는 새로운 사실들을 말하도록 격려함으로써 연장될 수 있다. 면담자는 목격자가 떠올렸을지도 모르는 새로운 정보에 관해 문의하기 위해서 면담 후 며칠 뒤에 연락을 해야 한다.

06

면담 과정

질문의 언어화

폐쇄형 질문 대 개방형 질문

질문의 속도와 타이밍

목소리의 어조

목격자 진술에 대한 면담자의 이해 증진과 기록하기

목격자의 묘사 검토하기

이번 장에서는 면담의 몇 가지 과정을 검토할 것이다. 여기에는 질문을 구성하는 방법, 목격자의 반응에 대한 면담자의 이해를 향상시키는 기법, 그리고 면담자의 받아 적기를 향상시키기 위한 제안이 포함된다.

용의자로부터 자백을 받아 내는 것이 목표인 신문(interrogation)과 무죄인 목격자에게서 사건과 관련된 묘사적인 정보를 이끌어 내는 목표를 지닌 면담(interview)은 종종 구분된다(예, Flanagan, 1981). 이 두 가지는 모두 포괄적인 면담으로 분류될 수 있지만, 면담과 신문의 목표나 역동은 극히 다르다. 효과적인 신문자가 되기 위해서는 억지로 응답하는 이들의 동기적인 문제를 극복해야 한다. 반대로 의욕적인 응답자라면 의사소통과 기억의 문제를 극복해야 한다. 따라서 신문자와 면담자가 활용하는 기법과 접근 방식은 근본적으로 다르다.[1] 성공적인 면담자는 목격자가 가치 있는 정보를 면

1) 불행히도, 많은 형사는 신문과 협조적인 면담을 수행할 때 비슷한 면담 방식을 사용한다. 그들은 협조적인 목격자가 잠재적으로 가지고 있는 만큼의 충분한 정보를 자발적으로 제공하지 않는 결과를 낳는, 보다 공격적인 신문기법을 모든 면담에서 사용한다. 이런 문제는 약간 형식적인 신문기법은 알려 주지만 협조적인 목격자를 면담하는 것에 관해서는 거의 또는 전혀 알려 주지 않는 훈련 방식에서 비롯된다. 결과적으로, 그들은 단지 훈련된 기술(신문)을 모든 면담에서 사용한다. 놀랍게도 일부 경찰-면담자 지침서 조차(예, Stone & DeLuca, 1980) 두 종류의 면담에서 사용될 수 있는 방식을 적절히 구분하지 않았고, 결과적으로 협조적인 목격자들과 면담을 진행할 때 역기능적인 몇 가지 기법들을 권장했다(예, 오도하는 정보를 유도하기, 강요된 선택을 해야 하는 질문을 하기 등).

담자와 공유하길 원한다는 관점을 이끌어 내야 한다. 하지만 목격자는 불완전한 의사소통 및 기억에서 비롯되는 한계를 극복해야만 한다.[2] 그렇지 않다고 믿을 만한 확실한 이유가 없는 한, 면담자는 목격자가 협조하기 위해 노력하고 있다는 것과 두 사람이 공통의 목표를 공유한다는 일반적인 접근법을 채택해야 한다. 전반적인 분위기는 지지적이어야 하고, 위협적이지 않아야 한다. 면담자가 목격자를 잠재적인 용의자라고 가정하고 시작한다면, 불신의 느낌이 목격자에게 전달될 것이고, 따라서 면담은 매우 어려워지게 된다.

질문의 언어화

질문이나 코멘트를 형식화하고 그 내용을 정하는 많은 방법이 존재하는데, 그런 방법들 중 일부는 더 광범위하고 정확한 응답을 이끌어 내는 반면에 일부는 단지 간단하고 불완전하고 부정확한 응답을 이끌어 낸다. 언어적 표현에서 약간의 차이만 있는 질문들이 매우 다른 응답을 이끌어 낼 수 있다. 예를 들어, 당신이 가방을 잃어버렸다면, "오른팔로 그 가방(the bag)을 옮기고 있었습니까?"와 "오른팔로 가방(a bag)을 옮기고 있었습니까?"라는 질문은 꽤 비슷해 보인다.

2) 예를 들어, 종종 목격자가 용의자인 마약 수사처럼, 그리고 우리가 기술한 것처럼 목격자가 이상적으로 협조적이지 않은 다양한 면담 상황이 존재한다. 그런 상황들에서 면담자의 목표는 목격자가 면담 전반에 걸쳐 자발적으로 참여하도록 격려하여 관련 정보를 기억해서 묘사하도록 유도하는 것이다. 이 책에서는 의사소통과 기억의 한계 때문에 발생되는 문제만을 검토할 것이다.

첫 번째 질문에서는 '그 가방'이라는 표현을 사용한 반면에 두 번째 질문에서는 '가방'을 사용했다. 사소해 보이겠지만, 언어적으로 표현할 때 이 작은 변화가 목격자의 회상에서 강력한 효과를 가질 수 있다. 이 사례에서 첫 번째 질문(그 가방)은 일반적으로 가방이 있었고, 그리고 질문의 의도가 어느 팔로 짐을 옮겼는지를 결정하기 위한 것이라고 암시하는 것으로 해석된다. 두 번째 질문(가방)은 가방이 존재한다고 가정하지 않는다. 이러한 물음에 대한 응답을 비교한 실험들은 목격자들이 두 번째 질문(가방)보다 첫 번째 질문(그 가방)을 했을 때, 나중에 가방이 있었던 것으로 회상할 가능성이 높다는 것을 보여준다(Loftus & Zanni, 1975). 이 내용을 통해서 알 수 있는 것은 간단한 변화조차 목격자의 회상을 변화시킬 수 있으므로, 면담자는 질문을 어떻게 표현할 것인지 주의를 기울여야만 한다는 것이다.

유도질문 대 중립적 질문

질문들은 그 표현으로부터 어떤 것을 추론할 수 있는지에 따라 달라진다. 앞의 예와 마찬가지로, 목격자는 어떤 질문에서는 가방의 존재를 합리적으로 유추하겠지만, 다른 질문에서는 그렇지 않다. 마찬가지로 청취자는 때때로 질문의 표현으로 면담자의 동기를 유추해 낼 수 있기도 하다. 예를 들어, 면담자가 "가해자가 파란색 셔츠를 입었었나요?"라고 묻는다면, 목격자는 면담자의 질문 목적이 가해자가 파란색 셔츠를 입고 있었고, 면담자가 가진 의심을 확인하려는 것이라고 유추할 수 있다. 반면, 면담자가 "가해자의 셔츠는 무슨 색이었죠?"라고 묻는다면, 목격자는 셔츠 색깔에 관한 면담자의 믿음을 유추할 수 없다. 우리는 이러한 차이를 유도(leading)질문과 중립적(neutral) 질문이라고 말한다. 여기서 '유도'는 목격자가 세상에 대한 어떤 지식(가방이 있음)이나 면담자의 믿음(면담자가 셔츠 색깔이 파랬을 거라고 생각)을 유추하도록 허용하는 질문을 뜻한다. 반면에 중립적 질문은 그러한 유추를 허용하지 않는다.

면담자가 유도질문을 하는지 중립적 질문을 하는지에 무슨 차이가 있을까? 유도질문은 기억으로부터 정보를 인출하는 정신작용[3)]과 면담의 사회적 역동[4)] 때문에 목격자가 무엇을 기억할지와 회상을 어떻게 보고할지를 편향시킨다. 이처럼 유도질문은 목격자의 지식을 정확하게 이끌어 내지 못한다. 이것은 사건에 관해 목격자가 알고 있는 것을 확인한다는 면담의 목적에 위배되는 것이다.

유도질문과 관련한 실질적인 우려 또한 존재한다. 유도질문은 반대 측 변호인에 의해 법적으로 도전받을 수 있다. 물론 이때 변호인은 면담자의 질문을 믿을 만하게 재구성할 수 있다는 것을 가정한다. 또한 유도질문은 면담자의 정보가 부정확하거나(관련된 가방이 존재하지 않았다.) 그의 예상이 틀렸을 때(가해자는 파란색 셔츠를 입고 있지 않았다.), 부정확한 정보를 만들어 내서 수사를 오도하게 된다.

3) 회상은 단순히 저장된 정보 은행에서 한 사람의 기억을 수동적으로 탐색하는 것이 아니다. 그보다는 기억하는 사람은 회상을 구성하기 위해 인출 도구(면담자의 질문)에 포함된 정보와 기억 속에 저장되어 있는 정보를 결합한다(Tulving, 1983). 목격자가 질문에서 더 많은 정보를 추론해 낼수록 목격자의 회상은 기억의 내용을 덜 반영하게 된다.

4) 일반적인 경찰면담과 많은 다른 수사면담에서 면담자는 전문가로 인식되며, 목격자가 가지고 있지 않은 일부 정보를 가지고 있을 수 있다. 이런 양자(two-person) 집단의 맥락에서 면담자는 응답자보다 사회적 지위가 더 높다. 결과적으로 응답자는 면담자의 기대에 동의하여 이를 확인해 주는 응답을 하는 경향이 있다(Smith & Ellsworth, 1987). 따라서 목격자는 면담자가 "그는 파란색 셔츠를 입고 있었나요?"라고 묻든 "그가 녹색 셔츠를 입고 있었나요?"라고 묻든 상관없이 면담자에게 동의할 수 있다.

면담자의 지식과 예상이 정확하다면, 유도질문을 한다고 타당성을 잃지는 않을 것이다. 그러나 면담자들은 신중하게 표현을 선택한 중립적 질문으로도 동일한 정보를 이끌어 낼 수 있다. 중립적 질문의 이점은 면담자의 예상이 부정확할 때에도 오도하는 정보를 이끌어 낼 수 있는 가능성이 적다는 것이다.

Wells(1988)는 유도질문이 아닌 중립적 질문을 개발하는 몇 가지 제안을 했다.

① 사물의 존재가 목격자에 의해 이미 확인된 경우가 아니라면, 정관사(예, the gun) 대신에 부정관사(예, a gun)를 써야 한다 (Deffenbacher, 1988 참조).

② 사람 또는 사물의 특징에 관한 질문은 형용사형(예, "가해자는 얼마나 컸나요?") 대신에 명사형(예, "가해자의 신장은 얼마죠?")을 사용해야 한다. 빈번하게 형용사 형태는 기대하는 답이 무엇인가를 전달해 준다. [만약 목격자가 형용사형을 이미 사용했다면(예, 목격자가 이미 "그는 키가 컸어요."라고 말한 경우), 더 상세한 응답을 이끌어 내기 위해 그 형용사를 반복하는 것(예, "그가 얼마나 컸죠?")은 가능하다.]

③ 앞의 ②번과 유사하게, 질문이 특수한 특징을 입증하거나 부정하도록 지시해서는 안 된다(예, "그의 턱수염은 붉었나요?"). 대신에 질문은 일반적인 차원에 관한 것이어야 한다(예, "그의 턱수염 색깔은 어땠죠?").

면담자는 중립적인 언어화를 사용하고 가능하다면 면담자의 사적인 기대를 감추도록 노력해야 한다(Deffenbacher, 1988; Flanagan, 1981; Prior & Silberstien, 1969; Rochester, N.Y.P.D., 1981; Wells, 1988 참조). 이를 효과적으로 하기 위해, 면담자는 자신의 예상, 특히 목격자 이외의 다른 출처로부터 하게 된 예상을 목격자가 명시적으로 제기한 주장들과는 구분해 두는 법을 배워야만 한다. 그리고 면담자는 목격자가 이전에 제기한 진술을 반복하는 것에 그다지 주의를 기울일 필요는 없지만, 면담자는 자신의 사적인 기대가 암묵적으로 전달되지 않게 매우 주의해야 한다. 특히 처음 면담할 때는 유도하지 않으면서 통찰력 있는 질문을 하기가 어렵다(Yarmey, 1979). 그러나 자신의 면담을 주기적으로 감시하고 적절한 언어화에 집중함으로써 이 기법을 숙달할 수 있다.

부정적인 언어화

면담자는 목격자가 질문에 대한 대답을 알지 못한다고 믿을 때 부정의 형태로 질문하는 것을 종종 볼 수 있다. 면담자는 "당신은 번호판을 기억하지 못합니다, 그렇죠?" 와 같이 말할 것이다. 이와 같은 부정적 언어화를 사용하는 질문은 유도질문과 유사하게 목격자가 대답을 하지 못하고, 기억을 하지 못하는 것에 대해서 심하게 실망하지 않을 거라는 면담자의 믿음을 전달한다. 이런 미묘한 메시지만으로 목격자가 기억을 인출하는 일에 집중하지 못하도록 만들고, 거의 항상 "아니요." 나 "기억이 안 나는데요." 라는 응답을 이끌어 낸다. 질문은 긍정적인 언어화로 해야 하는데("~를 기억하세요?"), 심지어 목격자가 답을 알지 못한다고 믿는 경우에도 그러하다.

중다 질문

면담자는 철저한 묘사를 개발할 필요가 있다. 그러므로 사건의 많고 다양한 특징, 특히 가해자의 외모에 대한 정보를 요구해야 한다. 폭넓은 정보가 필요하기 때문에, 면담자는 때때로 많은 하위 질문을 포함하고 있는 지나치게 복합적인 질문을 한다. 예를 들어, 면담자는 “그 밖에 더 기억나는 것은 없나요? 그는 상처나 문신 또는 안경이나 귀고리, 어떤 것이든 보석이나 금니 같은 것을 하고 있지는 않았나요?” 사실 이 하나의 복합적 질문에는 여러 개의 작은 질문이 존재한다. “그는 상처가 있었나요?” “그는 문신이 있었나요?” “그는 안경을 썼나요?” “그는 귀고리를 했나요?” 등이다. 목격자가 이 작은 질문들을 모두 처리하고, 동시에 대답을 하기 위해 기억 전반을 탐색하는 것은 어렵기 때문에, 목격자는 종종 그러한 질문에 답할 때 실수를 하곤 한다.[5] 복합적 질문을 하는 대신에, 면담자는 여러 개의 간단한 질문, 즉 한두 가지의 관련 특징에 관한 각각의 질문을 하여야 한다(Levie & Ballard, 1981 참조). 앞의 사례에서라면, 면담자는 가해자가 어떤 상처나 문신을 가졌는지 여부에 관한 하나의 질문을 할 수 있다. 목격자가 응답을 하면, 면담자는 가해자가 안경을 썼었

5) 이런 질문에 대답할 때의 어려움은 목격자가 동시에 두 가지를 해야 하는 것이다. 첫째, 질문을 기억하고, 둘째 대답하기 위해 기억을 탐색해야만 한다. 이러한 과업들은 제한된 가용 자원 안에서 서로 경쟁하는 정신적인 자원을 요구한다(제7장의 ‘정신적 자원의 한계’; Baddeley, 1986; Kahneman, 1973 참조). 목격자가 기억을 탐색하는 일에 집중한다면, 목격자는 질문의 세부 사항을 잊어버릴 것이다. 목격자는 흉터, 문신, 안경 등을 보았던 기억을 탐색하는 중에, 용의자에게 금니가 있었는지에 대한 작은 질문을 잊어버리기 때문에 용의자에게 금니가 있었다는 사실을 지적하는 것을 잊어버릴 수 있다. 다른 한편, 목격자가 모든 질문의 요소에 대해 기억하기 위해 정신자원을 사용한다면, 관련된 사실들에 대한 기억을 탐색하는 데 어려움을 겪을 것이다.

는지에 관해 두 번째 질문을 할 수 있다. 면담자는 같은 방식으로 질문의 목록이 다 떨어질 때까지 관련된 문항들을 작은 단위로 묶어서 질문을 계속해야 한다.

앞의 예는 단순히 핵심을 설명하기 위해 우리가 구성한 것이다. 실제 상황에서는 범죄에 대해 목격자를 면담할 때 이와 같은 문제들에 주의해야 한다. 다음의 복잡한 질문을 검토하면서, 목격자에게 상세한 응답을 요구할 수 있는 덜 복잡한 방식을 생각해 보자.

> 좋습니다. 사람들이 처음 그 가게로 들어갔을 때로 당신을 되돌릴 수 있다면…… 되도록 아주 상세하게 그들이 말했던 정확한 단어들과 그들의 생김새와 그들의 옷차림 그리고 할 수만 있다면 무슨 일이 일어났는지 정확하게 묘사하도록 초점을 맞춰 주세요.

만약 범죄가 복잡하고 여러 가해자가 연루되어 있다면, 면담자는 목격자에게 한 번에 한 명씩 묘사해 달라고 요구하여야 한다. 다음 단계로 넘어가기 전에 각각의 가해자들에 관한 목격자의 모든 지식을 쏟아내도록 하는 것이 목적이다. 여러 명의 범인에 관한 질문들을 하면 범인 각자에 대한 덜 세부적인 응답을 얻어 내게 된다. 한 번에 한 명에 관해 묻는 것은, 목격자가 기억을 탐색하는 것을 더 쉽게 하는 것 외에도 면담자가 목격자의 응답을 계속 유지시키는 것을 더 쉽게 해 준다. 목격자가 한꺼번에 네다섯 사람을 묘사하는 것을 듣는 것은 극도로 혼란스럽고, 때때로 다른 용의자들의 특징을 섞어 놓게 만들기 때문에 1번 용의자의 몇 가지 특징이 2번 용의자에게 옮겨 가게 된다. 우리는 면담자가 다음의 내용을 들으면서 용의자가 두 명인지 또는 세 명인지 혼란스러워할 것이라는 것을 쉽게 상상할 수 있다.

> 그 운전자는 파란색 재킷을 입고 있었습니다. 뒷좌석에 앉아 있던 사내는 총을 가지고 있었습니다. 그는 빨간 모자를 썼어요. 다른 남자는 손님석에 앉아 있었어요. 나는 그가 먼저 차 밖으로 나왔다고 생각해요. 총을 가진 남자는 키가 가장 컸습니다. 빨간 모자를 쓴 남자는 걸을 때 다리를 절었어요. 하지만 그가 리더 같았어요. 왜냐하면 그가 총을 든 사내에게 큰 소리로 지시를 내렸거든요. 그는 가장 어렸습니다. 보기에 따라서 그는 그 운전자와 닮았지만, 말랐고 훨씬 어렸어요.

문법적으로 복잡한 질문

어떤 질문들은 이해하기가 어려운데, 정보가 복잡하기 때문이 아니라 질문의 언어화가 문법적으로 복잡해서다. "여자를 겨누고 있던 산탄총을 가진 키 큰 사내는 경고음을 들었을 때, 무슨 얘기를 했었죠?" 와 같은 질문은 그 말을 따라가기가 어렵다. 이럴 경우 두 개의 짧은 문장으로 말한다면 덜 혼란스러울 것이다. "그 키 큰 사내가 여자에게 산탄총을 겨누고 있었습니다. 경고음을 들었을 때 그는 무엇을 했죠?" 면담자는 길고 문법적으로 복잡한 문장의 사용을 피해야 한다. 하나의 긴 문장을 두 개 또는 그 이상의 짧은 문장들로 나누는 것이 더 낫다. 도입 문장에서는 일반적인 상황과 누가 무엇을 했는지 제시한다. 마지막의 결정적인 질문은 되도록 간단해야 하고, 질문상의 바로 그 인물이나 대상에 초점을 맞춰야 한다.

은어와 기술적인 용어

다른 전문적인 직업에서와 마찬가지로, 경찰수사에서 사용되는 고유한 은어들이 있다. 은어가 유용할 수도 있고, 전문가들 간에 비공식적인 대화에서 어떤 특색을 제공하는 것은 분명하지만, 그 집단 밖에 있는 사람들은 잘못 이해할 수 있다. 예를 들어, '흑-백(black and white)'은 어떤 경찰관들에게는 순찰차를 뜻하는 것으로 쉽게 이해가 된다. 그러나 시민은 그것을 이해하지 못할 것이다. 질문을 이해하는 데 실패하게 되면 목격자의 자신감은 떨어지고 아마도 면담자에게 거리감을 느낄 것이다. 이해를 못하는 것보다 더 나쁜 것은 은어가 의도된 것과는 다른 의미로 해석될 수 있다는 것이다. 그렇게 잘못 이해하게 되면 정확하지도 않은데, 자신 있는 반응을 불러올 수 있다. 왜냐하면 면담자가 의도한 것과는 다른 질문에 답하기 때문이다.

유사한 문제가 기술적인 용어를 사용할 때 나타나는데, 기술적 용어는 경찰 면담자에게는 평범한 것일 수 있지만 시민에게는 낯선 것이다. 무기가 리볼버였는지 또는 자동화기였는지를 묻는 것은 두 가지를 구분할 줄 모르는 목격자를 당황하게 만드는 이유가 된다. 이것으로 목격자는 더 자신감을 잃을 수 있고, 덜 상세하고 덜 정교한 응답을 하게 된다.

면담자는 은어와 기술적인 언어의 사용을 되도록 피해야 한다. 목격자가 기술적인 용어에 익숙하다고 알려 주는 경우를 제외하고는, 일상적인 언어를 사용해야 한다(Flanagan, 1981 참조).

폐쇄형 질문 대 개방형 질문

질문은 폐쇄형 또는 개방형 질문으로 분류할 수 있다. 폐쇄형 질문은 좁고 제한된 응답을 이끌어 내는 반면, 개방형 질문은 더 포괄적이고 더 상세한 응답을 하게 만든다. 전형적인 폐쇄형 질문의 예는 "그 총은 무슨 색깔이었죠?"와 "그 총은 검은 색이었나요? 아니면 강철처럼 푸르게 빛나는 색이었나요?"가 있다. 예-아니요 질문("그 총은 검은색이었나요?") 역시 이 유형에 들어간다. 각각의 경우에 예상되는 응답은 단 한 개의 단어이거나 아마도 짧은 구절일 것이다. 동일한 정보를 위한 개방형 질문은 "되도록 아주 자세하게 그 총을 묘사해 보세요."라고 요구한다. 여기서 응답은 한 단어의 묘사부터 여러 문장으로 된 정보까지 어느 것이든 포함할 수 있으며, 총에 관한 목격자의 기억과 묘사 능력에 달려 있다.

두 유형의 질문 모두 몇 가지 장단점을 가진다. 그래서 두 가지는 효과의 극대화를 위해 전략적으로 사용해야 한다. 폐쇄형 질문은 관련된 정보를 유도해 내고, 목격자의 묘사가 너무 범위에서 벗어나지 않도록 해 주는 이점이 있다. 또한 많은 제한점도 있다. 가장 두드러진 것은 목격자가 이 질문에 답할 때 피상적으로 기억을 더듬는 것이다.[6] 목격자의 기억은 사건에 관한 세부적인 기록을 포함할 수 있

6) 우리는 기억탐색의 깊이를 두 개의 준거, 즉 응답의 질과 잠복기로 평가한다. 폭넓고 상세하건, 얕고 비정보적이건 간에, 응답의 질은 활성화된 기억의 직접적인 반영이다. 느리건 빠르건 간에 응답의 잠복기는 응답의 본질과 관련되어 있는 것으로 밝혀져 왔다. 폭넓고 상세한 응답은 일반적으로 더 긴 잠복기를 가지고, 응답을 형성하는 데 요구되는

지만, 폐쇄형 질문 방식으로는 이러한 지식에 접근하도록 돕지 못한다. 훨씬 나쁜 것은 폐쇄형 질문이 더 부정확한 대답을 이끌어 낸다는 것이다(Cady, 1924; Geiselman, Fisher, Firstenberg, Hutton, Sullivan, Avetissian, & Prosk, 1984; Hilgard & Lofutus, 1979).

폐쇄형 질문의 또 다른 한계는 도출되는 모든 정보가 특정 질문에 제한되어 있다는 것이다. 용의자의 신장에 관한 질문은 신장에 관한 정보만을 이끌어 낸다. 총의 색에 관한 질문 역시 단지 총의 색에 관한 것만을 이끌어 낸다. 질문의 초점이 분명히 정해져 있기 때문에 목격자는 요구하는 정보를 알려 주자마자 응답을 종결하게 된다. 그 결과, 명시적으로 요구된 정보만을 수집하게 되고 요구받지 않은 정보는 수집하지 못한다. 면담자가 관련된 질문을 하는 것을 잊어버린다면, 그 정보는 얻지 못할 것이다.[7] 면담자가 표준적인 질문을 모두 한다고 하더라도, 면담자가 합리적으로 예상하지 못하는 매우 중요한 특이 정보는 보고되지 않을 수 있다. 한 가지 흥미로운 강도 사건에서 우리는 추수면담을 실시했는데, 목격자는 강도들 중 한 명이 신체적 결함이 있었고, 오른발이 바깥쪽을 향해 걷는다는 것을 기억해 냈다. 면담자가 이 상황을 예상하고 적절한 폐쇄형 질문("그는 오른발이 바깥쪽을 향해 걸었습니까?")을 하는 것은 불가능하기 때문에, 이런 유형의 정보는 개방형 질문으로만 이끌어 낼 수 있다(제4장의

시간이 더 길다(Johnson, 1972). 폐쇄형 질문은 개방형 질문에 비교해 답변이 상대적으로 짧은 잠복기 뒤에 행해진다. 또한 답변은 간략하고 덜 상세하다.

7) 주로 폐쇄형 질문을 했을 때, 정신적 활동의 부담("만약 면담자가 잊는다면…….")은 목격자가 아니라 면담자에게 있다는 것을 기억해야 한다. 이것은 역효과를 낳는데, 왜냐하면 면담자가 아닌 목격자가 관련된 모든 정보를 가지고 있기 때문이다. 따라서 면담자가 아니라 목격자가 대부분의 정신적인 작업을 해야만 한다.

'정보 가치가 있는 응답'을 참조하라). 마지막 주의 사항으로, 개방형 질문은 뛰어난 정보수집기술 외에도 법적 관점에서 볼 때 더 긍정적인데, 이는 반대 주장에 의한 공격을 덜 받을 수 있기 때문이다.[8)]

개방형 질문의 장단점은 폐쇄형 질문의 장단점과 반대다. 즉, 폐쇄형 질문은 목격자의 묘사를 목표물에 머물게 하고, 개방형 질문은 무관한 정보에 관해서도 말할 수 있게 한다. 그러나 이런 문제들은 ① 면담 초기, 정보 수집 단계 전에 이와 일부 무관한 관심사들을 토로하도록 허용해 주고(제11장을 참조하라), ② 면담자가 관련이 있다고 생각하는 정보 유형을 설명하면서 질문을 시작하고(제4장을 참조하라), ③ 목격자가 관련된 세부 내용만을 묘사하도록 한정시키는 질문을 구성함으로써 최소화할 수 있다. 예를 들면, 면담자가 다음과 같이 말한다.

> 당신이 처음에 총을 보았을 때를 생각해 보기 바랍니다. 당신은 강도가 당신에게 총을 겨눴을 때 오른손에 총을 지니고 있었다고 했습니다. 오른손에 총을 들고 당신을 겨누고 있는 머릿속의 그림으로 돌아가 보세요. 자, 총에 초점을 맞추고…… 그리고 그림에서 정확히 그 총이 어떻게 생겼는지, 되도록 아주 자세하게 묘사해 주세요.

8) 폐쇄형 질문은 유도적인 질문을 하는 함정에 빠지기 쉬운 반면, 개방형 질문은 자연스럽게 중립적인 언어화를 함으로써 이런 문제가 덜하다(이 장의 '질문의 언어화' 참조). 또한 개방형 질문은, 특히 긴 휴지 기간에 이어서 질문을 했을 때, 폐쇄형 질문보다 더 많은 정보를 이끌어 낸다(George, 1991). 그러므로 면담자는 주로 개방형 질문을 할 때에는 많은 질문을 할 필요가 없다. 단순히 목격자가 정보를 말해 주는 것을 듣는 것으로 면담의 대부분을 수행한다면 면담자는 유도질문을 한다거나 또는 다른 부적절한 일을 저지른다는 비난을 받을 일이 거의 없다.

개방형 질문의 장점은 그 어떤 단점보다도 더 크기 때문에, 면담자는 많은 폐쇄형 질문에 의한 간략한 대답들보다는 개방형 질문에 대한 목격자의 이야기식의 응답을 통해 대부분의 정보를 수집할 수 있게 면담을 구조화하도록 노력해야 한다(Levie & Ballard, 1981; Flanagan, 1981; Prior & Silberstein, 1969 참조).

비록 우리가 지나치게 많은 폐쇄형 질문을 못하게 했지만, 폐쇄형 질문은 면담에서 중요한 역할을 한다. 폐쇄형 질문은 목격자의 기억을 이와 관련된 사실들로 방향 짓는다. 면담자가 "가해자의 눈은 무슨 색이였죠?"라고 물으면, 면담자가 관련된 정보를 제공하거나 기억이 안 난다고 말할 수도 있지만, 목격자가 무관한 정보로 면담자의 소중한 시간을 빼앗을 것 같지는 않다. 반대로 개방형 질문은 분명 목격자에게 더 많은 재량을 주기 때문에, 무관한 정보를 이끌어 낼 가능성이 더 크다—이런 정보들은 질문을 적절히 잘 조직해서 줄일 수 있기는 하다. 더 나아가 개방형 질문이 더 완전한 응답을 이끌어 낼 수 있는 잠재력을 가지기는 했지만, 개방형 질문으로 면담자가 필요로 하는 모든 정보를 이끌어 내는 경우는 드물다. 가해자를 묘사하기 위해 개방형 질문을 했을 때, 목격자가 긴 목록의 특징을 얘기하는 것은 당연하다. 그럼에도 불구하고, 목격자는 가해자의 머리카락 색과 같이 중요한 요소를 제공하는 것에 실패할 수 있다.

폐쇄형 질문과 개방형 질문의 전략적 사용

폐쇄형 질문과 개방형 질문들의 각기 고유한 장점을 제대로 활용하기 위해서, 그리고 각각의 결점을 최소화하기 위해서, 다음과 같은 전략을 제안한다. 일단 면담자가 가해자의 얼굴과 같은 목표 정보를 정했다면 개방형 질문으로 시작을 해야 하고, 목격자가 되도록 상세한 대답을 하도록 격려해야 한다. 만약 목격자가 매우 상세한 대답을 하고 난 후에 관련된 세부 내용을 묘사하지 않았다면, 면담자는 폐쇄형으로 질문을 이어 가야 한다(Deffenbacher, 1988; Wicks, 1974; Wells, 1988 참조).

다음에 예시하는 면담은 개방형 질문으로 탐색을 시작하고, 이어서 직접적인 질문을 하는 접근법이다. 면담자가 머리카락(색깔, 길이, 결, 이마선), 눈(색깔, 크기) 그리고 피부(색깔, 반점)에 관한 정보를 포함해서 가해자의 얼굴에 관한 세부적인 묘사를 이끌어 내기를 원한다고 가정해 보자. 다음의 예에서처럼 그는 개방형 탐지의 질문으로 시작한다. 그러고 나서 목격자가 기술한(그리고 생략한) 특징들에 기초하여 직접적인 폐쇄형 탐지를 한다.

면담자: 가해자의 얼굴이 어떻게 생겼는지 되도록이면 아주 상세하게 말해 주세요.

목격자: 글쎄요, 그는 둥근 얼굴이었어요. 검은 편이었죠. 상처나 그 비슷한 것들은 알아채지 못했어요. 그는 비정상적으로 큰 눈을 가졌는데, 거의 아기 눈 같았어요. ……그의 눈이 정말 주목을 끈다는 걸 아시겠죠? 눈이 얼굴 크기에 비해 정말 컸거든요. 그것들이 내가 기억할 수 있는 전부예요.

[이제까지 목격자는 피부에 관한 두 가지 관련 사실(색깔과 특징), 눈에 관한 두 가지 관련 사실 중 하나(크기, 그러나 색깔은 없음)를 제공했고, 머리카락에 관련된 사실(색깔, 길이, 결, 이마선)에 대해서는 아무것도 제공하지 않

왔다. 그러므로 면담자는 눈 색깔과 관련된 사실들에 대해 나머지 특정 질문을 하고, 그러고 나서 머리카락에 대해 탐지한다.]

면담자: 당신은 방금 그의 눈이 비정상적으로 컸다고 말했습니다. 그의 눈을 다시 떠올려 보세요. (잠깐 중단) 어떤 색깔이었죠?
목격자: 확실치는 않아요. 그러나 제 생각에는 짙은 색이었어요. 어쩌면 검정이나 갈색이었을지도 모르겠네요.
면담자: 당신은 그의 머리카락 색깔에 대해서는 아직 아무것도 말씀하지 않으셨습니다. 그의 머리카락 색에 대해 되도록이면 모든 것을 말해 주십시오.

[이 질문이 비록 지금까지 묘사되지 않은 세부 정보로 특정하게 지향되어 있지만, 이것이 개방형 질문이라는 것에 주의하라.]

목격자: 머리카락 역시 매우 검었죠. 거의 칠흑 같았어요. 가르마는 없었지만, 뒤로 빗어 넘겼어요. 중간 길이였고, 그리 짧지는 않았죠.

[이제 머리카락에 관한 네 차원 중 두 가지(색깔과 길이)가 기술되었고, 요구하지 않은 추가적인 하나의 사실(뒤로 빗어 넘겼음)이 더해졌다. 남아 있는 두 가지 요인(결과 이마선)은 직접적이고 짧은 답을 요하는 질문으로 탐지해야 한다.]

면담자: 그의 머릿결을 말해 주시겠습니까?
목격자: 네, 생머리였어요.
면담자: 그의 이마선에 관해서 말씀해 주실 수 있나요?
목격자: 그는 이마가 꽤 높았고, 이마선은 약간 올라가 있었어요.

질문의 속도와 타이밍

응답의 질은 질문 내용뿐만 아니라 그것의 전달 방식, 특히 질문의 속도와 타이밍에 의해서도 영향을 받는다. 흔히 사용되는 목격자의 말을 끊는 스타일로 빠르게 질문을 하는 접근 방식은 질이 낮은 응답을 이끌어 낸다.[9] 잇따라 말하는 방식으로 질문을 하면 기억인출 회복을 방해하고, 또한 목격자가 회상한 것을 말하는 데 방해가 된다. 질문을 빠르고 뚝뚝 끊어지게 하면, 목격자는 빨리 응답하기 위해 기억을 피상적으로 탐색할 것이다. 결과적으로, 검색이 너무 빨리 끝나서 관련 정보를 찾을 수 없게 되거나, 가장 쉽게 접근할 수 있는 기억만 활성화될 것이다. 목격자는 첫 번째 사례에서는 단순히 응답을 하지 않을 것이고("모르겠어요."), 두 번째에서는 피상적으로 묘사할 것이다.

잇따라 질문하는 것(목격자가 응답을 끝낸 후에 곧바로 질문하는 것)은 기억인출의 문제가 제기되는 것 외에 목격자가 자신의 회상을 묘사하는 데 요구되는 시간의 양을 제한한다. 그렇게 되면 목격자가 세부적인 응답을 제공하는 것을 가로막는다.[10]

9) 경찰면담에 대한 분석(Fisher, Geiselman, & Raymond, 1987)에 따르면, 첫 질문에 대한 응답이 끝나고 1초 뒤에 다음 질문을 한다는 것을 자주 보여 준다. 여러 사례에서 면담자는 목격자가 처음 질문에 대답을 끝내기도 전에 다음 질문을 시작하며, 양쪽이 동시에 말을 한다! 동시에 말을 하는 시간 동안 많은 정보가 전달될 것이라고 상상하기는 어렵다. 확실히 면담자의 시간은 목격자가 더 철저한 묘사를 이끌어 내기 위해 2, 3초 정도를 기다릴 수 없을 정도로 대단하지는 않다.

10) 사건을 묘사하는 과정에서, 사람들은 자신의 답변을 조직하기 위해 짧게 정지한다

잇따라 질문을 하면 현재의 응답을 제한할 뿐 아니라 반복적으로 질문을 할 경우, 면담의 후반부에서 짧게 묘사를 할 수 있다. 성격이 급한 면담자가 목격자의 응답을 끊을 경우, 목격자는 남아 있는 면담을 하는 동안 질문에 응답할 시간이 조금 밖에 없을 것이라고 예상하게 될 것이다. 이런 예상 때문에, 목격자는 예상된 할당 시간에 맞추기 위해서 그 이후의 응답을 생략할 수도 있다. 일단 목격자가 이와 같은 예상을 하게 되면, 목격자는 비교적 짧은 순간에 처리되는 피상적인 기억인출 작업만을 하게 될 것이다. 이들 자기-편집 과정은 모두 면담자의 손해로 작용한다.

이런 부정적인 결과를 피하기 위해, 면담자는 질문 속도를 늦춰야 하고, 목격자가 응답을 끝낸 시점과 다음 질문 사이에 긴 간격을 허용해야 한다(Wicks, 1974 참조). 긴 간격이라는 것은 단지 몇 초를 의미한다. 면담 중간에 듣는 것 없이 침묵하게 되면 불편한 느낌을 줄 수 있다. 그러나 적절하게 사용된다면, 이 침묵은 면담자에게 유리하게 작용한다.

잇따라 질문하는 것이 목격자의 기억인출과 묘사를 제한하는 것과는 반대로, 간격을 두는 것은 역으로 작용한다. 간격은 기억회복과 묘사 과정을 강화한다(Dillon, 1982). 침묵은 면담자가 질문의 대상을 계속 묘사해 주기를 기대한다는 의미를 전달하는데, 이는 또한 그렇지 않은 경우에 기억했을 것보다 훨씬 강력한 탐색을 하도록 격려하게 된다.

(Johnson, 1972). 따라서 목격자가 응답할 경우 쉬는 시간은, 반드시, 정보가 모두 소진되었다는 것을 나타내지는 않는다. 만약 다음 질문을 이 휴지 기간 내에 하게 되면, 목격자의 묘사를 성급하게 끝내게 할 수 있다.

또한 침묵은 목격자가 말하고자 하는 자발성에 직접적으로 영향을 미친다. 대부분의 사람은 사회적 상황에서 적절한 생각을 말함으로써 침묵을 깨도록 사회화되어 있다. 우리는 대화가 없는 파티에서 불편함을 느낀다. 그리고 단지 침묵을 깨기 위해 어떤 관련된 이야기들을 생각해 내려고 한다. 면담 상황에서의 침묵은 면담자의 이점으로 작용하여 목격자가 더 자유롭게 말할 수 있도록 해 준다. 목격자 역시 긴 침묵을 불편해하며, 특히 목격자가 면담을 하는 동안 정보를 기억해 낼 책임이 있다고 믿을 때 그러하다는 것을 기억하라(제3장의 '목격자의 능동적인 참여 촉진하기'를 참조하라). 목격자가 침묵에 대해 불편하게 되면 새로운 정보를 꺼내서 침묵을 깨게 된다.

다음의 대화는 핸드백을 날치기당한 나이 든 피해자에게 실시한 면담에서 발췌한 것인데, 적절한 시간의 간격만으로도 추가적인 정보를 수집할 수 있는 방법을 설명해 준다. 이 발췌문은 목격자의 설명 중간 부분부터 시작하는데, 면담자가 무슨 일이 발생했는지에 관한 개방형 질문에 대한 응답이다.

목격자: 저는 몸을 돌려 나를 따라 걸어오는 한 흑인을 보았죠. ……그는 나에게 걸어오더니 내 핸드백을 움켜잡기 시작했어요. 그가 손잡이를 잡고 나를 내동댕이쳐서 나는 쓰러졌고, 그는 내 핸드백을 가져갔어요. 그는 길을 가로질러 달렸어요. 나는 그가 차를 몰고 떠나는 것을 눈치채지 못했지만, 나는 구식 모델의 차가 이웃사람들 앞에서 길을 가로지르는 것을 봤어요. 나는 집으로 돌아왔고 남편에게 무슨 일이 일어났는지 말했죠. 남편은 즉시 경찰에 신고했어요. 그게 다예요.

면담자: (여기서 끼어들지 않고 잠시 쉰다. 침묵은 대략 4.5초 지속된다.)

목격자: 제가 보기에 그 남자는 5피트 8인치~5피트 9인치 정도로 보였어요. 그는 매우 건장해 보였어요. 그는 어깨가 매우 넓었고, 목 주변에는 흰색 관(piping) 모양과 같은 것으로 둘러싸여 있고, 어깨에는 흰색 장식이 있는 남색 셔츠를 입고 있었어요. 그는 검정색 바지를 입었죠. 머리카락은 구불구불했고 착 달라붙어 있었어요. 그리고 내가 기억하기로는 그의 얼굴은 각이 졌어요. 그는 눈이 길쭉했고 입술은 꽤 두꺼웠어요…….

끼어들지 않고 간격을 두었을 때, 가해자의 외모에 관한 추가적인 모든 정보가 어떻게 나왔는지에 주목하라. 면담자가 여기서 침묵하지 않고 다음 질문을 했다면, 추가적인 정보를 얻지 못했을 것이다. 녹음된 것을 들을 때는 간격이 매우 뚜렷한 것처럼 보인다. 그러나 측정을 해 보면 4.5초 이하로 지속되었다. 분명히 면담자는 일정이 바쁘고 귀중한 시간을 낭비할 여유가 없지만, 어떤 면담자든 '낭비(waste)'할 시간이 4.5초도 없지는 않을 것이다. 4~5초간의 침묵조차 불편하게 느끼는 면담자는 목격자가 계속 말하도록 격려하는 한 단어나 짧은 구절로 대체할 수도 있다. "다음은요?" "계속 하세요." "다른 것은요?" 또는 단지 고개를 끄덕이고 "으-흠." 등의 표현 중 어느 것이든 효과적으로 사용할 수 있다(Flanagan, 1981; Miner, 1984 참조). 어떤 구절을 사용하든 주제 넘게 나서는 말은 삼가야 하는데, 이는 목격자의 정신적 과정을 방해할 수 있기 때문이다. 목격자가 말을 잇도록 하기 위해서, 면담자가 침묵, 고개 끄덕이기, 한 단어 또는 짧은 구절을 사용할지의 여부는 중요한 것이 아니다. 목격자가 기억을 탐색하는 것을 확장하고 상세한 대답을 하도록 격려하는 것이 중요하다.

목소리의 어조

면담에서 목격자의 역할은 목격자와 면담자 중 누가 주된 인물이든지 간에 부분적으로 면담자가 말하는 것에 의해, 그러나 주로 어조와 같은 비언어적인 행동에 의해 더 많이 결정된다. 만약 면담자가 권위적인 어조로 말한다면 면담을 통제하는 것이 되고, 목격자는 더 수동적이고 주변적인 역할을 할 것이다. 면담자가 더 이완되고 고른 어조로 말한다면, 목격자는 더 능동적이고 자발적인 역할을 하도록 격려받게 된다. 이상적으로 정보수집 단계에서 목격자는 관련 정보를 가진 사람이므로 핵심적인 역할을 해야 한다. 일단 정보수집 단계가 시작되고, 목격자의 기억이 면담의 초점이 되면, 면담자는 면담자 자신이 더 이상 면담의 초점이 되지 않도록 목소리를 조절해야 한다.

면담자의 목소리는 면담 결과에 영향을 줄 수 있는데, 특히 정보수집 단계 동안 그러하다. 왜냐하면 목소리는 주의를 요하는 외적 신호이기 때문이다. 만약 면담자가 큰 목소리로 말하게 되면, 그 목소리가 주의를 분산시키는 또 다른 원인으로 작용하게 되고, 목격자의 집중 방향이 정보의 출처인 마음에서 면담자의 목소리로 바뀌게 된다. 그러므로 면담자는 목격자가 기억을 탐색하고 있을 때, 특히 매우 집중하고 있을 경우 부드럽게 말해야 한다.

몇몇 면담자들은 처음에는 부드럽게 말하는 기술을 숙달하기가 어렵다는 것을 알게 되는데, 그들은 부드럽게 말하면서 직업적인 역할을 수행하는 데 익숙하지 않기 때문이다. 또한 최소한의 연습을 집중해서 하고, 자기-감시를 하면서 더 나은 면담 습관을 길러야 한다.

면담자의 목소리가 너무 부드러워서 목격자가 질문을 반복해서 요청해야만 하는 상황이 되어서는 안 된다. 질문을 반복하는 것 역시 주의를 분산시킨다. 우리가 경찰면담을 관찰한 것에 따르면, 그것은 문제가 되지는 않는다는 것을 보여 준다. 빈번하게 발견한 더 흔한 실수는 목격자가 기억을 인출하는 작업에 집중하는 것을 방해하기에 충분할 만큼 큰 목소리로 말하는 것이다.

목격자 진술에 대한 면담자의 이해 증진과 기록하기

현장연구의 한 가지 놀라운 결과(Fisher, Geiselman, & Amador, 1989)는 때때로 목격자에 의해 보고되는 관련된 사실들이 공식적인 경찰보고서에 포함되어 있지 않았다는 것이다.[11] 이를 나타내 주는 한 사건에서, 목격자는 가해자가 갈색의 코르텐(corduory) 바지를

11) 우리는 면담을 녹음했기 때문에 목격자가 무엇을 말했는지 알고 있다. Kohnken, Thurer, 그리고 Zoberbier(1991)에 의해 진행된 최근의 연구에서, 관련된 정보의 거의 1/3 정도가 면담자의 노트에 기록되지 않았다.

입었다고 언급했지만, 경찰 보고에서는 직물에 대한 언급 없이 바지의 색깔만 나와 있었다. 이와 같은 누락에는 몇 가지 이유가 있을 수 있지만, 아마도 몇 가지 경우들은 단순히 목격자가 진술한 모든 정보를 면담자가 이해하지 못했거나 기록하지 못해서 발생했다. 면담자의 메시지 이해와 기록을 강화하기 위해 무엇을 할 수 있을까?

목격자의 말 속도 늦추기

면담자가 목격자의 메시지를 이해하는 데 실패하는 가장 흔한 기술적 이유는 목격자의 말이 너무 빠르기 때문이다. 범죄 직후에 피해자는 평소보다 더 불안하기 때문에 정상적인 경우보다 더 빨리 말을 하게 된다(Siegman, 1978). 이것은 목격자의 말에 강세(accent)가 있거나 표준어가 아닌 방언을 사용할 때 특히 문제가 된다.

면담자는 목격자가 말하는 속도를 늦추도록 함으로써 의사소통을 개선시킬 수 있다. 면담자는 목격자의 정보가 사건을 해결하는 데 중요하기 때문에 목격자가 해야 할 얘기에 매우 관심이 있다고 말한다. 하지만 면담자가 모든 상세한 내용을 완전히 이해하기 위해서 목격자는 천천히 그리고 또박또박 말하는 것이 중요하다. 면담자는 목격자의 이야기의 모든 상세한 내용을 들을 충분한 시간이 있고, 면담을 끝내는 것이 급하지 않다는 것을—이러한 것들이 진실이라고 가정하고—알려 줘야만 한다. 마찬가지로 면담자는 보고서에 모든 것을 포함시킬 수 있도록 기록할 것이고, 목격자가 천천히 얘기를 해 주면 도움이 될 것이라고 알려 준다. 앞서 언급했듯이 목격자의 말 속도를 늦추기 위한 더 간접적인 방법은 면담자 자신이 천천히, 신중하게 그리고 조용히 말하는 것이다(제3장의 '동시성의 원리'를 참조하라).

목격자의 말 속도를 늦추려는 면담자의 노력에도 불구하고, 때때로 모든 것을 기록하기에는 여전히 너무 빠를 수 있다. 그런 일이 발생하면, 면담자는 목격자가 얘기한 것을 나중에 상기시킬 수 있도록 간략한 한 단어로 된 기록(예, 보석류)을 할 수 있다. 목격자가 한 차례 정보를 쏟아내고 나면, 면담자는 그것을 반복해 달라고 해서 모든 정보를 기록할 수 있다. 목격자가 여러 사실에 대한 묘사를 막 끝냈다면, 면담자가 적절한 단서를 제공하기만 한다면, 그것들을 즉시 반복해 달라고 했을 때 목격자는 아무것도 빠뜨리지 않을 것이다. 예를 들어, 면담자는 "당신은 강도가 착용하고 있던 보석류에 대해 매우 상세하게 묘사했습니다. 이번에는 약간 느리게 다시 한 번 묘사해 주시겠습니까? 그럼 제가 모든 세부 사항을 기록할 수 있을 것입니다."라고 말할 수 있을 것이다.

기록하기

가장 협조적인 목격자조차도 면담자가 받아 적을 수 있는 것보다 더 빨리 말하기 때문에, 면담자는 특정 유형의 속기 방법을 개발할 필요가 있다. 효과적인 축약(abbreviation)의 방법을 간단히 알 수 있는 출처는 경험이 많은 면담자들이다. 우리는 한 부서 내의 면담자들이 자신들의 개인적인 축약어를 모든 사람이 공유할 수 있는 통합 목록에 넣어 두도록 제안한다.

면담자는 자신의 기록이 셰익스피어와 비슷할 필요가 없다는 것을 명심해야 한다. 면담의 중요한 세부 내용을 나중에 전통적인 긴 형태의 글로 바꿀 수 있을 만큼 충분히 오랫동안 보존하기만 하면 된다. 면담을 하는 동안에 쓴 기록이 판독하기 어렵고, 기호를 사용하였다면, 면담의 모든 것이 아직 면담자의 마음속에 남아 있는 면담 직후에 최대한 빨리 판독하기 쉬운 보통의 필기법의 글로 바꾸어야 한다. 기록이 모호할수록 면담 직후에 전통적인 글로 바꾸는 것이 중요하다. 그렇지 않을 경우, 면담자는 자기가 쓴 기록이 면담을 하는 동안에는 이해할 수 있었기 때문에 몇 시간이 지나도 괜찮을 것이라는 잘못된 안도감에 빠질 수도 있다. 그러나 공식적인 보고서를 써야 하는 시간이 오게 마련이다. 자주 보고서를 써야 하는 시기에, 이전에는 이해할 수 있었던 표시가 나중에는 판독할 수 없는 갈겨 쓰기로 전락한다.

녹음기 사용하기

필기를 개선하는 한 가지 방법은 녹음기를 사용하는 것이다(Stone & DeLuca, 1980; Wells, 1988 참조). 녹음기는 적절히 사용될 때 실제로 실수 없는 기록을 보장한다. 게다가 면담자가 필기를 걱정할 필요가 없기 때문에 목격자의 응답을 면밀히 탐지하는 데 더욱 집중할 수 있다. 이와 같이 녹음기는, 특히 용의자, 피해자, 행위가 많은 복잡한 사건을 수사할 때 유용한 도구다.

그런 복잡한 사건에서, 용의자가 여섯 명인 강도사건 목격자의 면담을 테이프로 녹음했다. 우리의 기록에서 분명하지 않던 많은 세부내용(예, 어느 용의자가 총을 가지고 있었는지)이 면담 후에 녹음한 내용을 재생하자 분명해졌다. 추측컨대, 목격자가 진술한 묘사의 어떤 모호성을 명확히 하기 위해서 면담의 속도를 늦출 수 있었다. 그러나 그것은 목격자의 자연스러운 얘기의 흐름을 방해하였으며, 면담을 위협했다. 여유 있게 반복적으로 재생할 수 있는 면담의 믿을 만한 복제품을 가지고 있었기 때문에 우리가 면담 시의 기록만을 사용했을 때보다 더 많은 사실을 확인할 수 있었다.

그러나 녹음기를 사용할 때의 한 가지 주의 사항은 목격자가 응답을 행동으로 보이거나 다른 비언어적인 응답을 해 달라고 요청을 받았을 때, 면담자는 행동을 테이프에 녹음할 수 있는 언어적인 응답으로 바꾸어야만 한다(제4장의 '비언어적 응답'을 참조하라)는 것이다. 목격자가 비언어적인 행동을 표현한 후에, 목격자가 지금 막 행동한 것을 말로 표현하려고 노력하여야 한다. 목격자가 행동의 중요한 요소, 예를 들어 어느 방향으로 도는지와 같은 내용을 빠뜨리는 경우, 면담자는 목격자가 보여 주는 것이 무엇인지를 말로 진술하고, 자신의 진술이 맞는지 확인해 달라고 요청할 수 있다.

녹음기의 사용에 관해서는 몇 가지 우려가 제기되어 왔다. 녹음을 한다는 것에 대해 목격자가 불편해하거나 남의 이목을 의식하게 될 수 있고, 응답을 억제할 수도 있다. 우리의 경험에 따르면, 면담의 처음 몇 초 동안 목격자는 녹음기를 의식하고 몇 가지 말을 억제하거나 수정했다. 그러나 매우 짧은 시간이 흐르고 나서, 그들은 마치 녹음기가 없는 것처럼 녹음기의 존재를 잊어버린 듯이 보였고 자연스럽게 응답했다.

경찰수사에서 좀 더 실제적인 또 다른 문제는 사건이 판단되는 관할권에 따라서, 녹음이 상대편에 의해 증거로 검토될 수 있다는 것이다. 만약 녹음에 유도질문과 같은 의심스러운 문제가 있다면, 그것들은 상대편을 돕는 데 사용될 수 있다. 권장되는 이 면담기법을 실행할 때, 면담자는 특히 유도질문을 하는 것과 같은 오류를 최소화해야 한다. 그럼에도 불구하고, 여전히 검찰의 기소 주장을 약화시키고 반대편에 의해서 사용될 수 있는 예상치 못한 진술들이 일부 있을 수 있다. 이것들은 법적인 문제들이고, 그래서 녹음기 사용의 적절성에 관한 전문적인 법적 자문을 구할 것을 권한다.

현 시대의 장비들이 기술적으로 정교하고, 건전지로 작동되는 대부분의 녹음기는 휴대성이 높기 때문에 어디서든 사용할 수 있다. 거의 모든 사람이 이런 종류의 장비에 익숙하기 때문에, 단지 몇 가지 주의 사항만을 제시하면 다음과 같다.

- 건전지가 제대로 작동하는지 확인하라. 확실히 하기 위해 여분의 건전지를 소지하라.
- 면담 전에 기계와 테이프를 검사하라.
- 사건 번호, 면담자의 이름, 목격자의 이름, 날짜, 시간 및 면담 장소를 말하는 것으로 면담을 시작하라. 새로운 테이프로 시작할 때는 녹음 전에 몇 초간의 공백을 남겨 둬라. 때때로 처음 몇 초간의 테이프는 잘 녹음되지 않을 수도 있다.
- 카세트에 사건 번호로 라벨을 붙여라.
- 만약 카세트의 중간에서 테이프가 시작되면, 기대했던 것보다 면담이 길어지는 경우를 생각해서 테이프를 충분히 남겨 두어야 한다는 것을 잊지 마라(주의: 만약 하나의 면담이 카세트의 한 면에 기록되고 두 번째 면담이 다른 한 면에 기록된다면, 두 번째 면담을 위해 시작하는 곳으로 테이프를 되감는 것을 기억하라).

목격자의 묘사 검토하기

목격자가 폭넓은 정보를 제공할 때, 특히 그 정보에 상당한 세부 내용이 포함되어 있다면 제공된 세부 내용을 주기적으로 재검토하는 것이 최선이다. 이렇게 하면 면담자는 그가 기록한 것이 정확한지 확인할 수 있다(Stone & DeLuca, 1980 참조). 또한 그것은 목격자가 처음 묘사에서 언급하지 않았던 추가적인 세부 사항에 대해서 생각해 볼 기회를 제공할 것이다. 면담자는 기록을 재검토할 때, 목격자에게 주의 깊게 들으면서 어떤 오류를 알아차렸을 때, 또는 이전에 보고하지 않은 어떤 새로운 세부 내용이 생각났을 때에는 즉시 중단시켜 달라고 요구해야 한다. 면담자는 목격자를 돕기 위해서 기록을 천천히 그리고 분명하게 재검토해야 한다.

면담자는 자신의 기록 그리고 기록하지는 않았지만 그가 기억하고 있는 어떤 세부 사항에 대해서 목격자의 이야기를 재검토해야 한다. 재검토 시에는 면담자가 기록하지 않은 어떤 세부 내용을 기억하고 있다면, 면담자는 그것을 즉시 기록해야 한다. 그렇지 않으면 후에 그것들을 잊어버릴 위험이 있다.

진술을 재검토할 때에는 목격자가 매우 상세하게 묘사를 하고 난 이후에 하는 것이 좋다. 이때 면담자는 목격자가 추가적인 응답을 하는 도중에 끼어들지 않도록 주의해야 한다. 이와 같은 중단을 피하기 위해 면담자는 목격자가 완전히 묘사를 한 후, 기록을 재검토하기 전에 몇 초 동안 기다려야 한다.

요 약

1. 언어화의 작은 변화가 목격자의 증언을 변화시킬 수 있다. 면담자는 중립적 질문(유도질문이 아닌)으로 물어야 한다. 또한 면담자는 질문을 단순하게 표현하고 기술적이지 않은 용어를 사용해야 한다.
2. 개방형 질문은 일반적으로 폐쇄형 질문보다 낫다. 하지만 전략적으로 두 가지를 혼합하는 것이 가장 좋다. 개방형 질문을 먼저 하고, 그 다음 폐쇄형 질문을 한다.
3. 면담자는 빠른 속도로 질문하는 것을 피해야 한다. 목격자가 응답을 마치고 다음 질문을 하기까지 몇 초간 기다려야 한다.
4. 질문은 적당한 어조로 해야 한다. 그러면 목격자는 집중을 방해받지 않으며, 면담에서 중심적인 인물이 된다.
5. 목격자의 응답에 대한 면담자의 이해는 ① 목격자가 말하는 속도를 늦추고, ② 속기를 사용하고, ③ 녹음기를 사용할 경우 향상될 수 있다.

07

인지의 원리

정신적 자원의 한계

정신적 표상

기억인출

기억을 촉진시키는 실제적인 기법(제8장)을 살펴보기 이전에, 먼저 이 기법들의 바탕이 되는 몇 가지 인지 원리에 대해 살펴보고자 한다. 우리가 추천하는 절차들이 왜 작동되는지를 독자가 더 잘 이해할 수 있도록 이와 같은 일반적인 원리들을 보여 주고자 한다. 이러한 개념적인 배경과 함께, 혁신적인 면담자는 인지면담을 사용하는 데 보다 유연해야 한다. 만약 그가 제안되는 기법들의 바탕이 되는 일반적인 원리를 이해한다면, 그는 상황의 특수한 요구에 맞게 기법들을 수정할 수 있고, 또한 자신만의 새로운 기법을 개발할 수 있을 것이다. 그러나 이 시점에서, 만약 당신이 배경 이론 없이 오직 기법만을 배우기를 원한다면, 제8장으로 넘어가라.

기억이 어떻게 작동되는지 이해하기 위해 인지의 세 가지 기본 이슈들, 즉 ① 정신적 자원의 한계, ② 지식은 어떻게 표상되는가, ③ 기억들은 어떻게 인출되는가에 초점을 맞추어야 한다. 우리는 이 세 가지 인지 영역을 개별적으로 다룰 것이지만, 그것들은 밀접하게 관련되어 있다(Haber, 1969). 그러므로 한 부분에서 제기한 일부 주제들은 다른 부분으로 확장될 것이다.

정신적 자원의 한계

비록 사람의 마음이 어떤 점에서는 가장 강력한 컴퓨터보다 훨씬 우월할 수 있으나, 우리의 정신적 능력에는 여전히 한계가 있다. 가장 주요한 한계는 우리가 한 번에 얼마나 많은 것을 의식적으로 인식할 수 있느냐에 있다(Broadbent, 1957). 당신은 현재 이 책을 읽고 있기 때문에 환경의 다른 메시지들을, 예를 들어 배경(background)의 희미한 소음을 인식할 수 없다. 잠시 동안 배경의 모든 소음을 들으면서 그것들에 주의를 기울이면 소음을 들을 수 있다. 일단 당신이 다른 배경 정보들을 듣기 시작하면, 더 이상 이 책에 집중할 수 없거나, 적어도 오로지 이 책에만 초점을 맞추었을 때만큼 강력하게 집중할 수 없다. (당신의 주의를 끌기 위해 다른 배경 소음들을 일으킨 것을 사과한다. 그러나 만약 당신이 지속적으로 책에 집중한다면, 배경 소음은 다시 한 번 의식적인 지각에서 빠져 나갈 것이다.)

일반적으로 사람은 자신의 모든 의식적인 인식을 한 번에 단지 한 가지의 정보원에만 쏟는다. 만약 당신이 동시에 두 가지의 대화를 들으려고 노력해 본 적이 있다면, 당신은 그것이 불가능하다는 것을 알고 있을 것이다. 어쩔 수 없이 그러한 상황이 되었을 때, 당신은 두 가지 대화 사이에서 번갈아 가며 집중을 전환해 듣거나, 또는 각 대화에 충분한 집중을 하지 못한 채 두 가지 대화를 동시에 듣는다. 당신은 각 대화로부터 약간의 의미들을 이끌어 낼 수는 있지만, 또한 각 대화의 사소하거나 일부 숨겨진 단서들을 놓치게 될 것이다. 마찬가지로 사람은 동일한 시각에 두 개의 내부적 메시지에 충분히 집중하지 못한다. 동일한 시각에 두 개의 수학 문제를 풀려고 시도해 보라. '240÷16'과 '126−88'을 동시에 풀어 보라. 다시 말해서, 당신은 한 번에 오직 한 가지만을 할 수 있다. 이제 당신은 자신이 동시에 할 수 있는 몇 개의 과제가 있을 것이라고 생각할 것이다. 당신은 껌을 씹으면서 동시에 자신의 이름을 생각할 수 있다. 그러나 그것은 두 개의 과제가 비교적 쉽고 또한 충분히 익숙하기 때문이다. 과제가 매우 어렵거나 또는 익숙하지 않을 때, 더 이상 두 개를 한 번에 할 수 없다(LaBerge & Samuels, 1974). 만약 당신이 뉴스를 듣는 동시에 수표장을 계산하려고 하면, 하나 혹은 둘다의 과제에서 실수를 할 수 있다.

목격자와 면담자 두 사람에게 주어진 문제는 항상 단 하나의 어려운 메시지만을 효과적으로 처리할 수 있다. 목격자가 집중해야 하는 주요 메시지는 범죄에 대한 자신의 기억이다. 목격자에게 동시적인 집중을 요구하는 다른 정보원들은 범죄를 기억하는 데 주의를 분산시킬 것이다. 이것은 주의를 분산시키는 정보들이 외부적인 것이든(면담자의 질문을 듣는 것) 또는 내부적인 것이든(다른 정보, 예를 들어 자신의 전화번호를 생각하는 것) 상관없이 발생한다. 면담의 한 가지 원리는, 특히 기억 과제가 어렵고 최대의 집중을 요구할 때 주의를 분산시키는 불필요한 정보원들을 최소화시키는 것이다.

면담자 역시 의식적인 처리의 한계가 있을 수밖에 없다. 몇 개의 과제들은 그의 제한된 정신적 자원들을 강요한다. 면담자는 범죄현장의 세부 사항을 알아내기 위해 목격자의 진술을 들어야만 한다. 이러한 과제는 범죄의 복잡성, 목격자의 의사소통 기술, 말의 속도, 말의 강세 등에 따라 부담이 달라질 것이다. 면담자는 목격자의 말을 들을 때 정보들을 메모장에 적어야만 한다. 또한 면담자는 보다 완벽한 묘사를 이끌어 내기 위해 목격자에게 물을 질문을 만들어 내고 계속 기억하고 있어야 한다. 비록 이런 일들이 개별적으로 수행될 때는 쉽게 달성될 수 있을지도 모르지만, 동시에 행할 때는 감당하기 힘들 것이다. 이때가 바로 녹음기를 사용하여 큰 도움을 받을 수 있는 때다.

정신적 표상

사람들은 어떤 사건을 관찰할 때, 그에 대한 정보를 기억에 저장한다. 기억에 저장된 것은 사건 자체가 아니라, 분명히 어떤 정신적 표상이나 사건의 코드(code)다. 그러므로 사건에 대한 기억들은 사람들이 사용하는 정신적 부호화 체계의 유형에 따라 매우 크게 결정된다.

다음의 세 가지 지침이 되는 원리가 지식이 어떻게 부호화되는지 또는 표상되는지를 결정한다.

- 기억 코드는 사건이 최초로 지각됐던 그 당시에 적용된 정신 과정을 반영한다.
- 지식은 그것의 구성 요소 특징들로 표상화된다.
- 각 사건이나 지식의 단위는 매우 다양한 코드로 표상화된다.

기억 코드는 정신적 과정을 반영한다

사건을 표상하는 정신적 코드는 사건에 대한 정확한 복제가 아니다. 대신에 그것은 특수한 심리적 혹은 환경적 맥락에서 해석된 사건을 반영한다(Koffka, 1935). 두 사람이 동일한 사건을 지각하지만, 만약 그 당시 그들의 기대나 사고 과정이 다르면, 그들의 정신적 기록[1]과 회상 역시 다를 것이다. 심각한 사건에서 두 사람이 범죄현장을 관찰하였는데, 한 사람은 그 사건 때문에 두려움에 질린 반면, 다른 한 사람은 심지어 범죄가 발생하였다는 것조차도 깨닫지 못했다. 마찬가지로 동일한 사건이 만약 서로 다른 환경적 맥락, 예를 들어 미식 축구장과 집에서 경험되었다면, 다르게 표상될 수 있다. 마음에 저장된 부호화된 사건은 사건이 일어났던 당시의 목격자의 생각 패턴, 정서적인 반응, 생리적 상태 그리고 물리적 환경에 의해 채색된(colored) 실제의 사건을 반영한다.

심지어 이들 정신적 · 정서적 과정들의 효과는 누적되어 문제를 더 복잡하게 만든다. 사건에 대한 목격자의 생각들과 반응들은 사건이 발생한 뒤에도 표상에 영향을 줄 수 있다. 특히 목격자가 여러 차례 면담을 받을 때 문제가 된다. 왜냐하면 최초면담에서 환기된 사고들은 사건의 최종적인 표상을 바꿀 수 있기 때문이다(Fisher & Chandler, 1991).

사건 이외에 목격자들의 생각과 감정이 기억 코드에 반영되기 때문에, 목격자의 회상은 비록 극단적으로 확신한다 하더라도 가끔씩 부정확할 수 있다(Deffenbacher, 1980).[2] 목격자가 객관적인 사건에 속한다고 하는 일부 특성들은 아마 자신의 생각과 정서를 실제로 반

1) 우리는 '정신적 기록(mental records)'과 '정신적 부호화(mental codes)'라는 표현을 상호 교환적으로 사용한다.

2) 경찰은 종종 목격자에게 면담의 마지막에 가해자를 사진으로 식별하는 일에 얼마나 자신감을 가지고 있는지 묻는다. 그러나 연구들은 그 당시의 목격자의 자신감과 나중에 가해자를 재인할 수 있는 능력 간에는 상관이 없다는 것을 나타낸다(Cutler & Penrod, 1989; Lindsay, Wells, & Rumpel, 1981). 그러므로 면담자는 목격자가 단지 이전에 자신감이 없다고 말했다고 해서 사진 나열을 보여 주는 것을 삼가서는 안 된다.

영한 것일 수 있다.

이 모든 요소(목격자의 생각, 감정, 생리적 상태 및 환경적 맥락)가 어떻게 목격자의 회상 능력에 영향을 줄 수 있을까? 우리의 가장 큰 흥미는 사건에 대한 기억이 면담 시에 목격자 원래의 생각 양식, 정서적인 반응, 생리적 상태 그리고 물리적 환경들을 얼마나 많이 회복시킬 수 있느냐에 따라 크게 영향을 받는가 하는 것이다. 면담 시에 목격자의 사고 과정이 사건 당시의 사고 과정과 비슷할수록 목격자의 회상은 더 좋아질 것이다.

기억의 특징

많은 사람은 사건이 기억에 완벽하게 표상되거나 전혀 표상되지 않는다고 잘못 알고 있다. 그러나 심리학자들은 사건에 대한 정신적 표상은 개별적인 특징들의 집합이라고 제언한다(Bower, 1967; Flexser & Tulving, 1978; Underwood, 1983). 예를 들어, 한 사람에 대한 지식은 일련의 객관적이고 주관적인 차원들, 즉 키, 몸무게, 근육, 피부색, 피부결, 친근감, 자신감 등으로 표상화된다. 이러한 중다-특징 관점(multi-feature view)에 따르면, 저장된 특징들 각각은 정확하거나 또는 부정확하다. 은행강도에 대한 표상은 그의 키와 몸무게에 관해서는 정확할 수 있다. 그러나 체격과 친근감에 관해서는 부정확하거나, 심지어 아예 존재하지 않을 수도 있다. 그러므로 우리는 몇몇 특성을 회상할 수 있으나, 또 어떤 것들은 회상하지 못할 수 있다. 예를 들어, 가해자가 턱수염이 있었는지 정확하게 회상하지 못하기 때문에, 가해자에게 흉터가 있었는지와 같은 얼굴의 다른 특징들에 대한 회상이 반드시 부정확하다는 것을 의미하지는 않는다.[3)]

동일한 논리를 이름이나 연속된 숫자를 기억하는 데 적용할 수 있다. 말했었던 이름을 회상하지 못하는 목격자는 이름들의 어떤 특징을 회상할 수 있다. 비록 정확한 이름을 기억하지는 못하더라도 전형적인 이름이었는지, 특이한 이름이었는지, 영어였는지 불어였는지, 길었는지 짧았는지, 심지어 얼마나 그것이 많은 음절을 가졌는지, 그리고 어떤 음절이 강조되었는지도 기억해 낼 수 있다. 심지어 이름이 아닌 경우에도 부분적인 정보들을 이용할 수 있다는 이러한 관점은 많은 특수한 기억인출기법의 핵심이 된다(제8장의 '특수한 정보 회상하기'를 참조하라).

중다 표상

하나의 사건은 여러 개의 다른 기억 코드로 표상화될 수 있다. 이러한 코드 각각은 그 사건의 다른 측면을 반영한다. 따라서 일부 코

3) 최근의 연구(Fisher & Cutler, 1991)는 가해자의 한 특징(예, 머리카락)에 대한 회상의 정확성이 다른 특징(예, 옷)을 회상하는 것이나 가해자를 라인업에서 재인하는 정확성을 예측하지 못한다는 것을 보여 준다. 변호사는 종종 목격자의 증언 중 한 측면이 부정확하다고 증명할 수 있기 때문에, 목격자의 나머지 증언들이나 긍정적인 라인업 식별도 타당하지 않다고 배심원들을 납득시키려고 노력한다. 이러한 계책은 특징들이 상호 의존적으로 지각되고 회상된다는 가정에서 나오는 것인데, 그러한 가정은 독립적인 과정을 제안하는 우리의 자료들에서는 전혀 지지되지 않았다. 변호사가 선호하는 또 다른 주장은, 만약 목격자가 법정 장면에서 일부 부수적인 특징을 회상하지 못하므로 배심원들이 목격자의 증언을 믿어서는 안 된다는 것이다. "목격자는 심지어 법정 경비가 남자인지 여자인지도 기억해 내지 못했습니다." 변호사가 배심원에게 주장한다. "그런데 어떻게 2년 전에 일어났던 사건에 대한 기억을 믿을 수 있겠습니까?" 이러한 주장은 앞서의 주장보다 더 취약하다. 왜냐하면 이러한 주장은 특징들이 상호 의존적으로 진행된다는 것뿐만 아니라 이러한 상호 의존성이 다른 사건들(범죄와 법정)에 걸쳐 유지될 수 있다는 것까지 가정하기 때문이다.

드들은 다른 코드들보다 더 유용한 정보를 포함한다. 면담자의 목표는 어떤 기억 코드가 가장 유용한 정보를 지니고 있는지를 결정하고 목격자가 그러한 기억 코드를 활성화하도록 안내하는 것이다.

지식의 정확성 사건이 지각될 때, 그것은 몇 가지 다른 정확성의 수준에서, 즉 매우 일반적인 수준에서 매우 세부적인 수준에 이르기까지, 동시에 표상된다(Fisher & Chandler, 1984, 1991). 표상에는 많은 수준이 있지만, 문제를 단순화시키기 위해 세 가지만 기술하고자 한다.

예를 들어, 은행강도 사건에 대한 표상의 가장 일반적인 단계는 목격자가 마음에 단순히 '하나의 은행강도 사건'이라고 부호화시켰다면, 목격자가 어떤 일이 일어났는지 보고하기 위해 이러한 일반적인 표상을 사용할 때, 오직 하나의 은행강도 사건을 보았다고 말할 것이다. 따라서 많은 면담자들은 "무슨 일이 있었는지 말해 주세요."라고 물었을 때 목격자가 "제가 강도를 당했어요."라는 단순한 대답만을 듣고 좌절감을 느낀다.

정확성이 중간 수준인 사건은 일련의 행동들로 표상되고 묘사된다. "두 명의 남자가 은행으로 들어왔어요. 한 명의 남자가 옆에 서 있고, 다른 한 명이 줄을 서서 기다렸어요. 그가 출납원에게 접근하면서, 총을 꺼내 들고 돈을 요구했어요. 다른 남자는 모든 사람에게 바닥에 엎드리라고 소리쳤어요. 마지막으로, 그 두 사람은 은행 밖으로 도망갔고 차를 타고 달아났어요." 이런 종류의 표상은 명백히 '은행강도'라는 진술보다 훨씬 구체적인 정보이긴 하지만 이상적이진 않다.

은행강도에 대한 가장 세부적인 수준의 표상은 수사에 필수적이고 잘 정련된(fine-grained) 묘사적인 형태의 정보를 포함하는 일련의 감각적인 사건들로 부호화된다. "한 강도가 낡은 청록색의 모자를 쓰고 출입구에 있었어요. 나는 그의 모자 밑에서 삐져나온 몇 개의 머리카락을 왼쪽에서 볼 수 있었어요. 머리색은 어두운 갈색이었고, 그의 귀 바로 아래쪽에 약간의 붉은 염색 부분이 있었어요. 뒷목의 살갗은 탔고, 목 옆쪽에는 2인치 정도의 대각선 흉터가 있었어요. 그 남자는 긴장한 것처럼 보였어요. 그는 눈을 좌우로 흘깃거렸고, 또 말을 빠르고 높은 목소리로 말했어요……." 대부분의 사건에서 면담자들의 목표는 가장 세부적인 단계의 표상을 활성화하는 것이다. 그러나 중간 단계와 일반적인 단계의 표상 역시 이용 가능하기 때문에 이러한 세부적인 기억 코드가 존재한다는 것이 반드시 세부적인 코드를 사용할 것이라고 보증하는 것은 아니다. 어떤 단계가 활성화되느냐는 면담자의 탐지 기술에 의존한다.

세부적인 기억 코드들은 일반적인 코드들에 비해 접근하기가 어렵기 때문에 활성화하기가 어렵다. 그러므로 면담자는 그러한 코드들을 찾아내어 인출 과정을 안내하는 데 능숙해져야 한다. 더 나아가 세부적인 기억 코드에서 정보를 읽어 내는 것은 상당한 수준의 정신 집중을 요구한다. 따라서 면담자는 필요한 집중을 생성하기 위해 목격자에게 보다 큰 동기를 제공해야만 한다. 마지막으로, 읽어내기(read-out) 과정은 강한 집중력이 필요하기 때문에 외부적 방해 요소들로 인해 쉽게 중단될 수 있다. 목격자가 고도의 집중 상태가 되었을 때, 면담자는 목격자의 이야기를 중단하거나 또는 어떤 방식으로든 방해하는 것을 피하기 위해 특별히 조심해야만 한다.

면담자는 목격자의 집중이 강한 상태인 때를 어떻게 알아챌 수 있을까? 빈번하게 그것들은 특유의 시선 고정이나 말하는 유형으로 드러난다. 목격자는 자신이 처리해야만 하는 시각적인 정보들의 양을 감소시키기 위해 면담자의 얼굴로부터 시선을 멀리하거나 눈을 감는다. 또한 목격자의 이야기가 느려지고 보다 신중해질 수도 있다.[4] **목격자가 이와 같이 강한 집중의 신호들을 보일 때 목격자를 방해하는 것은 반드시 피해야 한다.**

개념 코드와 이미지 코드 기억 표상은 정확성 측면에서뿐만 아니라 형태 면에서도 다르다. 우리는 두 가지 형태의 기억 표상, 즉 개념 코드와 이미지 코드에 대해 언급하고자 한다.[5]

개념 코드의 정보들은 사전적 정의와 비슷하게 의미 있는 개념들의 목록으로 저장된다(Anderson, 1990). 예를 들어, 가해자에 대한 개념 코드의 묘사는 일련의 단어와 구, 즉 긴장한, 어설픈, 매우 키가 큰, 못생긴, 긴 흉터 등을 포함한다.[6] 면담자가 목격자에게 가해자를 묘사해 달라고 요청할 때, 목격자는 '가해자'에게 자신의 '정신적 사전(mental dictionary)'을 펼쳐 놓고, 가해자의 속성을 읽는다

4) 이러한 행동들은 미묘하고 강렬한 기억인출과 독특하게 연합되어 있지는 않다. 따라서 그들은 엄격한(hard-and-fast) 규칙으로서보다는 지침으로서 주의해서 사용해야 한다.

5) 현재 심리학적인 연구 커뮤니티에서 이미지와 추상적인 아이디어가 동일한 형태로 표상되는가 또는 다른 형태로 표상되는가에 대해 논쟁이 진행 중이다(예, Kosslyn, 1981; Pylyshyn, 1981 참조). 우리는 여기서 오직 설명의 용이성을 위해 다른 형태라는 입장을 채택한다.

6) 보다 정확하게 개념 코드는 단어들(words)과 구들(phrases)이 아니라 이 단어들과 구들이 지칭하는 사고들(ideas)을 포함한다. 심리학자들은 이러한 추상적인 사고들을 명제들(propositions)이라고 지칭한다.

는 것이 일반적으로 진실이라고 알려져 있다. 이러한 속성들은 쉽게 이용 가능하고 면담자에게 쉽게 의사소통할 수 있다. 그러나 여기에는 거래(tradeoff)가 뒤따른다. 즉, 개념 코드는 불완전하고 부정확할 수 있다(흉터가 정확히 얼마나 긴지, 그리고 위치는 어디인지). 만약 면담자가 보다 상세한 정보를 필요로 한다면, 그는 다른 종류의 정신적 코드, 즉 이미지 코드를 활성화해야만 한다.

이미지 코드는 그림이나 정신적 사진의 형태다. 개념 코드와는 달리, 이미지 코드는 나라의 경계를 나타내는 지도와 비슷하게, 그 코드가 표상화하는 사물과 닮은 형태로 존재한다.[7] 예를 들어, 가해자의 얼굴에 대한 이미지 코드는 얼굴과 같은 모습이다. 색채와 감촉 또한 이미지에 직접적으로 표상화된다. 정신적 이미지는 정신적으로 '보이고', '만져질' 수 있는 특정한 색깔이나 감촉을 가진다. 청각적인 이미지 또한 존재한다. 말로 표현된 메시지의 이미지 코드는 메시지의 내면화된 '테이프 녹음'이며, 큰 소리는 '큰(loud)'이라는 이미지로 표상화된다.

이미지 코드는 그것이 표상화하는 사물과 동일한 형태로 있기 때문에 개념 코드보다 더 세부적인 정보를 포함한다.[8] 예를 들어, 흉

7) 정신적 코드의 물리적인 실체와 뇌세포들의 배치는 그것이 표상하는 물체를 닮지 않는다. 그러나 정신적 코드는 마치 그것들이 유사한 속성을 가지고 있는 것〔제2의 이종동형(second-order isomorphism); Shepard, 1975〕처럼 작용(behave as if)한다. 예를 들어, 실제 물건을 공간에서 45° 회전하는 것보다 90° 회전하는 것이 더 많은 시간이 걸리는 것과 똑같이 정신적 이미지를 45° 회전하는 것보다 90° 회전하는 것이 시간이 더 오래 걸린다(Shepard & Metzler, 1971). 정신적 코드의 물리적 속성은 우리와는 무관하다. 우리는 오직 코드가 작용하는 속성에만 관심 있다.

8) 개념 코드에서는 사물의 특성이 언어적인(명제적인) 표상으로 변형되는 반면, 이미지 코드에서는 그러한 특성이 중간에 아무런 변형 없이 직접적으로 표상화된다. 정보를 개념

터에 대한 이미지 코드는 그것의 길이와 위치를 직접적으로 표상하는 반면, 개념 코드는 단지 흉터가 '길고 왼쪽에' 있었다는 것만을 표상한다. 여기에는 다시 맞교환식 거래가 따른다. 개념 코드보다 이미지 코드에 접근하는 것은 훨씬 더 어렵다. 이와 더불어, 개념 코드보다 이미지 코드의 내용을 언어적으로 묘사하는 것이 더 어렵다.

면담자는 목격자가 어떤 사건를 묘사할 때 개념 코드에서 하는지 혹은 이미지 코드에서 하는지를 어떻게 알 수 있을까? 알아차릴 수 있는 하나의 단서는 목격자의 행동이 묘사하고 있는 대상의 형태를 모방하는지 그렇지 않은지로 알 수 있다. 만약 목격자가 이미지 코드를 사용한다면, 방에 대한 묘사를 마치 목격자가 실제로 그 방을 걷고 있는 것처럼 특정 위치에서 시작하여 한 방향으로 진행할 것이다(예, 시계 방향으로). 만약 동일한 방을 개념 코드로 묘사한다면, 사물들은 보다 의미 있고 기능적인 차원으로 조직화될 것이다. 처음에는 모든 가전기기들을 묘사하고, 그런 다음 탁자와 의자를 묘사할 것이다. 또 다르게는 처음에 가장 값비싼 물건을 묘사하고, 그런 다음 더 싼 물건에 대해 묘사할 수도 있다. 만약 목격자가 가해자의 목소리를 이미지 코드로 묘사한다면, 면담자의 목소리 유형은 가해자의 것을 모방하기 위해 변화할 것이다. 가해자가 소리를 질렀던 것을 반영하기 위해 말을 크게 할 수도 있고 또는 목소리의 강세를 반영하기 위해 말투가 변할 수도 있다. 만약 목격자가 동일한 가해자의 목소리를 개념 코드로 묘사한다면, 가해자가 했던 말을 표현하거

코드로 변형할 때는 다른 모든 심리적 변형에서와 같이 오류들이 도입된다. 더 나아가 언어적 코드의 정확성은 목격자의 언어적 기술에 의존하는데, 취약한 언어적 기술을 지니고 있는 목격자들은 개념 코드와 같거나 더 낮은 정확성을 보일 것이다.

나 또는 "그는 큰 목소리로 말했어요." 또는 "남부 지방 억양을 사용하는……. "등의 말을 단순히 덧붙일 수 있다. 이미지 코드로 사건을 묘사하는 매우 극적인 한 사례에서, 목격자가 강도의 재킷 주머니가 어디에 위치해 있었는지 정확히 가리키기 위해 손을 자신의 옆으로 옮기는 것을 볼 수 있었다.

많은 사건들은 개념 코드와 이미지 코드 모두로 표상되며, 이 두 가지 모두 면담 중에 사용한다. 목격자가 어떤 시기에 어떤 코드를 사용하는가는 자신의 과제에 대한 목격자의 지각에 달려 있는데(Brooks, 1968; Tversky, 1969), 이는 면담자가 어떻게 면담을 수행하느냐를 반영한다. 이상적으로 각각의 코드들은 몇몇 독특한 정보를 포함하기 때문에 면담자는 목격자가 두 개의 코드를 모두 사용하도록 격려해야 한다.

살인사건의 용의자를 목격한 한 여성의 최근 면담에서, 목격자는 용의자가 그의 왼쪽 귀에 금 귀걸이를 하고 있었다는 것을 기억했다. 목격자는 용의자에 대한 그 이전의 개념 코드를 탐지한 것이 아니라 이미지 코드를 살펴본 후에 바로 이것을 기억했다. 처음에는 목격자가 개념 코드를 사용하도록 격려해서(제10장의 '개념 코드 탐지'를 참조하라) 용의자의 외모에 대한 전반적인 질문("그가 보석을 하고 있었나요?")에 대답하게 하였다. 목격자는 기억하지 못한다고 이야기했다. 면담 후반에, 목격자는 용의자가 자신의 눈앞을 가리는 머리카락을 뒤로 넘기려는 듯이 머리를 뒤로 젖히는 용의자의 옆얼굴에 대한 이미지가 있다고 말했다. 이것은 목격자가 가지고 있는 용의자의 왼쪽 얼굴에 대한 이미지 코드를 탐지하는 촉진제가 되었다. 목격자에게 이 이미지에 초점을 맞추라고 요청했을 때, 목격자는 용의자의 왼쪽 귀에 있는 귀걸이를 본 것을 기억해 냈다. 이런 사실이 판명되자 다른 정보들도 밝혀짐으로써 용의자를 식별하고 사건을 종결짓는 데 도움을 주었다.

기억인출

우리가 경험하는 많은 것을 망각하는 것은 저장된 정신적 기록으로부터 부적절한 방법으로 탐색하기 때문이다. 원래 경험한 것의 기록은 마음에 존재한다. 그럼에도 불구하고, 우리는 그것을 찾는 데 실패한다.[9] 공간적으로 유추해 보면, 마음의 잘못된 장소에서 찾으려하기 때문에 망각하게 되는 것이다. 어떻게 하면 이와 같은 탐색 과정을 더 효과적으로 할 수 있을까? 기억인출을 강화하는 세 가지 기본 원리에는 맥락 회복, 초점화된 집중 그리고 다중 인출 시도가 있다.

맥락 회복

우리 모두는 기억할 때 틀림없이 다음과 같은 실수를 경험했을 것이다. 거실에 있는 소파에서 텔레비전을 보다가 허기를 느끼고 냉장

9) 우리는 기억 기록이 존재하며, 망각이 사건에 대한 기록이 없기 때문에 발생하는 것이 아니라는 것을 어떻게 알 수 있을까? 몇몇 심리학적 실험들은 기억하는 사람에게 하나의 회상 단서를 주었을 때 회상할 수 없는 많은 사건이 어떤 다른 회상 단서를 주게 되면 회상한다는 것을 보여 준다(Tulving, 1974 참조). 두 번째 시기에서 성공적이었던 이러한 회상은 기억 코드가 내내 존재해야 한다. 그리고 초기의 망각은 부적절한 회상 단서를 사용함으로써 야기되었다는 것을 나타낸다(제2장의 각주 1을 참조하라).

고에 먹을 것이 있는지 알아보기 위해 멍하니 부엌으로 향한다. 부엌에 가자, 갑자기 내가 왜 여기를 왔는지를 잊는다. 얼떨떨하고 약간 당황하고서는, 텔레비전 프로의 나머지를 마저 보기 위해 다시 거실로 돌아간다. 돌아와 소파에 몸을 주욱 뻗자마자 왜 부엌에 갔었는지를 기억해 낸다. 부엌에서는 잊어버렸던 것이 소파에 누웠을 때는 왜 기억이 날까?

우리는 앞에서 개인의 생리적 상태(이 경우에는 소파에 몸을 뻗었을 때 오는 근육의 피드백)가 원래 사건(간식을 먹기 위한)의 정신적 기록의 구성 요소가 된다는 것, 그리고 원래의 생리적 상태를 회복하는 것은 원래 사건에 대한 회상 가능성을 증가시킨다는 것을 이미 언급했다. 다시 거실로 돌아가 소파에서 몸을 뻗었을 때, 우리는 원래의 생리적 상태를 회복하게 되고, 그러한 자세와 연합되었던 생각의 유형이 되살아난 것이다. 실제적 관점에서 볼 때, 목격자를 사건이 발생했을 때와 동일한 심리적 · 정서적 · 생리적 상태로 되돌리는 것은 회상을 증가시킨다(Tulving & Thomson, 1973). 회상은 또한 환경적인 맥락을 회복함으로써 증가된다. 그러므로 수사면담에서 회상을 증가시키기 위해서 면담자는 목격자가 원래 사건으로 되돌아가 생각할 수 있도록 그 당시의 생각, 정서 그리고 생리적 상태를 회복하도록 격려해야 한다. 또한 면담자는 목격자가 사건을 둘러싼 직접적인 환경(방, 날씨, 그날의 시간 등)에 대해 생각하도록 요청해야 한다.

초점화된 집중

다른 정신적 활동과 마찬가지로 기억인출은 집중을 요구하고, 이러한 집중을 방해하는 모든 것은 기억을 붕괴한다(Johnston,

Greenberg, Fisher, & Martin, 1970). 만약 면담이 적절하게 수행된다면, 강력한 집중은 목격자의 얼굴에서 분명히 나타날 것이다. 목격자는 집중을 향상하기 위해 눈을 감을 수도 있다. 만약 목격자가 눈 뜬 상태를 지속한다면, 그녀의 동공은 팽창하며 눈 깜빡임이 천천히 일어날 것이다(Geiselman, Woodward, & Beatty, 1982). 전반적인 수준에서 전체적인 신체의 움직임은 매우 적거나 거의 없을 것이며, 만약 있다면 긴장이 완화된 자세의 특징이 나타날 것이다. 우리가 실시한 한 면담에서, 한 목격자가 특히 집중이 강력한 시기에 외친 것처럼, "이것은 힘든 일이다!"

종종 목격자는 집중한 상태에서 기억을 탐색하려고 하지 않다. 왜냐하면 그 과정이 정신적으로 크게 부담이 되기 때문이다. 그런 경우, 면담자는 목격자가 필요한 추가적 노력을 하도록 격려해야 한다. 또한 면담자는 긍정적인 제안을 하거나 목격자에게 주어진 과제의 어려움을 상기시킴으로써 이러한 과정을 지지해야만 한다. 집중은 매우 손상되기 쉽기 때문에, 면담자는 목격자가 특히 가장 세부적인 수준의 표상으로부터 인출할 때, 면담 중에 목격자의 집중을 방해하는 어떠한 것도 발생하지 않도록 보장해야만 한다. 이는 모든 주의 분산을 최소화하기 위하여 외부 환경과 면담자의 목격자와의 상호작용을 통제하는 것을 수반한다.

다중 인출 시도

잘 기억하는 사람과 잘 기억하지 못하는 사람 간의 차이점 중 하나는 잘 기억하는 사람들이 그렇지 못한 사람들보다 더 많은 인출 시도를 한다는 것이다. 기억력이 나쁜 사람은 사건에 대해 몇 초 동안 생각하고 나서 기억을 불러오는 데 실패하면, 빨리 중지한다. 그들은 자신이 '나쁜 기억력을 가지고 있다.'고 믿기 때문에 인출 노력을 빨리 종료해 버린다. 이와 비교하여, 기억력이 좋은 사람은 사건에 대해 더 많은 인출 시도를 하고, 더 오랫동안 인출하려는 노력을 멈추지 않는다. 아마도 그들은 자신이 '좋은 기억력을 가지고 있다.'는 것을 알고 있기 때문이다. 사실, 잘 기억하는 사람들이 더욱 많이 회상하는 한 가지 이유는 그들이 빨리 포기하지 않기 때문이다. 일반적으로, 목격자가 특정 에피소드에 대해 인출하려는 노력을 더 많이 하면 할수록 더 많은 정보가 인출될 것이다(Roediger & Payne, 1982). 그러므로 목격자들은 가능한 한 많은 인출 노력을 수행하도록 격려받아야 한다.

다양한 인출 시도 제안의 밑바탕이 되는 생각은, 하나의 사건이 많은 서로 다른 저장 코드들로 표상화된다는 앞서 언급했던 관점에서 나왔다. 이에 따라서 기억 기록을 활성화할 수 있는 많은 서로 다른 인출 경로가 있을 수 있다(Anderson & Pichert, 1978). 한 가지 인출 접근법으로 회상되지 않은 사건은 아마도 다른 인출 경로가 사용된다면 회상에 성공할 수 있다. 예를 들어, 만약 가해자가 목격자와 신체적 접촉을 가졌다면, 목격자는 가해자의 옷에 대해 시각적 표상과 촉각적인 표상 모두를 가질 수 있을 것이다. 목격자가 그것을 시각화하려는 노력을 통해 옷의 촉감을 회상해 내지 못했다면, 그 느낌이 무엇과 비슷했는지에 대해 생각해 봄으로써 회상해 내는 것이 가능할 수도 있다. 일반적으로, 목격자는 다양한 다른 인출 접근법을 사용하도록 격려받아야 한다.

요 약

1. 면담자와 목격자 모두 정신적 자원에는 한계가 있다. 따라서 그들이 주요한 정보원에 집중하는 것을 방해할 수 있는 내부적이거나 외부적인 원천들은 면담의 질을 낮출 수 있다.
2. 기억 코드들은 사건의 객관적인 면뿐 아니라, 그들이 사건에서 경험했던 심리적 · 생리적 · 환경적인 맥락을 반영한다.
3. 사건은 일련의 특성들로 표상되며, 그것들 각각은 다른 것들과 독립적으로 인출될 수 있다.
4. 각 사건들은 많은, 서로 다른 기억 코드로 표상된다.
5. 사건들은 서로 다른 정확성 수준에서 동시적으로 표상된다. 가장 상세한 수준은 종종 면담자에게 가장 큰 가치가 있다. 그러나 목격자가 그것에 접근해서 의사소통을 하는 데는 가장 어려운 수준이기도 하다.
6. 사건들은 모두 개념 코드와 이미지 코드로 저장된다. 이미지 코드가 사건을 보다 정확하게 표상한다.
7. 기억인출을 향상시키는 세 가지 기본 원리는 원래 사건의 맥락을 회복하기, 초점화된 집중을 유도하기 그리고 목격자가 다양한 인출을 수행하도록 격려하기다.

08

기억을 촉진시키는 실제적인 기법

맥락 회복

초점화된 집중

다중 인출 시도

다양한 인출

특수한 정보 회상하기

정보들이 마음에서 어떻게 표상되고 인출되는지 일반적인 이해를 하게 되었다. 이제 이러한 기억들을 회복하는 것을 촉진시키는 데 사용할 수 있는 여러 가지 구체적인 기법을 살펴보도록 하자. 이 장에서는 목격자가 경험한 것의 대부분 혹은 모두가 기억의 어딘가에 저장되어 있고,[1] 목격자가 기억하지 못한다고 주장함에도 불구하고 적절한 인출기법을 사용하면 많은 정보를 이끌어 낼 수 있다는 것을 전제로 논의를 진행한다. 목격자 혼자서는 범죄의 특정한 세부 사항을 회상하지 못할 수도 있다. 그러나 면담자가 도와준다면, 일부 세부 사항들을 이끌어 낼 수 있을 것이다.

이 장에서는 기억을 향상시킬 수 있는 일반적인 기법, 사람의 이름과 같은 특별한 정보를 회상하는 데 도움을 줄 수 있는 기법에 대해 다룬다. 일반적인 향상 절차는 앞 장에서 기술한 세 가지 기본 원리, 즉 ① 원래 환경의 맥락을 회복하기, ② 초점화된 집중을 사용하기, ③ 목격자가 다양한 인출을 수행하도록 격려하기에 따른다. 그리고 정보의 특정한 조각들을 회상하는 것을 돕는 기법들은, 사건들은 전체적으로 저장되지 않고 주로 일련의 개별적 속성으로 저장된

1) 이러한 믿음을 확증하거나 반박하는 것은 불가능하다. 사실, Loftus와 Loftus(1980)가 경험한 모든 사건이 기억에 저장되는 것은 아닐 것이라고 설득력 있는 주장을 제기했다. 그럼에도 불구하고, 실제적인 관점에서 이런 접근법을 따르는 것은 가치가 있는데, 왜냐하면 이런 접근법이 정보 회상량을 증가시켜 주는 더 나은 인출기법을 유도해 주기 때문이다.

다는 원리에 따랐다.

맥락 회복

사건이 일어났던 맥락은 그 사건이 기억 속에 저장되는 양상에 강한 영향을 준다. 은행강도에 대한 정신적 기록은, 예를 들면 강도 그 자체뿐만 아니라 또한 그것이 일어났던 당시의 물리적이고 심리적인 환경들을 포함한다. 따라서 사건 당시의 조명 조건, 관찰자의 정신적 · 정서적 상태가 기억을 기록하는 데 중요한 구성 요소가 된다. 맥락은 사건에 대한 기억 기록의 중요한 요소가 된다. 맥락이 사건에 대한 기억 기록의 중요한 결정 요인이기 때문에, 어떤 기억인출 기법이 효과적인지 결정하는 데 핵심적인 역할을 한다. 수사면담의 기본적인 원리는, 목격자의 회상은 면담 시 사건 당시의 맥락을 회복함으로써 향상된다는 것이다.[2] 원래 사건의 맥락은 목격자에게 맥락에 대해 생각하라고 분명하게 요구하거나 또는 그것에 대해 생각하라고 특정한 질문을 함으로써 회복시킬 수 있다. 예를 들어, 면담자가 다음과 같이 분명하게 말하는 것이다.

2) 일부 경찰과학 지침서가 "당신은 그 당시에 어디에 서 있었나요?"처럼 맥락적으로 지향된 질문을 하기를 추천한다는 것은 매우 흥미롭다(예, Levie & Ballard, 1981; Weston & Wells, 1970). 그러나 그들은 이러한 질문을 기억 향상을 돕는 가치가 없을 때인 면담의 끝 부분에서 할 것을 제언한다. 맥락적인 회복을 돕기 위해서는, 목격자가 기억 시도를 하기 전 면담의 시작 부분에서 행해야 한다.

> 그 범죄가 발생했을 때와 동일한 상황으로 당신을 되돌려 보려고 애써 보세요. 당시 당신이 서 있었던 장소, 무슨 생각을 했는지, 방은 어떻게 보였는지에 대해 생각하세요.

당신이 목격자에게 맥락을 회복하라고 분명히 말하는 경우, 세부사항을 탐지하기 전에 충분한 시간을 주어야 한다. 일반적으로 약 5~10초가 적합하다. 그리고 목격자가 지시를 듣는 동안에 맥락을 재구성할 수 있도록 천천히 그리고 명백히 지시해야 한다. 간혹 면담자는 목격자에게 범죄의 맥락을 생각해 보라고 요청할 때 너무 몰아치고, 심지어 목격자가 맥락을 구성할 충분한 시간을 갖기도 전에 사건에 대해 상세히 기술하라는 실수를 공통적으로 범한다. 면담자는 목격자에게 원래의 맥락을 회복하라고 요청한 다음, 반드시 목격자가 그것을 마칠 때까지 기다리고, 그다음에 범죄에 대해 탐지하는 것을 시작해야만 한다. 전형적으로 목격자는 맥락을 온전히 다 생각했음을 머리를 끄덕거리거나, 면담자에게 다시 눈의 초점을 맞추거나, 또는 '좋아요'와 같은 말로 알린다.

만약 면담자가 다른 맥락회복기법을 사용하기를 원한다면, 목격자에게 "그 당시에 당신은 어디에 서 있었습니까?" "그 당시 당신의 느낌은 어땠습니까?" "당신은 무슨 생각을 하고 있었습니까?"와 같은 일련의 질문을 할 수 있다. 목격자가 각각 하나의 질문에 대답할 수 있도록 한 번에 한 가지씩 질문한다. 목격자는 이러한 질문에 답해 가면서 원래의 맥락을 회복한다. 목격자에게 맥락을 회복하라고 분명하게 지시하는 것이나 특정한 질문을 하는 이 두 가지 접근은 서로 비견된다. 따라서 면담자는 그중 하나 혹은 두 개의 조합을 사용할 수 있다. 예를 들어, 면담자는 목격자에게 조명 조건을 회복하라고 분명히 지시하고, 정서적 상태에 대해서는 특정 질문을 한다.

만약 목격자가 원래 맥락의 일부 세부 사항을 기억하지 못한다면, 면담자는 사건에 대한 정보를 유도하지 않는다면 일부 단서를 제공할 수 있다. 예를 들어, 면담자는 범죄현장의 빌딩이나 교통 표지판과 같은 영구적인 구조물을 그려 줄 수 있다. 이와 비슷하게, 사진이 범죄와 특별하게 연관될 수 있는 세부 사항을 포함하고 있지 않다면 교차로나 상점의 사진을 제공할 수 있다.

가끔 목격자는 범죄가 일어난 직후에 어떤 정보의 특정 조각을 기억할 수 있다고 말하는데, 그러나 면담 동안에는 정보를 회상할 수 없다고 말할 수 있다. 예를 들어, 범죄가 발생했던 그날 저녁에 식탁에 앉아 남편과 범죄에 대해 얘기했고, 그 당시에는 가해자의 셔츠에 있던 표지(insignia)를 기억할 수 있었다. 그러나 지금 범죄에 대해 생각할 때는 표지를 기억해 낼 수 없다. 이런 경우, 면담자는 원래 범죄의 맥락이나 혹은 목격자가 성공적으로 기억해 냈던 그 이전의 에피소드를 회복시킬 수 있다. 면담자는 목격자에게 남편과 범죄에 대해 얘기했던 저녁 식탁 장소로 되돌아가게 함으로써 범죄를 기억할 때 사용했던 정신적 상태를 회복하라고 요청할 수 있다. 이것은 최근에 어떤 회상을 성공적으로 했는데(저녁 식탁에서), 사실을 잘 기억하기 어려울 때 특히 가치가 있다.[3] 최근의 성공적인 회상을 회복하기 위한 이와 같은 전략을 사용하려면, 면담자는 목격자가 이

3) 어려운 기억인출 과제는 의식적인 수준에서 더 잘 되기 때문에 나중에 회상할 때 인출이 더 잘 된다(Klatzky, 1980).

전에는 그 사실을 성공적으로 회상했다는 것을 사전에 알고 있어야만 한다. 가끔 목격자는 최초로 사건에 대한 이야기를 할 때 그 사실을 말할 것이다(제11장 참조하라). 그렇지 않다면 면담자는 목격자에게 찾아냈던 사실을 성공적으로 회상했던 적이 있었는지를 명확하게 물어보아야 한다.

기억 기록은 외부적 환경보다 관찰자의 정신적인 사고들(mental thoughts)에 강하게 영향을 받기 때문에, 면담자는 목격자에게 물리적 환경을 회복하라고 하는 것보다는 정신적 사고들을 회복하라고 격려하는 것이 더 가치가 있다. 이것은 목격자가 범죄의 일부 측면을 기억하기 위해 의식적인 노력을 할 때 특히 중요하다.[4] 이런 경우, 면담자는 목격자가 사건을 기억하기 위해 어떻게 노력했었는지 그 사고 과정을 회복하도록 격려해야 한다. 저자들이 수행했던 한 면담에서, 목격자는 범죄 당시에 도망가는 차의 번호판을 기억하려고 애썼다고 말했다. 우리는 이러한 목격자의 통찰을 활용하기 위해 다음과 같은 질문을 했다.

> 당신이 도주 차량이 떠나는 것을 알았을 때, 당신의 차에 앉아 있는 당신 상태로 돌아가 보도록 해 보세요. 당신은 차량 번호판이 중요하기 때문에 번호판을 기억하려고 노력했다고 말했습니다. 당신은 번호판을 기억하기 위해 어떤 시도를 하였습니까?

4) 범죄는 대부분 어떠한 경고 없이 일어나며, 따라서 목격자는 많은 세부 사항을 기억하기 위한 의식적인 노력을 거의 하지 못한다. 대부분 그들은 본능적으로 자기-보존과 같은 주요 본능에 의해 반응한다. 기민하고 빨리 생각(quick-thinking)하는 목격자인 경우에는, 기억하는 데 목격자의 의식적인 시도와 같은 이점을 살리는 것이 중요하다.

이것은 중요한 지시로 판명되었다. 왜냐하면 목격자가 번호판을 쳐다볼 때 그 숫자가 자신의 예전 주소와 비슷하다는 것을 인식했기 때문이다. 목격자는 그러한 연상을 번호판의 숫자를 기억하는 데 사용했다. 목격자가 그 숫자를 외우려고 어떻게 시도했는지를 기억해 냈을 때, 목격자는 세 개의 숫자 중 두 개를 회상할 수 있었다. 이는 그 이전 면담에서는 번호판을 회상할 수 없었는데, 1년 이상이 지난 후에도 원래의 차량 번호판을 회상할 수 있었다는 점에서 실무적으로 가치가 있는 것이다.

초점화된 집중

앞 장에서 목격자가 범죄에 대한 일반적인 정보("은행강도가 있었어요.")와 매우 세부적인 정보("한 사람은 키가 작았고, 뾰족한 흉터가 왼쪽 뺨 아래쪽에 있었고, 오른쪽 눈에는 작은 사마귀가 있었어요.")를 저장한다는 것을 언급했다. 놀랄 것도 없이 세부적인 기억 코드는 수사에서 가장 가치 있는 정보를 포함한다. 이러한 세부적인 회상들은 항상 이미지 코드로 저장된다(개념 코드와 상반된 것으로서, 제7장을 참조하라). 그러므로 면담자는 최대한 많은 정보를 세부적인 이미지 코드로부터 이끌어 내야 한다.

면담자는 이때 약간의 저항에 부딪치게 된다. 비록 협조적인 목격자라 할지라도, 세부적인 기억 코드로부터 인출하는 일은 강한 집중을 요구한다. 이 때문에 종종 목격자는 기꺼이 그 작업을 수행하기 위한 인출 노력을 강하게 하는 대신, 보다 일반적인 수준에서 범죄를 묘사하는 것과 같은 더 간단한 과제에 의존할 수 있다. 이것은 아마도 정신적 노력을 덜 들이고서도 목격자의 과제를 해결할 수 있을 것이다. 그러나 피상적인 묘사는 수사에서 가치가 적다. 그러므로 면담자의 즉시적인 과제는 목격자로 하여금 필요한 집중을 하게 해서 최대한 가장 세부적인 수준에서 사건을 묘사하도록 동기화시키는 것이다.

많은 목격자들은 세부적인 사실을 찾기 위해 기억을 강하게 탐지하는 일이 얼마나 어려운지 알지 못한다. 면담자는 이러한 과제가 결코 쉽지 않고 상당한 집중이 요구된다는 것을 알려 주어야 한다. 다음의 언급을 살펴보자.

> 저는 범죄의 세부 사항을 기억하는 것이 매우 어려운 작업임을 잘 압니다. 모든 세부적인 정보는 당신의 마음에 저장되어 있기 때문에, 당신은 그것들을 회상하기 위해 매우 열심히 집중해야만 합니다. 당신은 모든 정보를 가지고 있고, 그렇기 때문에 저는 당신이 여기서 모든 작업을 해 주기를 기대합니다. 저는 이것이 어려운 일이라는 것을 이해합니다. 그러나 당신이 할 수 있는 한 가장 강하게 집중하도록 노력해 보세요.

초점화된 집중 유지하기

목격자가 필수적으로 요구되는 초점화된 집중을 시도하고 있을 때, 면담자는 목격자가 집중을 유지할 수 있도록 가능한 모든 방법을 통해 도움을 줄 필요가 있다. 불행히도 면담자는 일반적인 행동을 하거나 매우 적절하지 못한 시간에 또는 언어화가 취약한 질문들을 함으로써 가끔 부지중에 목격자의 집중을 방해한다.

대부분의 면담자는 면담을 수행할 때 자신을 관찰할 수 있는 기회를 갖지 못하고, 그래서 종종 목격자의 주의 집중을 분산시키는 자신의 매너리즘을 인식하지 못한다. 아마도 우리 모두는 스스로가 인식하지 못하는 다양한 신경질적인, 즉 다른 사람의 주의를 분산시킬 수 있는, 펜을 딸깍거리거나 손가락을 톡톡 두드리는 등의 버릇을 가지고 있다. 사람은 이런 행동들을 무의식적으로 반복하기 때문에 그것들은 자신의 주의를 분산시키지 않는다. 그러므로 그런 버릇들을 없애는 것이 어려워진다. 그러나 그런 버릇들이 목격자의 주의를 분산시키는 것은 확실하다. 따라서 이러한 버릇은 제거되어야만 한다. 이를 위해서는, 우선 면담자가 자신의 행동을 관찰해 볼 필요가 있다. 면담자는 동료 중 한 명에게 면담이 진행되는 동안 자신을 관찰해 달라고 요청할 수 있다. 또 다른 방법으로는, 면담하고 있는 자신을 비디오로 녹화하여[5] 그것을 객관적으로 면밀히 검토할 수 있다. 개인적인 기록에 따르면, 우리가 시행한 많은 면담을 주의 깊게 살펴보았는데, 우리가 지니고 있었던 주의를 분산시키는 많은 매너리즘에 항상 놀라게 된다. 면담자가 이러한 주의 분산의 원천을 인식하게 되면, 면담자는 자신의 행동에서 그런 버릇을 없애기 위해 추후 면담 시에 의식적으로 이런 매너리즘에 주의를 기울여만 한다.

라디오 면담자가 매우 간단하게 제거할 수 있는 주의 분산의

5) 비디오 녹화는 오디오 테이프로는 알아차릴 수 없는 일부 주의 분산 행동을 시각적으로 보여 주기 때문에 오디오 테이프보다 훨씬 도움이 된다. 그럼에도 불구하고, 오디오 테이프 녹음은 아무것도 하지 않는 것보다 확실히 더 낫다.

첫 번째 원인은 라디오의 소음이다. 우리가 검토한 거의 모든 면담에서, 면담자들은 면담 내내 라디오를 켜 놓고 있었다. 아마도 형사들은 일하는 동안 계속 라디오를 켜 놓기 때문에, 그들은 라디오가 소음임을 깨닫지 못할 것이다. 하지만 일반 시민은 일반적으로 경찰 방송을 듣지 않기 때문에 이러한 신호들에 의해 주의를 흩뜨리게 된다. 이러한 주의 분산의 원인을 가장 쉽게 제거할 수 있는 방법은 면담을 수행하기 전에 그저 라디오를 끄면 되는 것이다.

눈 접촉 놀랍게도 면담자가 목격자에게 직접적인 눈 접촉을 하는 것이 주의 분산의 두 번째 원인이 된다. 대부분의 사람은 직접적인 눈 접촉이 라포를 유지시키는 데 도움을 주기 때문에 바람직하다고 믿는다(제3장을 참조하라). 이것은 사실이다. 그러므로 처음으로 라포를 형성하고자 노력할 때인 면담의 초반부에는 특히 이것이 가치가 있다. 그러나 면담이 계속 진행될 때, 특히 목격자가 초점화된 집중이 요구되는 정신적 과제를 시도하고 있을 때, 직접적인 눈 접촉은 주의를 분산시킨다.[6)] 면담자는 무례하게 보이지 않도록 목격자의 눈을 똑바로 쳐다보지 말고 얼굴 아랫부분을 바라보아야 한다.

폐쇄형 질문 대 개방형 질문 많은 폐쇄형 질문은 목격자가 자

6) 우리는 다른 사람이 나와 눈을 맞출 때 그 사람에게 주의를 기울이도록 사회화되었고, 시선을 다른 곳으로 향함으로써 무례하게 보이는 것을 원하지 않는다. 그러므로 면담자가 목격자와 직접적으로 눈 접촉을 할 때, 면담자는 목격자가 사건에 대한 기억을 하기 위해 내적으로 초점을 맞추게 하지 않고 반대로 면담자에게 초점을 맞추도록 격려하게 된다.

신의 내부를 향해 기억의 원천에 집중하는 대신 면담자의 질문을 듣는 데 정신적 능력을 너무 많이 허비하도록 강요한다. 만약 그 대신, 면담자가 개방형 질문을 많이 하여 더 적게 질문을 한다면, 각 질문들은 더 완전한 응답을 이끌어 낼 수 있다. 명백히 질문을 더 적게 할수록 목격자의 집중을 혼란하게 할 가능성은 적어진다.

이와 관련된 핵심 사항이 있는데, 개방형 질문이 목격자가 기억을 보다 강하게 탐색하는 것을 격려하고, 그리하여 보다 더 정확한 수준의 지식을 활성화한다는 것이다(제7장을 참조하라)[7]. 결과적으로 개방형 질문은 폐쇄형 질문보다 세부적인 묘사를 더욱 잘 이끌어 낸다.

끼어들기 면담자가 만드는 훨씬 더 주요한 주의 분산의 원인으로는 목격자가 말을 하고 있는데 도중에 끼어드는 것이다. 끼어들기는 집중을 방해하는데, 목격자로 하여금 내면적으로 자신의 정신적 이미지 대신 외부적으로 면담자의 목소리에 주의를 기울이게 하기 때문이다. 또한 끼어들기는 목격자로 하여금 강하게 탐색하는 것을 막는다.[8]

7) 개방형 질문에 대답할 때, 목격자의 기억탐색은 목격자가 답변 속으로 더 깊게 빠져들수록 점점 더 강력해질 것이다. 초점화된 집중 시 밖으로 드러나는 표시(곰곰이 생각하는, 느린 말)는 목격자가 자신의 응답을 점진적으로 발전시켜 나갈 때 더 잘 발견된다. 그러므로 더 길고, 보다 정밀하고, 완전한 응답을 이끄는 질문(개방형 질문)은 보다 초점화된 집중을 유도한다.

8) 이 장의 각주 7에서 언급한 것처럼 목격자의 기억인출은 그가 이야기를 해 나갈수록 보다 초점화된다. 선행 응답은 그 후의 응답보다 초점화가 덜 된 기억을 반영한다. 그러므로 응답 중간에 끼어들면 초점화가 덜 된 첫 번째 부분의 응답만 남게 된다. 후반부 응답이 더욱 초점화되기 위해서는 목격자가 방해받지 않고 자신의 이야기를 완성할 수 있어야 한다.

우리의 분석에서, 그 어떤 것보다 목격자에게 끼어드는 오류가 효과적인 면담과 그렇지 못한 면담을 구별해 주는 것으로 나타났다 (Fisher, Geiselman, & Raymond, 1987). 유능한 면담자는 서투른 면담자보다 더 인내심이 있고, 훨씬 덜 방해한다. 효과적인 면담에서 끼어들기의 중요성만큼이나 이러한 규칙이 자주 위반되기 때문에, 면담자가 배워야 하는 한 가지 가장 중요한 기법으로는 목격자가 말을 하는 도중에 끼어들지 않는 것이다. 면담자는 목격자가 말을 다 마칠 때까지 기다려야 하고, 그가 말을 다 마친 후에 다음 질문을 해야만 한다 (Flanagan, 1981; Levie & Ballard, 1981; Prior & Silberstein, 1969; Rochester, N.Y.P.D., 1981; Wicks, 1974 참조).

만약 끼어들기가 뻔하고 명백한 오류라면, 왜 면담자는 그렇게 자주 끼어드는 것일까? 면담자를 자꾸 끼어들게 유혹하는 것은 목격자가 흥미로운 이야기를 하고 면담자는 바로 질문하기를 원하기 때문이다. 그러나 면담자가 목격자의 그러한 나중의 응답을 더 자세히 듣고 완전하고 정확하게 받아 적다 보면, 면담자는 자신의 질문을 잊게 될 것이다. 그런데 이와 같은 행위들은 정신적 자원의 한계에 부딪치게 되는데, 면담자는 어떻게 자신의 질문을 ① 마음속에 계속 기억하며, ② 듣는 중에, ③ 목격자의 대답을 받아 적을 수 있을까? 해결책은 오히려 간단하다. 그의 질문을 귀중한 자원인 기억 속에 저장해 두는 대신에, 면담자는 나중에 질문하는 것을 잊지 않고 생각나도록 하는 표시를 메모장에 기록할 수 있다. 이것은 질문을 유지시켜 주면서도 제한된 정신적 자원에 해를 끼치지 않는다.

목격자가 가해자의 차에 대한 묘사를 다 마치기 전에 화제를 운전자로 바꾼다고 가정해 보자. 유능한 형사는 당연히 차에 대해 많은 정보를 최대한 이끌어 내려고 한다. 면담자가 차에 대해 더 많은 정보를 얻으려고 이야기하고 있는 도중에 끼어드는 대신—그렇게 하면 아마도 운전자에 관한 가치 있는 정보를 잃게 되지만—면담자는 목격자에게 차에 대한 묘사를 완전히 해 달라고 요청하기 위해 나중에 생각할 수 있게 간단히 기록을 할 수 있다. 그리고 목격자가 이야기를 다 마쳤을 때, 면담자는 차에 대해 더 탐지할 수 있다. 면담자는 "당신은 지금 저에게 가해자의 차에 대해 묘사를 해 주었습니다. 또한 파란색 포드의 최신형 모델이라고 하였습니다. 그 외에 저에게 말해 줄 수 있는 다른 정보가 있습니까?"

이런 방식을 다음의 인용문에서 나타나는 것과 비교해 보라. 이 면담은 목격자가 자신의 차에 앉아 있다가 낯선 사람에게 공격을 당한 여성을 대상으로 한 것이다. 이 인용문은 면담자가 목격자에게 가해자를 묘사해 달라고 했을 때의 면담을 발췌한 것이다.

면담자: 할 수 있는 한, 당신이 그를 처음 보았을 때로 돌아가서, 처음 본 것을 생각해 보세요. 그 사람의 맨 위에서 시작해서 아래쪽으로 내려가면서 말입니다.

목격자: 맨 처음에 모자를 보았습니다.

면담자: 어떤 종류의 모자였습니까?

목격자: 야구모자 같았습니다.

면담자: 그러나 그것은 야구모자가 아니었습니다.

목격자: 맞아요. 그것은 야구모자와 비슷한 모자였습니다. 티셔츠를 보았어요.

면담자: 그 모자는 무슨 색이었습니까?

면담자의 마지막 질문, 즉 모자에 관해 어떻게 질문했는지를 주목하라. 면담자는 목격자의 티셔츠에 대한 생각의 연결을 방해했다. 그 결과, 마지막 질문 때문에 티셔츠에 대한 자발적인 정보를 거의 얻지 못했다. 분명히 면담자가 방해하지 않았다면 티셔츠에 관해 이끌어 낼 수 있었던 정보가 얼마나 많았을지 알지 못한다. 그러나 테이프 녹음을 통해 '모자'에 대한 질문이 목격자의 티셔츠에 대한 생각을 방해했다는 것이 분명했다. 면담자가 모자에 대해 나중에 탐지해야 한다는 것을 생각나게 하는 표시를 메모장에 간단하게 기록(모자?)해 두었다면, 그러한 탐지를 가장 잘할 수 있었을 때 티셔츠에 대한 더 많은 정보를 이끌어 낼 수 있었을 것이다.

면담자의 메모장에는 목격자가 제공한 정보와 나중에 할 질문을 생각나게 하는 표시들이 기록되어야 한다. 추가적인 정보를 탐지하기 위한 표시는 여백에 물음표를 해 놓는다. 면담자는 추가적인 질문들을 다 묻고 난 다음에는, 그 질문들을 다 물어보았다는 표시로 줄을 그어 놓아야 한다. 또한 아직도 탐지하지 않은 물음표를 해놓은 질문들이 있는지를 주기적으로 점검해야 한다.

면담자가 목격자에게 전에 얘기했던 화제로 다시 돌아가 질문할 때, 면담자는 목격자가 말했던 그대로를 반복하거나 또는 가장 비슷하게 질문을 해야 한다. 목격자의 말투, 특히 특이하게 강조한 핵심 단어나 어구는 그대로 복제해야만 한다. 일반적으로 면담자의 지시는 마치 녹음된 테이프를 재생하는 것처럼 목격자의 원래 말과 최대한 비슷해야 한다. 면담자의 질문이 목격자의 진술과 비슷할수록 목격자의 정신적 사고를 그가 생각을 중단했던 바로 그 상태로 회복하는 더욱 효과적인 실마리가 될 것이다.

다중 인출 시도

이 원리의 핵심은 기억인출이 탐색 과정이고, 다른 모든 탐색 과정과 마찬가지로 더 많이 탐색할수록 더 많은 것을 발견한다는 것이다. 만약 한 여성이 2분 사이에 자신의 집을 살펴본 후 잃어버린 물건들을 찾을 수 없다고 말했다면, 분명 당신은 그녀가 계속 찾아보도록 격려해야 한다. 이와 비슷한 맥락으로, 성공적인 면담자는 목격자가 더 철저하게 기억을 탐색할 것을 격려해야 하는데, 특히 그녀가 고작 몇 번의 시도만에 탐색 과정을 멈추는 경우에 그러하다. 그러나 오직 새로운 지역을 조사하는 경우에만 추가적인 탐색이 가치가 있다. 만약 목격자가 동일한 장소를 반복적으로 조사한다면, 그녀는 첫 번째 탐색 이후에 그 어떤 새로운 것도 찾아내지 못한다. 그러므로 목격자에게 철저히 탐색하도록 격려해야 할 뿐 아니라 새로운 장소를 탐색하도록 지시해야만 한다.

인출 시도의 횟수 증가시키기

사람은 너무 많은 노력을 요구한다고 느끼기 때문에 종종 탐색을 멈춘다. 그때는 앞서 제안되었던 동기화 절차를 사용한다(제3, 4장을 참조하라). 그러나 목격자는 자주 자신의 탐색을 성급하게 끝내 버린다. 이는 목격자가 동기화 되지 않아서가 아니라, 면담자가 동기화 되지 않았다고 믿기 때문이다. 이러한 믿음은 다음과 같은 면담자의 퉁명하고 서두르는 태도를 통해 전달된다.

- 보다 개인적인 소개 대신 사실적인 세부 사항을 요구하면서 면담을 시작하는 것
- 면담을 시작할 때 면담 시간이 짧게 걸릴 것이라는 조짐을 나타내는 것
- 시간을 기록하기 위해 끊임없이 시간을 체크하는 것
- 무전기를 켜 놓고 걸려오는 호출을 받기 위해 자주 중단하는 것
- 다른 사건들과 관련된 문제에 주목하는 것
- 앉아 있는 동안 안절부절못하는 것
- 면담 중에 앉아 있는 것보다 적절한 때에 서 있는 것(특히, 비상구 문에)
- 말을 빨리 하는 것
- 목격자가 응답을 멈추자마자 즉시 질문하는 것
- 목격자의 응답 중에 끼어드는 것

우리는 목격자의 인출 시도를 박탈하는 단지 몇 개의 통상적인 오류만을 언급했다. 신중한 면담자는 의심할 여지없이 다른 많은 행동들도 동일하게 해롭다고 생각할 것이다. 이러한 행동들은 긴급한 상황이거나 면담자가 면담을 빨리 마쳐야 하는 경우를 제외하고는 피해야 한다.

긍정적인 측면에서, 면담자는 목격자가 스스로 할 수 있는 기억탐색을 더 많이 하게 만드는 몇 가지 행동을 할 수 있다. 목격자는 전달할 더 많은 정보를 가지고 있는 경우라도, 이야기를 하는 도중에 자연스럽게 잠시 멈출 수 있다. 목격자는 자신의 생각을 가장 잘 나타낼 수 있는 단어나 구를 찾거나, 나머지 이야기를 조직화하고 있

거나, 더 많은 정보를 생성하기 위해 기억을 탐색하는 경우에 그러하다. 심지어 목격자는 면담자의 반응에 주목하기 위해 멈출 수도 있다. 면담자가 더 많은 정보를 기대하는가? 또는 내가 정말로 그가 알기를 원하는 것보다 더 말한 것은 아닌가? 만약 면담자가 이러한 시기에 적절하지 못한 질문을 한다면, 추가적인 정보의 이점을 감소시키게 된다. 아마도 나머지 응답을 만들어 내는 데 필요한 정신적 과정을 방해하거나, 또는 면담자가 목격자의 대답에 만족하고 있어 더 이상의 정보를 기대하지 않는다는 것을 미묘하게 전달하게 된다. 참을성 있는 면담자는 목격자가 잠시 멈추는 동안 조용히 있으며, 자신의 침묵이 그 어떤 질문보다도 더 많은 정보를 이끌어 낸다는 것을 알게 된다.

침묵은 더 많은 정보에 대한 기억을 탐색하는 데 효과적인 실마리가 된다. 그러나 단지 답이 묘사될 수 있을 때만 그러하다. 만약 목격자가 면담자의 질문에 완성된 답변을 제공하였다면, 침묵은 더 추가적인 기억탐색을 격려하지 못할 것이다. 만약 면담자가 "가해자의 키는 어느 정도였나요?"라고 물어서 목격자가 "5피트 8인치"라고 응답했다면, 침묵은 어떤 다른 새로운 정보도 생성하지 못한다. 왜냐하면 추가적인 대답을 할 수 있는 그 어떤 것도 없기 때문이다. 목격자는 단지 수동적으로 앉아서 면담자가 다음 질문을 해 주기를 기다린다. 침묵은 다음과 같이 요구했을 때 더 정밀한 답변을 이끌어 낸다. "가해자의 얼굴에 대해서 최대한 모든 것을 나에게 말해 주세요." 또는 어떤 다른 개방형 질문을 하면, 목격자가 그때까지 어떻게 반응했는지 상관없이, 항상 더 세부적인 사항들이 나올 수 있다. 침묵은 그 후에 개방형 질문을 할 때 정밀한 반응을 유도할 수 있는 가장 효과적인 도구다.

포괄적인 인출을 증진하는 또 다른 방법으로는 면담 초반에 회상해내지 못했던 사실에 대한 생각을 이어 가도록 목격자를 격려하는 것이다. 대부분의 사람은 자신의 기억 내용을 매우 정확하게 모니터할 수 있다. 비록 목격자가 지금 당장은 어떤 특정 사실에 대해 회상할 수 없다 하더라도, 나중에 사실을 얼마나 잘 생각할 수 있을 것인지는 말할 수 있다.[9] 고전적인 사례에서, 사람이 절박하게 회상해야 하는 상태에 있을 때는 바로 그 순간에는 회상할 수 없지만—말이 혀끝에서 뱅뱅 돌며 생각이 안 날 때—나중에는 정보를 훨씬 잘 회상할 것이다(Brown & McNeil, 1966). 그러므로 면담자는 목격자가 다른 사실들을 회상할 가능성에 대한 목격자의 직관에 민감해야 하고, 어떤 사실을 더 탐지해야 하는지를 결정할 때 이런 지식을 사용해야 한다. 만약 목격자가 어떤 특정 사실을 지금 당장에는 회상할 수 없지만 목격자가 그 정보를 알고 있다고 확신하면, 면담자는 면담 후반부 때 다시 그 사실로 돌아가야 한다.

비록 목격자가 자신의 지식에 대한 인식이 일반적으로 정확하다 하더라도, 자기가 기억해 낼 수 없다고 느끼는 몇 개의 생각들이 존재한다. 그러나 사실, 이것들은 의식 속으로 가져올 수 있다. 이렇게 인식이 부족한 것은 목격자가 정보를 부정확하게 탐색하였기 때문

9) 이것은 목격자가 만약 나중에 사진 나열(photoarray)에서 가해자의 얼굴을 재인할 수 있는지의 여부를 정확하게 예측하지 못한다는 초기의 주장과 모순되는 것처럼 보인다(제7장의 각주 2를 참조하라). 얼굴을 재인할 수 있는 능력은 언어적인 명칭을 회상하는 능력과는 약간은 다른 기억 법칙들(rules of memory)을 따르는 것 같다(Fisher & Quigley, 1991; Wells & Hrcyiw, 1984). 특히 나중의 검사 수행을 예측하는 측면에서 그러하다(Cutler, Fisher, & Chicvara, 1989).

에 발생한다. 예를 들어, 목격자가 여러 명의 가해자에게 공격을 당했다고 가정해 보자. 나중에 면담을 하면서 면담자는 목격자에게 가해자들의 어떤 이름이라도 말해 보라고 요구한다. 목격자는 가해자들끼리 대화를 하지 않았기 때문에 아무런 이름도 기억할 수 없다고 한다. 그럼에도 불구하고, 목격자는 가해자들 중 한 사람의 이름을 알 수도 있는데, 이는 목격자가 가해자 중 한 사람의 팔찌에 새겨진 이름에 주목했기 때문이다. 목격자는 그 질문에 대한 답을 자신의 소리 기억에서 찾을 수 있을 것이라고 생각해서 시각 기억을 검토하지 않았다.[10] 이러한 문제들과 관련된 하나의 해결책은 목격자에게 다양한 인출 통로를 이용하도록 격려하는 것이다.

다양한 인출

목격자들은 일반적으로 사건이 일어난 순서대로 묘사한다. 그들은 처음에는 몇 개의 행동을 묘사하고, 이야기 중간까지는 연대순으로(chronologically) 이야기를 진행해 가며, 최종적으로 마지막 몇 개의 행동을 묘사한다. 다양한 인출을 격려하는 하나의 기술은 목격자가 연대순으로 말한 것을 역순(backward order)으로 다시 묘사하라고 하는 것이다. 목격자는 사건의 마지막부터 시작하거나, 또는 이야기 중간의 어떤 눈에 띄는 사건부터, 그래서 그 사건 직전에는

10) 사건의 세부 사항은 다양한 서로 다른 기억 코드로 표상화된다. 만약 목격자가 잘못된 기억 코드를 점검한다면, 목격자는 세부 사항을 회상할 수 없다고 오해하게 된다(제9장의 '상세성의 원리'를 참조하라).

무슨 일이 일어났는지, 또 그 직전에 일어난 일, 그 직전에는 또 어떤 일이 일어났는지 묘사하는 것이다. 많은 새로운 세부적 사항들, 특히 행동들은 순차적(forward order)으로 했을 때 회상되지 않았던 것들이 역순으로 회상할 때는 기억된다(Burns, 1981; Geiselman, Fisher, MacKinnon, & Holland, 1986).

범죄의 주변적인 행동(예, 은행강도를 저지르면서 담배를 피움)은 순차적일 때보다는 역순으로 회상했을 때 더 잘 기억되는 것으로 나타났다. 주변적인 행동은 중심적인 행동(예, 돈을 가방에 넣음)보다 어떤 범죄가 다른 범죄와 연계되는 기초를 더 잘 제공해 주기 때문에 더욱 중요하다.

상당수의 면담자나 검사는 역순으로 회상하는 것이 용의자를 신문할 때 효과적이라는 것을 언급하였다. 예상치 못한 형식으로 회상할 때, 용의자들은 미리 준비해 두었던 진술과는 모순된 진술을 할 가능성이 많다.[11)]

다양한 인출의 두 번째 기법은 사람이 사건을 보고할 때 자신의 입장에서 자기중심적으로 보고하는 경향성에서 도출된다는 것이

11) 연속적인 사건이 같은 순서로 되풀이되어 언급될 때, 기억 내용들은 그들이 되풀이한 말들의 유형과 연합하게 된다(Belmont & Butterfield, 1971). 정보를 다른 순서로 요청하는 것은 되풀이하여 말하는 유형을 파괴하고, 그리하여 다른 내용으로 접근하게 한다(Geiselman & Callot, 1990). 이러한 전략은 모든 되풀이되지 않은 형태로 정보를 요청하는 경우에 일반화될 수 있다. 우리는 이와 같은 주장을 지지할 수 있는 그 어떤 견고한 자료도 모르고 있지만, 적어도 이론적으로 이러한 절차는 목격자가 되풀이한 증언을 반대하는 저항의 수단으로써 교차-검토(cross-examination)를 할 때 효과가 있다. 물론, 목격자가 자신의 증언을 어떻게 되풀이했는지에 대한 통찰이 필요할 것이다. 우리는 이것을 실무 변호사들의 문제로 남겨 둔다.

다.[12] 그들은 어떤 일이 일어났는지 묘사할 때, 자신이 그 당시에 어디에 있었는지 혹은 사건이 자신에게 어떤 영향을 주었는지의 입장에서 묘사한다. 또 다른 인출 통로를 개발하기 위해 면담자는 목격자에게 사건을 다른 사람의 관점에서 묘사해 달라고 요청할 수 있다. 예를 들어, 강도사건이 발생할 당시에 목격자가 편의점 손님이었다고 가정해 보자. 강도에 대해 묘사해 달라고 요청했을 때, 목격자는 통로에서 걸으면서 지나쳤을 때의 강도에 대한 자신의 이미지에 의존할 것이다. 만약 강도가 목격자에게 말을 하지 않았다면, 강도의 목소리를 묘사할 수 없을 것이다. 그러나 목격자는 강도가 점원에게 돈을 요구할 때 강도의 목소리를 들었을 수 있다. 목격자는 점원의 관점이 되어 강도에 대해 묘사해 주기를 요청받았을 때, 강도가 말했던 것과 그의 독특한 언어 특성, 예를 들어 약한 혀 짧은 소리를 기억해 낼 수 있다. 이 기법을 사용할 때는 조심해야 한다. 왜냐하면 목격자가 다른 사람의 관점을 채택하라는 지시 사항을 대답을 작화하라는 것으로 잘못 이해할 수 있기 때문이다. 이러한 경향성에 저항하기 위해 면담자는 목격자에게 오직 실제로 목격한 사건에 대해서만 보고하라는 것을 상기시켜야만 한다. 또한 아동은 타인의 관점을 채택하기 힘들기 때문에 이러한 기법은 오직 성인을 대상으로 했을 때만 효과적이다(Flavell, 1986; Geiselman & Padilla, 1988).

이러한 다양한 인출 탐지 기법들(관점 바꾸기와 순서 바꾸기)은 많

12) 이 법칙에 대한 주목할 만한 역사적인 예시는 워터게이트 공판 시 했던 John Dean의 증언이다. 많은 사람은 Dean이 최초로 했던 너무나 세부적인 보고를 그의 탁월한 기억력 때문이라고 해석했다. 나중에 분석을 하였을 때, 그의 증언은 매우 자기중심적인 것이었고, 워터게이트 사건에서 그의 역할의 중요성이 과장된 것으로 밝혀졌다(Neisser, 1981).

은 행동과 사람들이 개입된 복잡한 사건에서 가장 도움이 될 수 있다. 단순한 사건에서는 새로운 정보가 덜 산출된다.

마지막으로, 인출은 서로 다른 감각 정보 형태를 탐지함으로써 다양해진다. 대부분의 사람은 청각적 속성보다는 장면에 대한 시각적인 특성을 묘사하는 것을 더 선호하는 것처럼 보이며, 촉각이나 냄새 그리고 맛 등에 대한 지식을 덜 사용한다(Rock & Harris, 1967 참조). 비록 목격자가 사건을 묘사하는 데 이러한 감각정보를 자발적으로 자주는 사용하지 않는다 하더라도, 만약 면담자가 목격자의 주의를 이와 같은 감각들로 향하게 하면 가치 있는 정보를 밝혀낼 수 있다. 단지 시각적 기법만을 사용할 때, 목격자는 가해자의 피부의 감촉에 대해 묘사하지 못할 수 있다. 그러나 만약 면담자가 가해자가 목격자의 손을 움켜잡았을 때를 생각하면서 그때의 감촉을 사용하라고 격려한다면, 목격자는 가해자의 손이 매우 거칠고 팔에는 털이 많았다는 사실을 깨달을 수 있다. 면담자는 범죄에 대한 목격자의 설명에 기초하여, 정보를 탐지하는 데 가장 효과적인 감각 형태를 결정해야만 한다. 만약 가해자가 다른 사람 또는 자신에게 말을 했다는 것을 언급하면, 면담자는 목격자에게 그의 목소리에 대해 생각해 볼 것을 확실하게 요청해야만 한다. 만약 목격자가 가해자와 신체적인 접촉을 가졌다면, 면담자는 촉감을 탐지해야만 한다.

사건의 세부 사항들은 이미지 코드와 개념 코드로 저장되기 때문에(제7장을 참조하라), 면담자는 두 차원의 코드를 완전히 탐지해야 한다. 가해자가 어떤 보석류를 걸치고 있었는지 여부를 회상하지 못하는 목격자가 가해자의 목에 대한 정신적인 이미지를 집중하게 되면, 그가 목걸이를 하고 있었다는 것을 기억할 수도 있다. 역으로,

목격자가 가해자의 목에 대한 정신적인 이미지를 묘사할 때는 목걸이를 기억하지 못하는데, 가해자의 일반적인 옷차림 스타일(예, 수수함, 화려함, 단정함, 단정치 못함)을 묘사하라고 요청받았을 때는 가해자가 목걸이를 하고 있었다는 것을 기억할 수 있다.

특수한 정보 회상하기

앞서 언급한 기법들이 일반적인 회상을 증진시키는 것과 직접적으로 관련되었다면, 이 마지막 절에서는 정보의 특수한 조각들에 대한 회상을 강화시키는 데 초점을 둔 기법을 기술하고자 한다. 전형적으로, 이것들은 사람의 특성들(예, 이름, 얼굴, 목소리, 옷, 전반적인 외모)이나 사물의 특성들(예, 차량, 연속적인 숫자, 무기)이다. 열거된 특성들이 다양하게 보이지만, 실제로는 모든 특수한 기억-강화 절차들은 두 개의 배경 원리에서 도출된다. 첫째는 사건에 대한 지식은 속성의 집합들로 표상화된다. 둘째는 사건의 다양한 속성은 연합되고, 따라서 한 속성을 활성화시키면 다른 관련된 속성을 자극하게 된다.

목격자가 가해자의 이름을 회상할 수는 없지만, 이름과 관련된 특수한 속성들을, 예를 들어 이름이 길었는지 짧았는지를 회상할 수도 있다. 이러한 속성들이 다른 속성들과 관계될 수 있기 때문에, 하나의 속성을 회상하면 그것이 다른 속성들에 접근하는 통로를 제공할 수 있으며, 그리고 속성들의 조합은 원래는 회상 불가능한 이름을 궁극적으로 이끌어 낼 수도 있다. 모든 특수한 기억-강화기법의 저변에 작동하는 원리들은 목격자가 개념의 부분적인 속성에 대해 생각하도록 격려하는 것이다.

모든 사건은 거의 무한하게 긴 목록으로 묘사될 수 있다. 예를 들어, 만약 목격자가 도주 차량의 번호판을 힐끗 보았다면, 다음에 주목했을 수 있다.

① 주로 숫자로 연속됨
② 글자들은 자음들이었으며,
③ 두 개의 숫자들이 연속된 상태로 두 번 있었으며,
④ 처음 숫자는 원형의 모습이었다.
⑤ 숫자들은 목격자 아버지의 전화번호와 비슷했으며,
⑥ 목격자는 마지막 세 개의 숫자들을 기억하려고 노력했으며,
⑦ 두 번째 숫자의 이름은 두 음절이었으며,
⑧ 숫자나 글자와 같은 특징들은 검은색 배경에 오렌지색 잉크로 인쇄되었으며,

이러한 특징들은 세 개의 범주로 나뉜다. 첫째, 사건의 맥락과 연관되지 않고 기억되는 사물들의 속성들(4는 짝수다.)이며, 둘째 사물의 특징들은 특정한 맥락에서 나타나며(숫자들이 오렌지색 잉크로 인쇄되었다.), 셋째 사건에 대한 주관적인 의미를 지닌 해석들이다(마지막 세 개의 숫자는 목격자 아버지의 전화번호를 상기시켰다.). 우리는 이 세 가지 유형의 특징을 ① 사건과 관계없는, ② 맥락적인, 그리고 ③ 주관적인 것으로 언급할 것이다. 기억을 촉진시키기 위한 면담 절차들은 목격자가 기억해야 하는 사물들을 이와 같은 세 가지 종류

의 특징들에 맞추어 생각하도록 격려하는 것이다.

그러한 절차는 기억해야 하는 모든 유형의 정보에 대해 동일하므로, 우리는 오직 두 개의 특정한 유형, 이름 그리고 숫자-글자로 된 연속물만 검토할 것이다. 이러한 제안은 모든 것을 망라한다는 의도는 아니며, 따라서 독자는 특수한 수사적인 필요에 따라 확장하거나 수정해야만 한다.

이름을 회상하는 것을 촉진하기 위해 면담자는 목격자로 하여금 다음과 같은 사건과 관계없는 속성에 대해 생각하도록 요구해야만 한다.

- **빈도:** 그것이 통상적인의 이름이었나요? 또는 이상한 이름이었나요?
- **인종/국적:** 그 이름은 어떤 인종 또는 국가 집단의 특징이 있었나요?
- **길이:** 그것은 짧은 이름이었나요? 또는 긴 이름이었나요? 얼마나 많은 음절을 가지고 있었나요?
- **음절 강세:** 어떤 음절에 강세가 있었나요?
- **시작하는 글자:** 알파벳 a부터 z까지 쭉 생각하면서 이름의 첫 글자를 생각해 보세요.

이름의 맥락적인 속성들은 다음의 사항을 포함한다.

- **화자의 목소리:** 그가 이름을 말했을 때 그의 목소리에 대해 생각해 보세요.

- **시각적 패턴:** 그 이름을 썼을 때 필적에 대해 생각해 보세요.
- **공간적 맥락:** 그 이름이 페이지의 어디에 써 있었는지, 또는 당시 화자가 어디에 서 있었는지 생각해 보세요.
- **다른 이름과의 관련성:** 어떤 다른 이름들을 말하지는 않았나요?

이름의 주관적인 속성들은 다음의 사항들을 포함한다.

- **다른 사람과의 유사성:** 당신이 아는 어떤 다른 사람을 떠올리게 하지는 않았나요?
- **소속:** 그 이름이 당신으로 하여금 어떤 직업이나 집단(정치적인 집단, 게임 등)을 떠올리게 하지는 않았나요?
- **호감:** 그 이름이 유쾌하게 들렸나요? 아니면 불쾌했나요?

숫자-글자 연속물(번호판, 전화번호, 주소 등)을 회상하는 것을 촉진하기 위해서, 목격자에게 다음의 사건과 관계없는 속성에 대해 생각하도록 요청해야 한다.

- **길이:** 연속물에 얼마나 많은 숫자나 문자와 같은 특성들이 있었나요? 그것은 길었나요? 또는 짧았나요?
- **순서:** 숫자들이 커져 가는 순서였나요? 아니면 작아지는 순서였나요? 글자들은 알파벳 순서였나요?
- **혼합:** 오직 숫자들로만 연속되었나요? 또는 글자들로만? 아니면 그것들이 뒤섞여 있었나요?
- **반복:** 어떤 특성들은 반복되지 않았나요? (예, 6699)

- 홀수/짝수: 그 숫자들은 주로 홀수였나요? 또는 짝수였나요?
- 크기: 그 숫자들은 큰 수였나요? 또는 작은 수였나요?
- 글자 유형: 글자들은 주로 모음이었나요? 또는 자음이었나요?
- 발음: 글자들의 묶음은 발음이 가능했나요(예, BAP)? 또는 아니었나요(예, BPA)?
- 의미성: 글자 묶음이 한 단어를 형성했나요? 또는 한 단어의 일부를 형성했나요(예, PRE)?

숫자-글자 연속물의 맥락적인 속성은 다음의 사항을 포함한다.

- 제시 방식: 만약 그 숫자들이 말로 표현되었다면, 화자의 목소리를 생각해 보세요. 그것이 글로 쓰였다면, 그 필적에 대해 생각해 보세요.
- 감각 형식: 만약 숫자들이 글로 쓰였다면, 그것들이 직선이었는지 곡선이었는지 생각해 보세요. 만약 말로 표현된 것이라면, 그것들의 음절 수가 하나였는지 혹은 두 개였는지 생각해 보세요.
- 위치: 그것들이 페이지의 어디에 위치해 있었나요? 화자가 그 당시에 서 있던 곳은 어디였나요?

숫자-글자 연속물의 주관적인 속성은 다음의 사항을 포함한다.

- 친숙성: 연속물이, 또는 그것들의 일부분이, 당신이 아는 다른 어떤 것과 비슷하지는 않았나요(예, 당신의 전화번호 혹은 주소)?
- 기억하기 어려움[13]: 그 연속물이 기억하기에 쉬워 보였나요? 또

는 어려워 보였나요?

많은 수사 중, 그것이 민사 혹은 형사이건 간에 중대한 사건에서 한 가지 중요한 속성은 사건이 언제 발생하였느냐는 것이다. 불행히도 사건 발생의 시기를 아는 것은 상당히 어려운 과제다. 만약 목격자가 사건이 발생한 시기를 정확하게 기억하기 위해 의식적인 노력을 하지 않는다면, 목격자의 회상에는 오류가 생긴다. 전형적인 시간-날짜 기억에서의 실수는 그 사건이 실제로 일어났던 시기보다 더 최근에 일어났다고 주장하는 것이다. 사건 시기를 알아내는 능력을 개선하는 한 가지 효과적인 방법은 그들에게 중요한 경계(landmark)를 제시하고, 사건이 그 경계의 이전에 또는 이후에 발생하였느냐고 묻는 것이다(Loftus & Marburger, 1983). 따라서 면담자는 다음과 같이 물을 수 있다. "그 사건이 당신의 생일 이전에 일어났나요 또는 이후에 일어났나요?" 대부분의 중요한 사건은 효과적인 경계의 역할을 한다.

13) 만약 목격자가 사건에 대해 나중에 기억하려고 시도하면, 정보는 다른 형식으로 재부호화되었을 수도 있다. 전형적으로, 성인은 정보를 자신에게 반복함으로써 자신의 기억 속에서 정보를 유지하려고 노력한다(Atkinson & Shiffrin, 1968). 심지어 최초에는 사건을 보았을 경우에도—따라서 원래적으로 시각적인 코드로 표상화되었고—그것은 반복하는 과정에서 청각적인 또는 발성적인(articulatory) 형식으로 재부호화된다(Wickelgren, 1969). 면담자가 원래의(시각적인) 코드 혹은 재부호화 된(청각적) 코드 중 어떤 것을 탐색할지 알기 위해서, 그는 ① 먼저 목격자가 사건이 일어난 뒤에 그것을 기억하려고 의도적으로 노력했는지, ② 만약 그렇다면, 목격자가 어떤 형식(코드)으로 기억을 유지하려고 노력했는지를 결정해야만 한다. 목격자가 나중에 기억하기 위해 의도적으로 사건을 학습하고자 노력한 사례와 유사하게(이 장의 각주 4 참조), 면담자는 기억을 성공적으로 탐색하기 위해 목격자가 사용한 정신적 작용을 결정해야만 한다.

사건 시기를 알아내는 것을 개선하는 두 번째 방법은 맥락을 사건이 일어났을 때와 같게 하는 것이다. 사건이 먼 과거에 일어났다면 면담자는 목격자에게 당시 살았던 집이나 도시를 기억하도록 요청한다. 보다 최근의 사건이라면 더 분명한 구별을 요청하는데, 면담자는 목격자에게 사건이 일어난 당시에 보고 있던 텔레비전 쇼가 무엇이었는지 생각하도록 요청할 수 있다. 물론 텔레비전 쇼가 방영되었던 시점을 확인하는 것이 가능하다는 가정이 있어야 한다.

요 약

1. 목격자들의 회상은 면담 때 사건 당시의 맥락(심리적 · 생리적 · 환경적)을 회복함으로써 향상될 수 있다. 맥락은 목격자에게 맥락의 각 측면에 대해 특수한 질문을 함으로써, 맥락에 대해 생각하도록 지시를 함으로써, 또는 일반적이고 유도적이지 않은 단서, 예를 들면 장소를 찍은 사진을 제시함으로써 회복할 수 있다.
2. 만약 목격자가 사건에 대해 기억하려고 의도적으로 노력했다면, 목격자가 사건을 기억하기 위해 사용했던 정신적 과정에 대해 생각하도록 격려해야 한다.
3. 세부적인 기억은 강력한 집중을 요한다. 이것은 목격자에게 무거운 짐이 되기 때문에 면담자는 목격자가 필요한 정신적 노력을 하도록 동기화시켜야 한다.
4. 면담자는 목격자가 강력한 집중 상태에 있을 때 목격자의 주의를 분산시키는(면담자의 외현적 행동을 통해, 많은 폐쇄형 질문을 함으로써, 또는 목격자의 응답에 끼어듦으로써) 것을 피하려고 노력해야 한다. 스스로에게 상기시켜 주는 메모장을 만드는 것은 면담자의 끼어드려는 욕구를 극복하는 데 도움을 줄 수 있다.

5. 면담자는 목격자가 서로 다른 많은 인출 통로를 통해 기억을 탐지하는 것을 격려해야 한다. 목격자는 다른 감각적 형태들(예, 시각적 · 청각적)을 사용함으로써, 보고 순서(순차적으로 그리고 역순으로)를 변화함으로써, 또는 관점을 변화(다른 사람의 시각을 채택)함으로써 사건을 묘사한다.
6. 특수한 정보(이름, 숫자-글자 연속물 등)에 대한 회상은 목격자로 하여금 부분적인 특징에 대해 생각하도록 격려함으로써 향상될 수 있다. 연속된 숫자를 회상하기 위해, 목격자는 숫자의 크기, 숫자의 어느 곳이 직선으로 또는 곡선으로 구성되었는지, 또는 숫자가 페이지의 어느 곳에 위치하고 있는지에 대해 생각할 수 있다.
7. 사건의 시간-날짜에 대한 기억은 사건을 목격자의 인생에서 중요한 사건과 비교함으로써 또는 사건이 발생했던 당시의 맥락을 재구성함으로써 향상될 수 있다.

09

목격자에게 적합한 질문

목격자 개인의 전문성

목격자 개인의 이미지

이 장의 가장 기본이 되는 논리는 직관적으로 분명하지만 종종 무시되는, 목격자가 사건에 대해 면담자보다 더 많이 알고 있다는 원리다. 그러므로 효과적인 면담은 면담자의 수사적인 욕구가 아닌, 주로 목격자의 사건에 대한 지식을 지향하여야 한다.[1] 당연히 면담자의 수사적 욕구는 충족되어야 한다. 그러나 이를 이루기 위해서는 면담자가 목격자와 가장 조화되는 형태로 면담자의 욕구를 충족해야 한다. 경험이 많은 면담자들의 전통적인 접근법은 주로 자신의 수사적 욕구에 지향되어 있는데, 더욱 목격자 지향적이 되도록 자신의 사고방식을 철저히 살펴보아야만 한다. 비록 처음에는 불편하겠지만, 긴 안목으로 볼 때, 이와 같은 재지향(reorientation)은 보다 효과적인 면담을 산출할 것이다.

목격자 지향 면담을 하기 위해서, 면담자는 ① 각 목격자는 서로 다른 영역의 전문성을 가지고 있고, ② 각 목격자는 범죄에 대해 다소 다른 이미지를 가지고 있다는 것을 기억해 두어야만 한다. 따라서 면담은 각 목격자의 전문 지식과 사건에 대한 그들의 이미지에 적합해야만 한다.

1) 경영에서 이와 유사한 개념은 고객 중심 마케팅 원리로, 판매자의 제품을 소비자에게 강요하려는 것보다는 오히려 소비자의 욕구에 맞추는 마케팅 전략이다(Conner & Davidson, 1985).

목격자 개인의 전문성

사람들은 저마다 타고난 능력 또는 특별한 삶의 경험 때문에 각기 서로 다른 지각적인 기술을 가지고 있다. 어떤 사람은 색을 더 잘 식별할 수 있는 반면, 다른 사람은 공간 지각을 더 잘한다. 마찬가지로 어떤 사람은 옷의 품목을 잘 알아차리는 반면, 어떤 사람은 체격을 관찰한다. 예를 들어, 실내 장식가는 가구 배치에 관한 변별력이 있는 정보를 제공할 수 있고, 신체적 운동에 흥미를 지닌 사람은 가해자의 체격에 보다 훌륭한 묘사를 해 줄 수 있다. 이러한 개개인의 차이를 최대로 이용하기 위해서, 면담자는 목격자 스스로가 가장 잘 알 수 있는 차원을 자세하게 말하도록 격려해 주어야 한다. 목격자의 독특한 기술에 적합하지 않고 모든 사람에게 동일한 일련의 질문들로 제한하면, 면담은 각 개인의 특수성의 이점을 살리지 못할 수밖에 없다.

개개인의 차이의 이점을 살리기 위해서, 면담자는 각 목격자의 지각적인 힘을 식별해야 하고, 면담을 그 방향으로 진행해야 한다. 면담자는 목격자의 지각적인 기술을 어떻게 결정할 수 있을까? 그가 면담 전에 목격자에게 정식의 성격검사를 전혀 할 수 없기 때문에, 목격자에 대한 지식은 면담 중에 나타나는 개인적 배경 정보를 신중하게 듣고 목격자가 말하는 양상으로부터 모든 미묘한 점을 추론할 수 있다.

남성과 여성 간에는 고정관념의 차이가 있다는 것이 제안되어 왔다. 남성은 차와 기계에 흥미가 있고, 여성은 의류에 흥미가 있다고 가정한다. 그러한 고정관념은 특히 요즘처럼 남녀의 흥미가 중첩되는 시대에는 도움이 되기보다는 유해하다. 면담자는 이와 같이 사전에 확립된 고정관념에 의존하기보다는 목격자가 면담 중에 자신에 대해 적극적으로 드러내는 것들을 경청해야 한다.

목격자의 기술에 대한 좋은 정보의 두 가지 출처는 그들의 직업과 취미다. 목격자는 어떤 분야에서 특별한 기술이 있기 때문에 그 직업을 갖게 되었을 것이다. 이와는 반대로, 그들은 직업 경험에 따라 특별한 기술을 습득하게 된다. 따라서 자동차 정비사는 보통 사람보다 차에 대해 많은 것을 알 것으로 기대된다. 마찬가지로, 목격자가 총을 수집한다고 무심코 말한다면 그는 무기에 관해 보통 이상의 좋은 정보를 제공할 수 있다. 목격자의 직업, 취미 및 흥미에 관한 정보는 면담 초기에 라포를 형성할 때 목격자와 일반적인 대화를 하는 과정에서 수집할 수 있다. 면담자는 목격자가 말을 할 때 그의 단어 선택을 주의 깊게 경청해야만 한다. 물건을 묘사할 때 어떤 치수를 사용하는지, 또한 색, 사이즈, 소리, 기계적 속성에 집중하는지 살펴볼 수 있다. 일반적으로 사물을 특정 차원에 따라 특별히 구별하는 사람은 그 차원에 맞추어 과도한 분석을 한다. 예를 들어, 화가는 보통 사람보다 사물의 색깔을 알아채는 데 민감한 반면에, 치과의사는 사람의 치아와 얼굴의 구조를 잘 알아챈다.

면담자는 사람의 흥미에 대해 추가적인 통찰을 주는 비언어적인 메시지에도 주의를 기울여야 한다. 몸단장을 특히 잘하는 사람은 다른 사람의 몸단장 습관에 더 잘 주목한다. 마찬가지로 장신구를 과도하게 걸치는 사람은 다른 사람의 보석류들을 더 잘 관찰한다. 이러한 개인의 특이성은 목격자의 독특한 기술에 대해 어떠한 통찰을 제공해 주기 때문에 나중에 사용할 수 있도록 메모해 놓아야 한다.

일단 목격자의 능력이 결정되면, 목격자가 그러한 용어로 범죄를 묘사할 수 있는 기회를 갖게 해야 한다. 이것은 목격자에게 사건을 그 차원에서 묘사해 달라고 분명하게 요청하거나(미용사에게는 가해자의 머리 모양에 초점을 맞추라고 요청한다.), 비지시적인 질문을 하고 목격자 자신의 방법으로 이야기하도록 격려함으로써 달성될 수 있다("가해자에 대해 최대한 당신의 언어로 얘기해 주세요"). 앞서 논의했던 개방형 질문과 비슷한 비지시적인 질문은, 목격자가 자신의 용어로 사건을 묘사할 수 있게끔 하고, 익숙하지 않은 언어를 사용하게끔 구속하지 않는다. 모든 사람에게 동일한 형태로 답하게 하는 것은 피해야 할 전략이다. 이러한 균일성은 과학적인 조사에서는 바람직할지 모르지만 수사면담에서는 부적합하다.[2)]

목격자 개인의 이미지

사람은 일반적으로 지각적인 능력이 다를 뿐만 아니라, 특정 사건에 대한 정신적 이미지에서도 다르다. 만약 동일한 지각 능력을 가진 두 명의 목격자가 그 당시 자신들이 있었던 장소, 생각 또는 감정

2) 전통적으로 과학적인 조사는 질문 구성을 표준화시켜 관찰된 반응의 어떤 차이가 응답자들 간의 차이를 반영하도록 한다. 각각의 응답자에게 맞추어 질문을 하기보다는 동일한 질문 형태를 유지함으로써 조사 도구가 표준화의 목적을 악화시키는 다른 응답자의 지식보다는 일부 응답자의 지식에 더 적합할 것이라고 확신한다. 조사과학자는 일부 피상적인 동질성(질문 형태)이 더 큰 심리적인 동질성을 가져오기를 원한다.

들이 다르다면, 범죄에 대해서도 서로 다른 이미지를 갖게 된다. 점원은 직접 강도를 보았을지 모르지만, 구경꾼은 강도가 상점에서 나와 도망갈 때 강도의 오른쪽 얼굴만 보았을지도 모른다. 두 목격자들은 강도에 대해 서로 약간씩 다른 이미지를 가지고 있다. 그리고 각각은 다른 사람이 이용할 수 없는 약간의 정보를 제공할 수 있다. 최대의 정보를 이끌어 내기 위해서 면담은 각 목격자들의 독특한 정신적 이미지에 입력되도록 계획되어야 하며 조정되어야 한다.

이러한 규칙을 위반하는 것으로, 대부분의 경찰면담은 매우 정형화되어 있다(George, 1991). 경찰들은 자주 모든 목격자에게 동일한 일련의 질문들을 한다(Fisher, Geiselman, & Raymond, 1987). 우리가 검토한 사례들의 절반 이상에서 면담자는 가해자의 나이, 키 그리고 몸무게(또는 체격)에 대해 연이어 질문하였다.[3] 왜 '나이-키-몸무게'의 순서를 그렇게 자주 하는지 질문했을 때, 많은 형사가 자신이 기록해야 하는 범죄 보고서와 일치되기 때문이라고 답했다. 실제로 일부 형사들은 범죄 보고 일람표(crime-report checklist)를 사용하여 이에 맞추어 질문하는 것으로 나타났다. 면담의 각본이 표준화되어 그들이 범죄에 대한 목격자의 독특한 이미지보다 관료적인 형식과 매우 비슷하므로, 많은 정보가 밝혀지지 않은 채로 남아 있는 것은 놀랄 일이 아니다. 이 오류를 고치는 첫 단계는 면담자가 자

3) 최근 행해진 훈련 세미나에서, 경찰 참가자 중 1명이 자원해서 전형적인 면담을 실제로 보여 주었다. 놀랄 것도 없지만, 그는 '목격자'에게 '나이-키-몸무게' 순서로 3개의 질문을 했다. 이와 같은 일은 우리가 교육을 시작하면서 면담 시 표준화된 순서를 사용하는 전형적인 실수에 대해 언급한 지 채 10분도 되지 않아 일어났다. 다음의 훈련 세미나에서 이번에는 30년 이상 목격자 면담을 수행한 경험 많은 주 변호사가 자원을 해서 면담을 실연했는데, 그도 정확히 '나이-키-몸무게' 순서로 질문했다.

신을 주요 정보원인 목격자에게 재지향(reorient)시키는 것이다.

우리는 수사적으로나 법적으로 관련이 있기 때문에 범죄 보고 검사지에 있는 모든 사항을 조사하는 것이 중요하다고 인식하고 있다. 우리는 이 질문들을 생략하라는 것이 아니라 범죄에 대한 목격자의 지식에 적합한 순서로 질문하기를 주장한다. 형사들은 자신이 질문해야 하는 것들을 잊지 않도록 상기시켜 주는 검사지의 사본을 계속 활용하고 싶을지도 모른다. 일람표는 오로지 완전성을 보증하기 위해 상기시켜 주는 역할만 해야 한다. 그것은 일부 면담자들(Flanagan, 1981; Stone & DeLuca, 1950)과 의사들의 지침서(Prior & Silberstein, 1969)에서 암시하는 것과 같은 면담의 순서를 안내해서는 안 된다.

목격자 지향 접근법을 채택하는 면담자는 자신이 현재 직면한 효과적인 면담을 방해하는 많은 장애물을 극복할 수 있다는 것을 기대할 수 있다. 그러나 새로운 문제가 존재한다. 면담자는 범죄에 대한 개개인의 이미지를 어떻게 결정할 수 있을까? 이러한 이미지들을 어떻게 해야 가장 효과적으로 탐지할 수 있을까?

목격자의 정신적 이미지 결정하기

범죄에 대한 목격자의 지식에 적합한 면담을 하기 위해서 첫 번째로 필요한 것은 목격자의 정신적 이미지가 무엇인지 결정하는 것이다. 가장 단순한 방법은, 특히 가해자에 대해 목격자가 범죄에 대해 어떤 정신적 이미지를 가지고 있는지 직접적으로 묻는 것이다. 면담자는 "강도를 보았던 다른 시각(view)이 있습니까?" "당신이 강도를 보았던 가장 좋은 시각은 어떤 것이었나요?" 또는 "당신이 강도를 바라보기 가장 좋은 시각이었을 때, 강도는 어디에 서(또는 앉아) 있었나요?" 와 같은 질문을 할 수 있다. 만약 목격자가 추가 정보를 가지고 있다고 생각된다면, 면담자는 "당신은 다른 각도에서 그를 보거나 다른 시각에서 그를 본 적이 있습니까?" 와 같은 추수질문을 할 수 있다. 보다 간접적이지만 자주 더욱 빛을 발하는 접근은 면담 초기에 범죄에 대한 목격자의 일반적인 이야기를 신중하게 듣고 목격자의 정신적 이미지를 추론하는 것이다. 성공은 면담자의 청취 기술과 사건을 목격자의 시각으로 구성할 수 있는 그의 능력에 의존한다. 면담자는 자신을 목격자가 있었던 장소에 놓고서, 목격자가 원래 보았던 것을 '보고', 들었던 것을 '듣고', 느꼈던 것을 '느낄' 수 있어야 한다.

목격자에게 가해자를 어디서 보았는지 분명하게 묻는, 보다 직접적인 접근은 면담자가 목격자의 정신적 이미지를 간접적으로 추론하는 기술이 충분히 숙달되기 전에, 인지면담을 배우는 초기에 특히 도움이 된다. 우리는 면담자가 인지면담을 사용하기 위해 첫 번째로 학습해야 될 것은 더 직접적인 접근을 사용하는 것이라고 추천한다 (면담기술을 배우는 순서를 제안하고 있는 제13장을 참조하라). 그러나 목격자의 이야기를 듣고 그의 이미지를 추론하는 것이 능숙한 경험 많은 면담자들도 직접적인 질문 형태를 사용해야 할 것이다.

목격자는 중요한 경계(landmark)와 정확하게 자신이 있었던 곳을 나타내는 위치에 대해 단순한 스케치를 그림으로써 면담자가 목격자의 조망을 이해하는 것을 도울 수 있다. 만약 면담자가 목격자의 이야기를 듣고 있는 동안 목격자의 조망을 채택했다면, 면담자는 목격자가 가해자를 바라보는 가장 분명한 시각에 대해 좋은 생각을 갖게 될 것이다. 예를 들어, 목격자가 다음과 같은 이야기를 했다고 하자.

> 나는 상점으로 들어오는 남자를 보았지만 그에게 큰 주의를 기울이지는 않았어요. 그때는 오후였기 때문에 상점에는 그렇게 많은 사람이 있지 않았고, 아마 2~3명 정도 있었을 거예요. 나는 그 남자가 담배 진열대 옆에 오래 있었던 것 같다고 생각해요. 대부분의 사람은 자신이 원하는 브랜드를 알고 있기 때문에 그저 자기가 좋아하는 브랜드를 고르고 나가면 되기 때문이죠. 내가 알고 있는 다음 일은 그가 계산대에 서서 나에게 총을 겨누었다는 거예요. 그것은 대포처럼 보였고, ……그는 오른손으로 총을 잡고 있었어요. 그리고 그는 나에게 금전출납기의 모든 돈을 꺼내라고 고함쳤고, 난 그에게 돈을 주었어요. 그가 나를 쏠 것 같아서 무서워서 그의 말대로 했고, 금전출납기의 돈을 다 꺼냈어요. 그는 지폐를 받아서 호주머니에 넣고, 문 밖으로 달아났습니다.

이러한 묘사에서 목격자는 강도에 대해 적어도 4개의 정신적 이미지를 가지고 있는 것으로 생각된다.

① 강도가 상점에 들어갔을 때는 취약한 시각
② 담배 진열대 옆에 있는 강도에 대해서는 먼 시각
③ 계산대 건너편에 서 있고, 손에 총을 쥔 강도에 대해서는 근접 시각
④ 문 밖으로 달려 나가는 강도에 대해서는 동작 시각

목격자의 이야기로부터 생성한 이와 같은 추론들 외에, 면담자는 목격자에게 강도에 대해 어떤 다른 시각을 가지고 있는지 직접적으

로 물어볼 수 있다. 일단 면담자가 여러 정신적 이미지를 각각 분리시켜 놓게 되면, 이제 그 내용들을 캐낼 준비가 된 것이다.

전반적인 탐지전략을 개발하기 전에, 한걸음 물러서서 정신적 이미지로부터 정보를 읽어 내는(read-out) 것과 관련 있는 심리적인 과정을 검토해 보자. 읽어 내는 과정에 대한 이해를 하게 되면, 전반적인 전략은 더욱 명료해질 것이다.

정신적 이미지로부터 정보를 읽어 내는 심리적 과정

앞의 예에서 언급했듯이, 목격자는 거의 모든 경우에 사건에 대한 여러 정신적 이미지를 가지고 있다. 더 나아가 범죄를 표상화하는 개념 코드를 갖고 있으며(제6장을 참조하라) 범죄와 관계없는, 예를 들어 자신의 전화번호와 같은 일반적인 지식을 가지고 있다. 첫 번째 질문을 받기 전까지 이와 같은 모든 정신적 코드는 휴지 상태, 즉 '다른 급한 일 때문에 잠시 미루어 두는 상태'에 있다. 정보들은 목격자의 마음속 어딘가에 저장되어 있지만, 목격자는 이를 의식적으로 인식하지는 못한다. 그것은 어떤 사람의 생일에 대한 지식과 같은 것이다. 그것은 항상 이용할 수 있지만, 관련된 질문을 받을 때까지는 정보가 활동적인 의식 상태에 있지 않다.

질문을 받게 되면, 적절한 정신적 코드는 의식 수준으로 떠오르게 되고, 응답자는 그 정보를 '읽어 낸다.' 예를 들어, 면담자가 목격자에게 강도의 총에 대해 묘사하도록 요구하면, 목격자는 손에 총을 들고, 카운터에 서 있는 강도에 대한 이미지를 의식으로 가져온다. 그리고 질문에 대답하기 위해 적절한 일부 이미지(총)에 주의를 기울인다. 만약 그다음 질문이 같은 이미지("그의 오른손을 묘사하세요.")에 속하면, 계속 같은 이미지를 사용한다. 만약 다음의 질문이 다른 이미지를 언급하면("그가 문을 향해 달릴 때 그의 재킷 등 부분에 어떤 글씨들이 있었는지 주목했나요?"), 목격자는 현재의 이미지(계산대 건너에 서 있는 강도)를 포기하고, 질문에 보다 적절한 다른 이미지를 끌어온다. 마찬가지로, 만약 두 번째 질문이 일반적인 지식으로 저장되어 있는 정보라면("당신에게는 비상 경보 장치가 있습니까?"), 목격자는 첫 번째 이미지를 포기하고 요청된 정보를 포함하는 일반적인 지식 코드(비상 경보 장치에 대한)를 의식으로 불러올 것이다.

질문을 받을 때마다, 목격자는 질문이 현재 의식 속에 있는 이미지로부터 대답할 수 있는 것인지를 점검한다. 만약 가능하다면, 이미지의 적절한 부분으로부터 정보를 '읽어 낸다.' 만약 질문이 현재 의식에 있는 이미지로부터 대답할 수 없는 것이라면, 현재의 이미지는 보다 적절한 출처를 찾기 위해 포기한다. 그것이 다른 이미지이거나, 개념 코드이거나, 또는 일반적인 지식 중에 어느 하나를, 혹은 "난 몰라요."라고 말할 수 있다. 새로운 코드는 이전의 코드를 대체하여 의식으로 불러오고, 이런 과정은 반복된다.[4)]

이러한 견해로부터 면담의 두 가지 미묘한 원리가 도출되는데, 세부성의 원리(principle of detail)와 탄력의 원리(principle of momentum)가 그것이다. 세부성의 원리는, 목격자가 현재 의식에 있는 이미지를 가장 먼저 조사하기 때문에 현재 의식에 없는 보다 정보적인 이미지(보다 명백한 세부적인 정보)가 검토되지 않을 수 있음을 시사한다. 그 결과, 목격자는 면담에서 제공한 것보다 더 상세한 정보를

4) 이 모형은 Kintsch와 Van Dijk(1978)의 모형과 유사하다.

지니고 있을 수 있다. 탄력의 원리는 어떤 이미지가 의식 수준에 있을 때, 각각의 질문마다 다른 이미지를 불러오는 것보다 다음 여러 개의 질문에 답하는 데 같은 이미지를 사용하는 것이 더욱 효율적이라는 것을 뜻한다. 이러한 원리들의 의미를 탐색하기 위해 이들을 더욱 철저하게 검토해 보자.

세부성의 원리 하나의 대상은 1개 이상의 정신적 이미지로 표상화된다. 앞서 언급한 사례에서(p. 218 참조), 강도의 얼굴은 담배 진열대 옆 이미지와 계산대 건너편 이미지라는 두 가지로 표상화되었다. 강도의 얼굴에 대한 질문에 답할 때 '담배 진열대 옆' 이미지와 '계산대 건너편' 이미지 중 어떤 것을 사용하느냐는 현재 의식 수준에 어떤 이미지가 있느냐에 따른다. 따라서 현재 의식의 내용들은 이전의 질문에 따라 다르다. 만약 이전의 질문이 담배 진열대 이미지와 관련이 있는 것이라면("그는 거기에 얼마나 오래 서 있었나요?"), 그 이미지는 의식에 존재할 것이고 얼굴 질문에 대답하기 위해 사용될 것이다. 만약 이전의 질문이 계산대 건너편 이미지와 관련된 것이라면("총을 묘사해 보세요.") 계산대 건너편 이미지가 의식에 존재할 것이고, 얼굴 질문에 대답하기 위해 사용된다.

담배 진열대와 계산대 건너편 이미지 중 어떤 것이 얼굴에 대해 더 세부적인 정보를 포함하고 있을까? 목격자가 더 가깝고 좋은 시각에서 보았기 때문에, 아마 계산대 건너편 이미지가 세부적인 정보를 더 많이 포함하고 있을 것이다. 그러므로 강도의 얼굴에 대한 질문은 담배 진열대 이미지와 관련된 질문을 할 때보다 계산대 건너편 이미지와 관련된 질문을 할 때 더 잘 대답할 수 있을 것이다. 동일한 질문을 면담 중 어느 시기에 물었느냐에 따라 두 개의 대답 중 하나가 더욱 세부적인 서로 다른 대답을 이끌어 낸다.[5)] 성공적인 면담을 하는 열쇠는 모든 질문에 대답하기 위해 가장 상세한 이미지를 사용하도록 질문을 순서화하는 것이다.

가해자의 신체적 묘사를 이끌어 내는 데 세부성의 원리를 적용해 보도록 하자. 정면에서 가까운 시각은 가해자의 얼굴과 머리의 이마선에 대한 가장 세부적인 묘사를 이끌어 낸다. 이 시각은 상반신의 의류(셔츠와 재킷과 같은)에 대해서도 적합하다. 일부 세부 사항들은 잘 이끌어 내지만, 정면 시각은 옆얼굴에 대해서, 예를 들어 가해자의 턱이 튀어 나왔는지, 또는 귀걸이를 하고 있었는지와 같은 정보는 적게 이끌어 낸다. 이러한 정보는 비록 그것이 정면에서의 시각보다 더 멀리 떨어져 있다 하더라도, 측면 시각에서 더 잘 묘사할 수 있다. 따라서 만약 현재의 질문이 정면 시각을 불러낸다면("그는 금니가 있었나요?"), 다음 질문은 동일한 시각으로 가장 잘 묘사될 수 있는 것이어야 한다(예, "그의 눈 색깔은 어땠나요?"). 만약 다음 질문이 정면 시각에서 부적당하다면(예, 그의 구레나룻의 길이에 대한 질문), 목격자는 아마도 "대충 평균 정도, 전 정말 제대로 보지 못했어요."라고 응답할 것이다. 만약 옆얼굴의 이미지가 의식에 있을 때 구레나룻에 대

5) 동일한 사물 또는 사건이 두 개 이상의 정신적 코드로 표상화되는 것은 목격자 증언의 불일치성을 설명해 주는 데 도움이 된다(제5장의 각주 3 참조). 이러한 정신적 코드 중 어떤 것이 활성화되느냐는 면담자의 질문에 달려 있다(Fisher & Chandler, 1991). 근본적으로 다른 면담 방식(예, 검사 대 피고측 변호사)과 맥락(사건현장 대 법정)은 다른 정신적 코드 및 목격자 진술을 활성화시키는 것을 도모한다. 목격자가 사건에 대해 몇 가지 정신적 표상을 지니고 있다는 것이 반드시 목격자의 기억이 부정확하다는 것을 의미하는 것은 아니다.

해 질문하는 경우, 보다 세부적인 응답이 생성될 수 있다("네, 기억나요. 그는 길고 곱슬거리는 구레나룻이 있었고, 거의 귀 바로 아래 정도까지 내려왔어요."). 그리고 그 후 관련 정보의 다른 조각들을 유발하게 할 수도 있다("그리고 왼쪽 귀 바로 밑에 상처가 있었어요.").

무장강도의 피해자 면담은 그림을 보는 것 같은 상세한 증거를 제공한다. 목격자는 총을 휘두르면서 지갑을 내놓으라는 강도가 접근할 때 자신의 차 안에 있었다. 목격자의 이야기로부터, 그가 강도에 대한 두 가지 시각을 가지고 있다는 것이 분명했다. ① 그가 차 옆에서 있었을 때 본 강도의 상체와 얼굴에 대한 근접 시각(강도가 차 문 뒤에 서 있었기 때문에 그의 하체는 볼 수 없었다.), ② 강도가 차에서 멀어져 도망갈 때 본 매우 긴 거리의 시각이다. 면담자는 목격자의 강도에 대한 첫 번째 이미지, 즉 상체의 이미지를 활성화시킨 뒤 강도의 얼굴과 옷에 대해 탐지했다. 강도의 바지에 대해 묘사해 달라고 했을 때, 목격자는 강도의 하체가 차 문에 가려졌기 때문에 그의 바지를 보지 못했다고 말했다. 그러나 목격자의 이야기로부터, 강도가 현장에서 도망갈 때 목격자가 그의 바지를 보았음에 틀림없었다는 것이 분명했다. 면담자가 상체 이미지(첫 번째) 대신 강도가 도망칠 때의 시각을 활성화한 후에 동일한 질문(강도의 바지에 관한)을 했다면, 아마도 강도의 바지 그리고 신발에 대해 더 많은 정보를 이끌어낼 수 있었을 것이다.

탄력의 원리 이미지 코드를 의식으로 불러오는 모든 행동은 정신적인 노력을 필요로 한다. 목격자는 단지 한정된 정신적 자원만을 가지고 있기 때문에 이미지 코드를 의식으로 불러오는 모든 행동은 과제의 어려움을 증가시키고 회상을 힘들게 한다.[6] 목격자는 덜 세부적인 코드(개념 코드)를 의식으로 불러올 수 있고, 혹은 이미지 코드로부터 정보를 읽는 노력을 적게 할 수도 있다. 두 경우 모두에서, 그 회상은 가치가 더 감소한다.

성공적인 면담을 위한 하나의 열쇠는, 목격자가 정신적 이미지를 의식으로 불러와야만 하는 횟수를 최소화하는 순서로 질문을 제시하는 것이다. 이것은 각 질문에 대해 현재 의식 속에 있는 이미지로 대답할 수 있게 질문을 순서화시킴으로써 이루어진다.

다음의 두 질문 순서들을 비교해 보자. 동일한 세 개의 질문을 서로 다른 순서로 물었다. 두 개의 질문들은 대면(face-to-face) 이미지와 관련된 것이고, 하나는 도망가는(running) 이미지와 관련된 것이다(이 질문들은 앞에서, 목격자가 가지고 있는 오른손에 총을 들고 있는 가해자에 대한 대면 시각과 가해자가 도망갈 때 그의 뒷모습에 대한 시각에 대해 기술했던 예시적 대화를 참조한 것이다.). 질문들을 정확한 순서로 질문할 때(두 개의 대면 질문을 연속적으로 질문한 경우), 목격자는 오직 한 번, 질문 2에서 질문 3으로 넘어갈 때 이미지를 변화하면 된다.

정확한 질문 순서

질문 번호	면담자의 질문	목격자가 사용하는 이미지
1.	총을 묘사해 보세요.	대면

6) 동일한 질문을 의식 속으로 불러오는 데 더 많은 정신적 이미지를 요구하는 순서로 묻게 되면, 기억은 거의 20% 정도 감소한다(Fisher & Quigley, 1988).

2.	가해자의 오른손을 묘사해 보세요.	대면
3.	그의 재킷 뒷부분을 묘사해 보세요.	도망감

잘못된 순서를 사용할 때(도망 이미지 질문을 두 개의 대면 질문 사이에서 질문할 때) 목격자는 이미지를 질문 1과 질문 2 사이 그리고 질문 2와 질문 3 사이에, 두 번 변화해야만 한다.

부정확한 질문 순서

질문 번호	면담자의 질문	목격자가 사용하는 이미지
1.	총을 묘사해 보세요.	대면
2.	그의 재킷 뒷부분을 묘사해 보세요.	도망감
3.	가해자의 오른손을 묘사해 보세요.	대면

하나의 이미지가 의식화되었을 때, 다음의 질문들은 그 이미지에 적합해야만 한다. 면담자는 목격자가 어떤 이미지를 사용하고 있는지를 한 번 결정했으면, 다른 이미지에 대한 질문을 하기 전에 그 이미지의 모든 내용을 이끌어 내야만 한다.

여기서 나타나는 공통적인 실수는 다른 이미지나 또는 일반적인 지식을 참조하는 질문을 하여 이미지 탐지를 방해하는 것이다. 다음의 인용문에서는 면담자의 질문이 범행 현장과 관련된 이미지와 일반 지식 사이에서 계속 변화하고 있는데, 이와 같은 잘못을 보여주고 있다(또한 제6장에서 다루었던 폐쇄형 질문의 과도한 사용을 주목하라).

[목격자는 젊은 여성인데, 침입자가 그녀의 집에 들어와 총으로 그녀의 남자친구를 쏘았다. 발췌문은 면담자가 침입자가 사용했던 총의 종류에 대해 탐지하는 데서 시작된다.]

면담자: 그가 갖고 있던 총은 어떤 종류였습니까?
목격자: 잘 모르겠어요……. 작았고, 내 생각엔 22구경(caliber) 정도 되는 것 같았어요.
면담자: 무슨 색이었나요?
목격자: 은색.
면담자: 그것은 권총(pistol)이었나요? 또는 회전식 연발총(revolver)이었나요? 차이를 알고 있습니까?
목격자: 권총이요.
면담자: 페드로는 어떤 부위에 총을 맞았나요?
목격자: 목을 관통했어요……. 그가 바닥에 쓰러졌을 때, 그곳에서 총알이 나온 것 같았어요.
면담자: 당신은 페드로가 그 사내의 이름을 언급하는 것을 들어본 적이 있나요?

[이것은 목격자의 범죄에 대한 이미지와는 거의 무관한 일반적인 지식에 관한 질문이다. 이것은 목격자가 질문에 대답하기 위한 장면의 이미지를 포기하도록 강요한다.]

목격자: 아니요.
면담자: 페드로는 결혼했나요?

목격자: 아니요.

면담자: 당신은 어디에서 일하나요?

목격자: Acme 무역 회사에서 일해요.

면담자: 어디에 있나요?

목격자: 100번가예요.

면담자: 그 사내는 당신의 집을 나갈 때, 어떻게 나갔나요?

[여기서 면담자는 다시 범죄현장으로 돌아오지만, 지금까지 일반적인 지식들이 방해해서 목격자가 이전에 가졌던 이미지를 포기하도록 강요했다.]

목격자: 앞문을 통해서요. 페드로를 쏘자마자, 그는 도망갔어요.

면담자: 그가 어떤 시점에서 지갑을 가져갔나요?

목격자: ……그가 도망갔을 때가 틀림없어요. 그들은 욕실에서 싸웠는데, 그땐 그가 지갑을 가지고 있지 않았어요.

면담자: 당신은 그가 앞문으로 도망치는 것을 보았나요?

목격자: 예, 보았어요. 그러나 그때 그가 지갑을 가지고 있었는지는 확실하지 않아요.

면담자: 당신은 지갑에 돈을 얼마나 가지고 있었나요?

[이것은 목격자의 범죄에 대한 독특한 세부적인 기억을 중단시키는 또 다른 일반적 지식에 관한 질문이다.]

목격자: 약 40달러 정도.

면담자: 당신은 보석들을 가지고 있었나요?

목격자: 아니요. 그러나 신용카드와 운전면허증을 가지고 있었어요.

면담자: 어떤 종류의 신용카드를 가지고 있었나요?

목격자: 비자 그리고 상점 카드들…….

면담자: 당신의 면허증은 어떤 종류죠. 면허증에 있는 이름은?

목격자: Anna Lopez.

면담자: 당신은 페드로의 집 전화번호를 알고 있나요?

목격자: 949-8630.

면담자: 이 사람은 당신 집에 어떻게 들어왔나요?

[우리는 이제 목격자의 범죄-관련 이미지를 되살리게 하는 범죄현장으로 다시 돌아간다.]

목격자: 미닫이 유리문을 통해서요.

면담자: 그 문이 잠겨 있지 않았나요?

목격자: 네.

면담자: 오케이, 당신은 언제 Mark와 이혼했나요?

[이 질문은 대략 4분 동안에 이루어진 범죄-관련 흐름을 방해하는 일반적 지식에 관련된 세 번째 질문이다. 면담은 목격자의 전 남편에 대한 몇 가지 일반적 지식 질문이 계속되었다.]

면담자: 그가 언제 당신의 집에서 나갔으며, 어느 방향으로 도망갔는지 아십니까? 그가 주차장 쪽으로, 또는 다른 방향으로, 인도로 내려갔나요?

[이와 같은 범죄현장에 관한 질문은 가해자가 앞문으로 도망간 것에 대한 질문을 한 직후에 물어보아야 한다. 지금까지의 면담에서 뒤따르는 질문들이 이미지를 읽는 과정을 너무나 많이 방해하였기에, 목격자가 사건을 상세한 코드로부터 묘사하는 데 더 이상 관심이 없는 것처럼 보이며, 개념 코드로부터 피상적인 행위 지향적인 묘사를 이끌어 내는 것으로 되돌아간다. 놀랄 것도 없이, 남은 면담들은 관련된 세부적인 내용들을 이끌어 내지 못했다.]

탐지전략의 개발

세부성의 원리와 탄력의 원리를 사용하여 목격자에게 적합한 면담을 수행하기 위해서는 이미지들을 탐지하기 전에 전체적인 질문 전략을 개발하는 것이 도움이 된다. 탐지전략의 핵심은 세 가지 문제에 초점을 맞춘다. 어떤 이미지들을 되살려 낼 것인가? 각 이미지로부터 어떤 세부적인 내용을 이끌어 내야 하는가? 이미지들은 어떤 순서로 탐지해야 하는가?[7)]

목격자가 가지고 있는 범죄에 대한 다양한 이미지 중에 오직 일부 이미지들만 수사와 관련된 사실들을 포함하고 있다. 이러한 이미지들은 가해자, 무기, 차량, 중심적 행동, 다른 목격자 등과 같은 정보들을 지니고 있는데, 이러한 정보를 되살려 내야 한다. 다른 이미지들은 오직 부수적인 정보(결백한 구경꾼의 신체적 모습, 목격자의 차량 등)만을 포함하고 있는데, 이것들은 조사할 필요가 없다. 만약 그러한 정보들을 추가적인 정보를 얻기 위한 간접적인 방법으로써 탐지

7) 다음 절의 내용은 인지면담을 완벽히 학습하는 데 가장 어려운 부분이다. 제13장에서 제안한 것처럼 이 부분은 오직 다른 모든 기본적 기술을 완벽하게 학습하고 난 뒤에 학습해야 한다.

할 때는, 정보 가치가 더 있는 이미지들을 조사하고 난 후에 탐지해야 한다.

앞의 이야기에서처럼 목격자는 범죄 발생 중에 가해자를 여러 번 관찰했을 수 있다. 그가 상점에 들어올 때, 담배 진열대 옆에 서 있었을 때, 그가 권총을 꺼낼 때, 그가 문으로 도망갈 때 등이다. 비록 이런 이미지들 중 일부 이미지들이 다른 이미지들보다 더 많은 정보를 지니고 있지만, 각 이미지들은 독특한 정보를 지니고 있다. 전반적으로 **대면** 이미지(그가 권총을 꺼냈을 때)가 가해자에 대한 가장 많은 정보를 가지고 있다. 그러나 **문으로 도망간** 이미지가 가해자의 뒷모습에 대해 가장 좋은 시각을 제공해 줄 수 있고, **담배 진열대** 이미지는 왼쪽 옆얼굴에 대해 가장 좋은 시각을 제공해 줄 수 있다. 모든 사실은 각 사실을 가장 잘 묘사하는 정보를 포함하고 있는 특정 이미지를 반영하는 형태에 속할 것이다(〈표 9-1〉 참조).

〈표 9-1〉에서 보여 주듯이 가해자의 오른쪽 옆얼굴과 그의 신발은 **상점으로 들어옴** 이미지에서 가장 잘 표상화되고, 왼쪽 옆얼굴과 그의 재킷에 있는 표지는 **담배 진열대** 이미지에서 가장 잘 표상화된다. 가해자의 얼굴(정면), 머리의 이마 선, 오른손, 셔츠와 벨트 버클은 **대면** 이미지에서 가장 잘 표상화되며, 그리고 가해자의 뒷모습과 도주하는 차량은 **문으로 도망감** 이미지에서 가장 잘 표상화된다. 일부 사실들은 2개 이상의 이미지로 표상화된다. 예를 들어, 총의 경우는 **대면** 이미지에서 가장 분명하게 표상화(XX)되었는데, 또한 '**문으로 도망감**' 이미지에서도 표상화되었다(X).

면담자는 개개의 이미지들에 둘러싸인 다양한 사실을 모으고 나서 가장 적합한 이미지를 되살려 각 사실을 탐지할 수 있다. 앞의 예

〈표 9-1〉 **범죄에 대한 정신적 표상**

	정신적 표상			
사실	상점으로 들어옴	담배 진열대	대면	문으로 도망감
왼쪽 옆얼굴		X		
오른쪽 옆얼굴	X			
정면 얼굴			X	
뒤				X
머리의 이마 선			X	
오른손	X		XX	
신발	X			
재킷의 표지		X		
셔츠			X	
벨트 버클			X	
총			XX	X
도주하는 차량				X

주: 일부 사실들(예, 오른손, 총)은 2개 이상의 이미지로 표상화된다. 사실에 대해 가장 분명한 시각을 가진 이미지는 XX로 표시했다.

에서, 면담자는 상점으로 들어옴 이미지를 되살린 후에 가해자의 오른쪽 옆얼굴과 신발에 대해 질문하도록 계획해야 한다. 왼쪽 옆얼굴과 재킷 표지는 담배 진열대 이미지에서 함께 탐지해야 한다.

세부성의 원리와 탄력의 원리 외에도, 면담자는 어떤 이미지를 첫 번째로, 두 번째로 그리고 세 번째로 탐지할 것인가를 결정하는 다른 준거를 고려해야만 한다.

목격자는 상세한 정보를 회상해 내려고 할 때 정신적으로 피로하게 된다. 따라서 면담자는 가장 관련이 깊은 정보의 이미지를 먼저 활성화시켜 탐지하고, 그러고 나서 덜 중요한 이미지로 진행해야 한다(〈표 9-1〉의 정신적 표상을 참조하라). 만약 가장 관련이 깊은 정보가 가해자의 얼굴이라면, 탐색은 **대면** 이미지부터 시작되어야 한다. 만약 면담자가 가해자의 얼굴에 대해 이미 좋은 정보를 가지고 있다면, 아직도 남아 있는 가장 중요한 정보의 조각은 도주하는 차량에 대한 것이므로, 면담자는 **문으로 도망감** 이미지에서부터 시작해야 한다. 각각의 이미지가 다 소진되고 난 뒤, 다음으로 가치 있는 이미지가 활성화되고 탐지되어야 한다. 이 과정은 모든 이미지가 소진될 때까지 계속된다.

만약 질문이 짧은 시간대 내에서 반복된다면, 목격자는 두 경우 모두에서 동일한 대답을 할 것이다. 첫 번째 질문에서 가해자의 얼굴에 대해 물었고, 목격자는 그가 깨끗하게 면도된 왼쪽 뺨에 마맛자국이 있었다는 것을 지적했다. 만약 목격자가 가해자의 얼굴에 대해 질문을 받은 뒤 얼마 지나지 않아 동일한 질문을 다시 받는다면, 아마도 동일한 대답을 제공할 것이다. 그녀는 심지어 "내가 아까도 말했지만, 그는 깨끗하게 면도된 왼쪽 뺨에 마맛자국이 있어요."라고 말할 것이다. 같은 방식으로, 만약 목격자가 첫 번째 시기의 질문에 아무런 정보도 제공하지 못했다면, 그녀는 짧은 시간 후에 질문이 반복되면 응답하지 않을 가능성이 크다. 심지어 짜증을 내면서 "내가 방금 말했잖아요, 난 모른다."라고 말할 수 있다.[8)]

반복되는 질문으로부터 새로운 정보를 생성하기 위해서는 몇 가지 다른 정신적 행위가 끼어들어야만 한다(Madigan, 1969 참조). 만

8) 동일한 질문이 가까운 시간대에 제시될 때, 목격자는 두 번째의 질문에 대답하기 위해 사건에 대한 자신의 기억을 자세히 탐색하지 않을 것이다. 오히려 그녀는 최근 첫 번째의 질문에 대답한 것을 기억하고 있고, 단지 그것을 반복한다(Raaijmakers & Shiffrin, 1980의 제9장 각주 4를 참조하라).

약 어떤 한 사물이 두 개의 분리된 이미지로 표상화되었을 때, 두 이미지를 연속적으로 탐지해서는 안 된다. 대신에 면담자는 두 이미지 사이에 다른 이미지를 되살려서 탐지해야 한다. 앞의 예에서, 만약 목격자가 대면 이미지와 문으로 도망감 이미지 모두에서 총을 관찰하였다면, 면담자는 총에 대한 정보를 얻기 위해 이 두 개의 이미지를 연속적으로 탐지해서는 안 된다. 면담자는 대면 이미지를 탐지한 후 이어서 담배 진열대 이미지나 또는 상점으로 들어옴 이미지를 탐지하고, 즉 이들 이미지를 끼워서 탐지한 후에 문으로 도망감 이미지를 탐지해야 한다.

면담자는 항상 목격자가 스트레스가 많은 이미지에 직면해서 안정감을 잃어 나머지 면담을 위태롭게 하는 위기에 부딪친다. 이러한 일이 일어날 가능성을 최소화하기 위해 면담자는 불안을 일으킬 수 있는 이미지는 다른 무해한 이미지들을 탐지하고 난 다음 면담 후반부에서 탐지해야 한다(제4장을 참조하라). 비슷한 이유로, 만약 목격자가 특별히 불안해하고 정보를 회상하는 자신의 능력에 자신감이 없는 경우, 면담자는 비록 정보적인 가치가 높지 않다 할지라도 묘사하기 쉬운 이미지부터 시작해야만 한다.

요 약

1. 면담은 각 목격자의 사건에 대한 지각 능력과 정신적 이미지에 방향을 맞추어야만 한다.
2. 면담자는 목격자의 지각 능력을 나타내는 단서를 찾아, 지각 차원들을 지향하는 특수한 질문을 하거나 또는 더욱 간접적인 질문을 함으로써 목격자가 자신의 방식에 맞는 반응을 하도록 격려해야 한다.
3. 면담자는 사건에 대한 목격자의 정신적 이미지에 대해 직접적으로 묻거나 또는 그의 이야기를 적극적으로 듣고 추론하여 목격자의 정신적 코드를 결정할 수 있다.
4. 목격자의 이미지를 탐지하기 위한 전략은 세부성의 원리와 탄력의 원리에 따라 개발되어야 한다. 질문들은 ① 각 질문은 가장 상세한 이미지를 사용하여 대답할 수 있도록(세부성의 원리), ② 각 질문은 현재 의식에 있는 이미지를 사용해 대답할 수 있도록(탄력의 원리) 이루어져야 한다.
5. 정보 가치가 가장 큰 이미지를 맨 처음 탐지하도록 하고, 정보 가치가 더 적은 이미지 순으로 진행하도록 한다. 또한 질문의 순서는 목격자의 불안과 자신감 그리고 목격자가 최근에 비슷한 질문에 답변한 적이 있는지의 여부를 반영해야만 한다.

10

이미지 기억 코드와 개념 기억 코드의 탐지

면담자는 목격자의 기억 코드를 탐지하기 위한 효율적인 전략을 개발한 후, 정보를 끄집어내는 기법들의 어려움을 극복해야만 한다. 이 단계는 수사적인 면담의 핵심이기 때문에 반드시 체계적이고 효율적으로 수행되어야 한다.

특수한 이미지들을 탐지하는 것을 시작하기 전에, 면담자는 잠시 자신의 일에 착수하는 계획을 생각해 보아야만 한다. 목격자의 이미지는 무엇인가? 그것들을 어떤 순서로 탐지해야 하는가? 각각의 이미지로부터 어떤 세부 사항들을 이끌어 내야만 하는가? 비록 면담자는 이와 같은 착수 계획을 따르려고 노력해야 하지만, 단지 그 계획은 잠정적인 것으로 간주해야 한다. 만약 탐지 단계 중에 어떤 새로운 정보가 도출되어 전략을 바꾸어야 한다는 것을 시사할 때, 면담자는 이에 따라 자신의 계획을 바꿀 수 있는 충분한 유연성을 지녀야 한다. 예를 들어, 하나의 이미지에서 탐지한 어떤 반응이 면담자가 미처 인식하지 못했던 매우 가치 있는 이미지를 시사할 수 있다. 만약 이런 일이 생긴다면, 면담자는 새로운 이미지를 기록하고, 현재의 이미지를 다 소진하고 난 후 그것을 즉각적으로 탐지해야만 한다.

이미지 코드 탐지

예비적 행위

정신적 이미지를 가장 효과적으로 탐지하기 위해서는 경쟁적인 감각적 신호들을 최소화시켜야 한다. 면담실은 주의를 분산시키는 장면과 소리가 최대한 적어야 한다(제5장을 참조하라). 나머지 신호들을 차단하기 위해서, 목격자는 눈을 감고 자신의 정신적 이미지에 집중하도록 격려받아야 한다. 면담자는 다음과 같이 제안할 수 있다.

> 이것은 매우 어려운 일이며, 많은 집중을 필요로 합니다. 눈을 감으면 아마 보다 쉽게 집중할 수 있을 것입니다.

이러한 지시들을 분명하게 하고, 눈을 감는 것에 대한 목격자의 저항을 적게 하기 위해 면담자는 자신이 눈을 감는 시범을 보여 줄 수 있다. 일부 목격자들은, 특히 면담자와 적절한 라포가 아직 형성되지 않은 경우, 눈을 감는 것을 주저할 것이다. 이런 경우, 면담자는 목격자에게 눈을 뜨고 있지만, 빈 벽과 같은 견고한 시각적 면에 초점을 맞추라고 제안할 수 있다.

이미지 활성화하기

특정한 정신적 이미지를 활성화하는 것은 심리적 · 환경적 맥락을 회복하는 것으로 시작한다. 여기서 맥락은 사건 중의 특별한 순간에 해당되는, 예를 들어 가해자가 목격자에게 금고를 열라고 소리쳤을 때와 같이 매우 구체적인 것이다. 이런 정신적 이미지를 활성화시키기 위해, 면담자는 목격자의 원래 언어 표현과 비언어적 표현을 유지하면서 최대한 성실하게 현장에 대한 목격자의 초기 묘사를 회복해야만 한다. 만약 목격자가 가해자는 "총을 그의 주머니에서 꺼내더니 '금고를 열어, 그렇지 않으면 쏘겠다.'라고 소리 질렀어요."라고 이전에 말을 했다면, 면담자는 최대한 정확히 이 단어들을 사용하여 목격자의 메시지를 재진술해야 한다. 만약 목격자가 가해자의 외침(screaming)을 그대로 따라 하기 위해 목소리를 크게 하면, 맥락 회복 시에 면담자는 목격자의 집중을 방해하지 않을 정도의 좀 더 약화된 수준에서라도 똑같이 해야 한다.

맥락 회복 후에, 면담자는 목격자에게 장면에 대해 세부적인 이미지를 마음속에 생성해서, 이미지를 최대한 가장 정밀하고 예리하게 만들도록 요청해야 한다. 이것이 만약 적절하게 행해진다면 몇 초가 걸리게 되고, 면담자는 목격자가 이미지를 '생성(developing)' 하는 동안 반드시 침묵을 유지하고 있어야 한다. 목격자가 매우 빠른 시간에 이미지를 만들었다고 주장하는 경우에는 세부적인 사항을 정밀하게 하도록 이미지에 대해서 더 생각해 보라고 격려해야 한다. 면담자가 이러한 정신 집중에 더 많은 시간을 허락할수록 이미지는 더 세부적이 되고, 그 이후의 묘사도 그러할 것이다.

이 과정에서 나타나는 전형적인 실수는 목격자에게 마음속에 이미지를 생성하라고 지시를 내리자마자 즉시 이미지 탐지를 시작하는 것이다. 이와 비슷하게, 면담자는 가끔 "나는 당신이 당신의 마음속에 이미지를 생성하고 그것을 내게 묘사해 주기를 바랍니다."라고 말하는 것처럼, 이미지 생성과 묘사 단계를 결합해 버리는 오류를 범한다. 이때 면담자는 반드시 인내하면서 목격자가 이미지를 묘사하기 전에 오직 이미지를 생성하는 데 집중하도록 몇 초 동안 기다려 주어야 한다. 목격자가 이미지를 철저하게 생성하는 것을 지원해 주고 그것을 성급하게 묘사하는 방해 효과를 최소화하기 위해, 면담자는 다음과 같이 제안할 수 있다.

> 아직은 아무 말도 하지 마세요. 시간을 좀 갖고 우선 이미지를 생성하고, 그것을 당신의 마음속에 예리하고 분명하게 해 보세요.

그러고 나서 목격자가 정신적 이미지를 적절하게 생성하도록 몇 초 동안 기다린 뒤, 면담자는 묘사를 요청할 수 있다.

이미지 탐지하기

목격자가 정신적 이미지를 활성화하고 생성하고 나면, 이제 그 내용들을 묘사할 준비가 된 것이다. 목격자가 세부적인 묘사를 할 수 있게 준비함과 더불어, 면담자의 그 이후 질문들은 효과적인 면담을 수행하는 데 매우 중요하다. 그러므로 다음의 지침들을 반드시 지켜야 한다.

- 질문은 목격자가 주의를 분산하지 않고 이미지를 유지할 수 있도록 천천히, 신중하게 그리고 부드럽게 전달해야만 한다.
- 질문은 수사와 관련 있는 정보들로 구성해야 한다.
- 질문은 목격자가 광범위한 대답을 제공할 수 있도록 개방형으로 해야 한다.

- 질문은 목격자가 정밀한 세부 사항을 제공해야 한다는 분명한 요구를 포함해야 한다.

다음의 발췌문은 일반적인 절차를 예시한 것이다.

면담자: 수(Sue), 눈을 감아 보세요. 당신은 더 잘 집중할 수 있을 겁니다.
목격자: 난 눈을 뜨고 있는 것이 더 나아요.
면담자: 그래요, 그러면 저기 있는 (가리키면서) 벽 중간에 초점을 맞춰 주세요.
목격자: 알았어요.
면담자: 자 그러면, 강도가 계산대에 서 있었을 때 강도에 대한 이미지를 당신 마음의 눈에 떠올려 보세요. 시간을 충분히 갖고 이미지가 매우 명백해질 때까지 이미지를 생성시켜 보세요. 아직 아무 말도 하지 마시고, 이미지를 되도록 명백하게 생성하세요.

[목격자가 이미지를 생성할 수 있게 몇 초 동안 기다린다.]

목격자: 됐어요.
면담자: (부드럽고, 신중하게 그리고 천천히) 이제, 강도의 얼굴에 집중해 주세요.

[목격자가 이미지의 한 부분에만 특별히 집중할 수 있도록 기다린다.]

면담자: 자 그러면, 이제 그의 얼굴에 대해 되도록 모든 것을 말해 주세

요. 당신이 보는 모든 세부 사항을 포함해서요. 당신이 제공하는 모든 세부 정보가 도움이 됩니다. 그러니 하나도 빠뜨리지 말아 주십시오.

[질문을 어떻게 구성하는지("강도의 얼굴에 집중하세요.") 그리고 어떻게 광범위한 대답을 요청하는지("그의 얼굴에 대해 되도록 모든 것을 말해 주세요……모든 세부 사항을 포함해서요.")에 주목하라.]

목격자는 이와 같이 광범위하고 세부적인 정보를 요청하는 잘 구성된 개방형의 질문에 대한 반응으로, 어떤 이야기들을 하거나 속성을 열거할 것이다. 이러한 반응은 정보의 주요 원천이므로 절대로 중간에 방해해서는 안 된다. 마찬가지로, 이때 모든 정보를 얻기 위해 면담자는 목격자가 이야기를 끝내고 나면 다음 이미지를 탐지하기 전에 몇 초 동안 기다려야 한다.

불완전한 이야기들을 추수 탐지하기

거의 모든 경우, 목격자는 많은 세부 사항을 제공한다. 그러나 이야기들은 정확히 완전하지 않을 것이다. 예를 들어, 목격자는 가해자의 눈, 상처 자국, 턱수염과 입 등 여러 가지 세부 사항을 묘사할 수 있지만, 그의 머리카락에 대해서는 전혀 아무것도 말하지 못할 수도 있다. 또한 목격자는 특별한 특징(눈, 머리, 입 등)에 대해서 약간은 말할 수 있지만, 모든 것을 이야기하지는 못할 수도 있다. 예를 들어, 그녀는 가해자의 머리카락 색을 이야기할 수는 있지만 머리카락 길이를 묘사하지 못할 수 있다. 모든 사건의 보고는 특정 측면에서는 불완전할 것이므로 이미지를 더 탐지하는 것이 필요하다. 놓친 정보는 다음의 정신적 이미지로 넘어가기 전에 관련된 이미지가 아직 활성화 중일 때 즉각적으로 재탐지를 해야 한다(제9장의 '탄력의 원리'를 참조하라).

만약 빠뜨린 세부 사항들이, 특히 머리카락과 같이 정보 가치가 매우 높은 특별한 특징의 주변에서 조직될 수 있다면, 면담자는 이런 특징에 특별히 초점을 맞추어 목격자의 이미지를 재탐지해야 한다. 그러기 위해서는 앞서와 동일하게 개방형의 잘 구성된 질문을 해야 하며, 면담자는 다음과 같이 제안할 수 있다.

> 저는 당신이 특히 가해자의 머리카락에 집중해 주기를 바랍니다. 다시 눈을 감고, 시간은 충분하니 그의 머리카락이 어떻게 보였는지 이미지를 떠올려 보세요.[1)]

면담자는 목격자가 이미지를 재활성화하고 생성하도록 몇 초 간의 휴지 시간을 가진 뒤, 목격자에게 완전하고 세부적인 묘사를 할 수 있도록 분명하게 다시 한 번 질문한다. "자, 그의 머리카락에 대해 되도록 많이 얘기해 주세요."

만약 목격자의 이야기가 관련된 모든 특징을 언급하고는 있지만 단지 불완전하다면(예, 가해자의 머리카락에 대한 묘사를 하면서 길이 또는 머리 모양에 대해서는 보고하지 못하고 색과 머릿결에 대해서만 묘사한다.), 곧이어 보다 특수하고 폐쇄적인 형태의 질문으로 탐지해야

1) 목격자가 혼자서 그렇게 할 수 없다면, 면담자는 목격자에게 다시 눈을 감게 하고 장면에 대한 이미지를 떠올리도록 한 번 더 요청해야 한다. 이것은 단순히 목격자에게, 처음에 한 번 눈을 감게 하고 이미지를 만들라고 한 것보다 더 많은 정보를 생성한다(George, 1991).

한다. 면담자는 다음과 같은 질문으로 시작할 수 있다.

> 저는 당신이 이전에 언급했던 일부 내용들로 돌아가서 보다 특수한 질문을 하고 싶습니다. 당신은 그가 직모의 갈색 머리카락을 가지고 있다고 말했습니다. 그의 머리카락 길이는 어느 정도였나요? (목격자가 머리카락 길이에 대해 응답하고 난 뒤, 면담자는 머리카락의 결에 대한 또 다른 폐쇄형 질문을 한다.)

이러한 직접적인 질문은 오직 현재 활성화되어 있는 이미지와 관련된 것만 해야 한다. 심지어 다른 모든 질문은 동일한 대상에 속해 있다 하더라도 현재 활성화된 이미지에 적합하지 않다면, 관련 이미지가 활성화되기 전까지는 보류해야 한다(제9장의 '세부성의 원리'를 참조하라).

이러한 추수질문들은 하나의 이미지가 끝난 뒤에 '건너뛰는 것(jumping around)'을 최소화하면서 한 방향으로, 예를 들어 위에서 아래와 같은 순서로 해야 한다. 즉, 가해자의 옷에 대한 연속적인 질문은, 예를 들어 셔츠-벨트-바지-양말-신발의 순으로 진행되는 위에서 아래로의 순서가 벨트-신발-셔츠-양말-바지의 순으로 건너뛰어 진행되는 순서보다 더 바람직하다(Prior & Silberstein, 1969; Stone & DeLuca, 1980 참조). 단순하고 일방향의 순서를 따르는 것은 목격자의 기억탐색 과제를 촉진시키며, 또한 면담자가 이미 탐지한 항목들이나 아직 탐지해야 할 항목들의 경로를 유지하는 일을 단순하게 해 준다.

만약 특수한 질문을 하여 이전에는 탐지되지 않았던 정보(예, 가해자는 독특한 보석을 걸치고 있었다.)와 같은 중요한 정보가 밝혀지면, 면담자는 앞서 언급한 일반적인 절차인 맥락을 회복하고, 이미지를 활성화해서 개방형 질문으로 이미지를 탐지하고, 이어서 특수한 정보를 재탐지해야 한다.

나머지 이미지 탐지하기

나머지 이미지들을 탐색할 때에도 동일한 일반적인 절차를 사용한다. 하나의 정신적 이미지로부터 다른 이미지로 전환할 때, 연속하는 중간 중간에 분명히 휴지 시간을 가져야 한다. 면담자는 하나의 이미지를 다 소진하고 난 뒤, 이렇게 말할 수 있다.

> 자 그러면, 이제 다른 이미지를 검토해 봅시다. 당신은 그가 문으로 도망칠 때 가해자를 보았다고 이전에 말했는데요. 이번에는 우리가 이전에 했던 것과 같은 방법으로 새로운 이미지를 탐색하도록 노력해 봅시다.

새로운 이미지를 활성화시키고 그 이미지를 읽어 내기 시작하기 전에, 목격자에게 새로운 이미지가 이전의 이미지와는 별개로 다루어진다고 상기시켜 주어야 한다. 즉, 단지 이전의 면담에서 했던 대답을 반복해서는 안 되며, 현재 떠오르는 새롭게 활성화한 이미지를 묘사해야만 한다(제5장의 '목격자와 복수면담 실시하기'를 참조하라). 면담자는 목격자에게 이전의 응답과 정반대이든지 아니면 불일치하든지 간에 상관없이 각 이미지를 분리해서 응답하도록 요청해야 한다.

이전에 활성화했던 이미지 재탐지하기

다음 이미지로 진행하기 전에 각 이미지들의 내용을 소진하는 것이 바람직하지만, 때로는 이전에 검토했던 이미지를 재탐지하는 것이 필요하다. 이전의 이미지를 재활성화시킨 후에, 면담자는 목격자의 주의를 원하는 정보의 조각에 특별히 집중하도록 지시해야 한다. 따라서 처음의 이미지 탐지에서 되도록 가장 많은(관련 있는) 정보를 이끌어 내는 한편, 재탐지 시에는 오직 놓친 정보 부분에 대해서만 지시해야 한다. 물론, 만약 목격자가 새롭고, 관련 있는 정보를 자발적으로 보고한다면 면담자는 그것을 추적해야 하지만, 이것이 재탐지의 주요 목적은 아니다.

개념 코드 탐지

관련된 모든 이미지 코드들을 탐지하여 가용한 대부분의 감각 정보를 추출했다. 그러나 전체적이고 세부적이지 않은 정보들은 아직 개념 코드에 남아 있다. 여기서 우리는 전체적이고 신체적인 특징(키, 몸무게 등), 개인적인 특징("그는 교육을 받지 않은 것처럼 보였어요."), 다음의 설명("그는 도망을 가느라 가방을 떨어뜨렸어요.")과 같은 추상적인 생각들, 그리고 주관적인 인상("그는 내 삼촌 Harry 같이 보였어요.") 등과 같은 정보들을 발견한다.

일반적으로 목격자는 이와 같은 코드들에 접근하기 쉽기 때문에 환기를 시키지 않아도 개념 코드로부터 사건들을 묘사할 수 있다. 면담자는 목격자에게 그들 자신의 언어로 말하도록 단순하게 질문할 수 있다. “무슨 일이 있었나요?” 혹은 “가해자는 어떻게 보였나요?” 등이다. 면담자는 특별히 행동 연속성에 대해서, 추가적인 개념적 정보들을 이끌어 내기 위해 제8장에서 언급한 다양한 인출 전략을 사용할 수 있다. 목격자의 인출 순서를 순차순에서 역순으로 바꾸거나, 혹은 다른 사람의 관점을 채택하도록 격려한다. 예를 들어, 목격자는 가해자의 관점을 채택하여 강도가 왜 그런 행동을 했는지를 말할 수 있다. 만약 많은 가해자가 있었다면, 그리고 특히 그 중 한 명이 리더인 것처럼 보였다면, 목격자는 그 리더의 관점을 채택해서 그 무리들의 행동을 조정하기 위한 일반적인 계획에 대해 생각할 수 있을 것이다.

또한 면담자는 가해자의 신체적인 외양에 대한 주관적인 인상을 이끌어 내기를 원할 수도 있다. 그는 “그가 당신이 알고 있는 누군가를 떠올리게 했나요?”라고 말할 수 있으며, 또한 다음과 같이 말할 수 있다.

> 당신이 가해자에 대해 가지고 있는 일반적인 인상, 예를 들어 전형적인 운동선수, 차량 정비사 혹은 고등학생처럼 어떤 특정 고정관념 유형에 맞는지의 여부를 묘사해 주세요.

옷에 대한 묘사를 이끌어 낼 때, 면담자는 가해자의 옷에 대한 일반적인 스타일 정보, 즉 그것이 깔끔했는지 지저분했는지, 칙칙한 회색을 띈 황갈색이었는지 컬러풀했는지 등을 요청할 수 있다. 만약 목격자가 어떤 주관적인 인상을 자발적으로 제공한다면, 바로 이어서 그것들을 객관적인 묘사로 전환시키기 위한 탐지를 해야 한다(제

8장의 '특수한 정보 회상하기'를 참조하라).

다음에 인용한 면담에서는 이미지 코드와 개념 코드를 탐지해서 생성한 일부 주요 개념들을 보여 준다. 이 사례에서의 면담은 목격자가 범죄에 대해서 이야기식 묘사를 하고 난 이후에 시작한 것이다. 목격자의 이야기를 통해 면담자는 목격자가 가해자에 대해 매우 분명한 두 가지 시각을 가지고 있다는 것을 추정했는데, ① 그가 총을 목격자에게 겨눌 때의 정면에서 가까운 시각, ② 그가 도망치는 차량에 들어갈 때의 거리가 먼, 왼쪽 옆얼굴에 대한 시각이다.

면담자: 존(Joan), 저는 이것이 어려운 일이며, 당신이 안정되어 있지 않다는 것을 알고 있습니다. 그러나 당신이 할 수 있는 한 집중을 하는 것이 중요합니다. 당신이 더 잘 집중할 수 있도록 눈을 감도록 하세요. (면담자는 눈을 감는 시범을 보인다.) 당신은 그가 당신에게 총을 겨눌 때, 그에 대한 분명한 시각을 가지고 있었고, 그때가 당신이 진짜 총을 처음 본 순간이었다고 말했었습니다. 지금 시간을 갖고서 그가 어떻게 생겼는지에 대해 분명한 그림을 당신의 마음속에 떠올리도록 해 보세요. 아직은 아무 말도 하지 마세요. 단지 그에 대한 분명한 그림을 떠올리도록 해 보세요.

목격자: (바로) 알았어요, 그는 정말 컸어요. 아마 250파운드는 되어 보였어요.

면담자: 잠깐, 아직은 아무 말도 하지 마세요. 우선, 당신의 마음속에 되도록 분명한 이미지를 떠올려 보세요. 단지 그가 어떻게 생겼는지에 대해서만 생각해 주세요.

목격자: (몇 초 후에) 좋아요, 나는 그를 볼 수 있어요.

면담자: 좋아요. 이제 그의 얼굴에 분명하게 초점을 맞추도록 노력해 보세요. 다시 한 번 아무 말도 하지 마세요. 단지 그의 얼굴에 대한 이미지를 만들기만 하세요.

목격자: (몇 초 후에) 됐어요.

면담자: 자, 그러면 당신이 그의 얼굴에 대해 말할 수 있는 모든 것을 얘기해 주세요. 어떠한 세부 사항도 빠뜨리지 말아 주십시오. 당신이 생각하는 모든 것을 말해 주세요.

목격자: 그는 과체중인 것 같고 둥글둥글한 모습이었어요. 여드름이 있었고, 인상이 안 좋았어요. 눈은 작았고, 색깔은 잘 모르겠어요. 그의 머리카락은 짧고 갈색이었어요. 이게 다예요.

[면담자는 더 정밀하게 생각하도록 하기 위해 잠시 멈추었다.]

목격자: 네, 그리고 그의 귀는 꽤 컸어요. 귀들은 옆으로 튀어나와 있어요.

면담자: 그의 머리카락으로 돌아가 봅시다. 당신은 그의 머리카락이 짧고 갈색이었다고 했어요. 머리 이마 선에 대해서 묘사해 줄 수 있나요?

목격자: 약간 벗겨졌는데, 특히 여기 위쪽(가리키면서), 옆으로 갈라져 있었어요.

면담자: 그리고 그의 머리카락 길이는 어땠나요?

목격자: 짧았어요, 상고머리 같았었어요.

면담자: 그가 여드름이 있었다고 했는데, 어디 있었나요?

목격자: (가리키면서) 여기요.

면담자: 그의 인상에 대해 또 말해 줄 것이 있나요?

목격자: 특히 앞이마에 여드름이 있는 전형적인 십대처럼 보였어요. 왼

쪽 빰에 약간의 곰보자국이 있었어요. 그는 지금까지 내가 본 아이들 중 가장 잘생긴 아이는 아니었어요.

[가해자 얼굴에 대한 추가적인 탐지에 이어, 면담자는 이 이미지를 또한 유용한 '총'으로 전환했다.]

면담자: 당신은 이 시점에서 그가 당신에게 총을 겨누고 있었다고 말했습니다. 그가 총을 쥐고 있을 때의 이미지에 대해 다시 집중해 보세요. 아직 아무 말도 하지 마시고, 단지 그가 잡고 있는 총에 대해 집중해 주세요.

목격자: 좋아요.

면담자: 이제 총을 묘사하도록 노력해 보세요. 되도록 모든 것을 전부 제게 얘기해 주세요.

[목격자는 총에 대해 거의 알지 못하기 때문에, 면담자가 직접적이고 폐쇄적인 질문을 했음에도 불구하고 오직 최소한의 묘사를 한다.]

면담자: 그가 총을 쥐고 있던 손에 집중하도록 해 보세요.

[면담자는 목격자가 이미지를 생성할 때까지 기다린다.]

면담자: 그가 어떤 손에 총을 들고 있었나요?

목격자: 오른손이요.

면담자: 그가 총을 잡고 있던 오른손에 대해서 당신이 말할 수 있는 모든 것을 제게 말해 주세요.

목격자: 그는 매우 강해 보이는 큰 손을 가지고 있었어요. 특별히 그의 팔뚝에 털이 많았어요.

면담자: 그의 팔에 상처나 문신과 같은 어떤 표시가 있었나요?

목격자: 아니요.

면담자: 당신은 그의 손목에서 어떤 보석류를 보았나요?

목격자: 네. 그는 손목시계를 차고 있었어요. 내 생각엔 은으로 된 띠가 있었어요.

면담자: 손목시계에 대해 또 다른 것을 얘기해 줄 수 있나요?

목격자: 아니요, 나는 그것에 대해 좋은 시각을 갖고 있지 않았어요.

면담자: 그의 팔은 옷으로 가려져 있었나요, 아니면 맨살이 드러나 있었나요?

목격자: 그가 반소매 옷을 입고 있었기 때문에 팔뚝은 드러나 있었지만, 팔 위쪽 부분은 그의 셔츠 소매가 부분적으로 가리고 있었어요.

[면담자는 마지막 답변이 이끄는 대로 셔츠에 대한 탐지를 시작한다. 그리고 다른 옷들에 대해서도 위에서 아래의 순서로 탐지한다. 이 이미지와 관련된 모든 정보가 밝혀지고 난 다음, 가해자가 도망치는 차량에 탈 때의 두 번째 이미지로 진행한다.]

면담자: 이제 차로 넘어가 봅시다. 당신은 그가 차에 탈 때 그를 보았다고 말했었습니다. 당신은 그것이 우편함 옆에 주차되어 있었다고 말했고요. 그 차가 우편함 옆에 주차되어 있던 이미지를 만들어 보도록 노력해 보세요. 아직 아무 말도 하지 마시고, 단지 가해자가 차에 탈 때에 대한 분명한 그림을 생성하기만 하세요.

[면담자는 목격자가 이미지를 생성하는 것을 기다린다.]

면담자: 당신이 주목했던 차의 부분은 어디인가요?

목격자: 오른쪽 옆과 뒤요.

면담자: 당신 자신이 그 차를 처음 보았을 때와 동일한 마음 상태로 돌아가도록 노력해 보세요. 당신이 그 당시에 생각했던 것을 지금 생각해 보세요. (쉼) 이제는, 차의 뒷부분에 대한 이미지를 당신의 마음속에 떠올리도록 해 보세요. 그 이미지를 좀 더 예리하게 떠올려 보세요. (쉼) 자, 이제는 당신이 차의 뒷부분에 대해 되도록 모든 것을 말해 주세요. 당신이 생각할 수 있는 어떠한 세부 사항도 빠뜨리지 마세요.

목격자: 나는 번호판을 보려고 노력했지만, 단순히 흘낏 보기만 했기 때문에 분명하게 보지는 못했어요. 차는 적갈색이었어요. 차는 긁힌 자국들이 많고 페인트가 떨어져 있어 그것이 새 차로 보이지는 않았어요. 미등은 타원형이었고요. 윗부분은 빨간색, 아랫부분은 흰색이었던 것 같아요.

면담자: 그 밖에 또 뭐가 기억나나요?

목격자: 뒤의 방풍 유리는 차 옆을 둘러싸고 있었어요.

면담자: 방풍 유리에 대해서 또 다른 것을 기억할 수 있나요?

목격자: 아니요, 그게 다예요.

면담자: 좋습니다. 당신이 번호판을 힐끗 보았을 때로 돌아가 봅시다. 어디에 위치해 있었나요?

목격자: 차 중간에 있었어요. 범퍼 바로 위요.

면담자: 번호판의 어떤 숫자나 글자를 기억하고 있나요?

목격자: 아니요. 나는 번호판을 보긴 했지만 어떤 숫자나 글자를 볼만큼 시간이 충분하지 않았어요.

면담자: 당신이 오직 잠깐 보았기 때문에 숫자나 글자를 보기 어렵다는 것을 이해합니다. 그런데 당신이 어떤 숫자나 글자를 기억해 내지 못

한다 해도, 그 번호판이 어떻게 생겼었는지에 대해 생각하도록 노력해 보세요. 그것은 플로리다 지역의 표지판이었나요, 아니면 다른 주의 것이었나요?

목격자: 플로리다 표지판이었다고 매우 확신해요.

면담자: 그것들 대부분이 숫자로, 혹은 글자로 또는 그 두 개가 섞여 있었나요?

목격자: 숫자와 글자가 함께 섞여 있었어요.

[면담자는 제8장에서 언급한 특별한 절차를 사용하여 번호판을 탐지하는 것을 계속한다.]

면담자: 당신은 그 번호판이 범퍼 바로 위에 있었다고 말했습니다. 번호판 바로 밑에 있었던 뒷범퍼에 집중을 하도록 노력해 보세요. (쉼) 이제 차의 범퍼에 대해 되도록 모든 것을 말해 주세요.

목격자: 검은색의 딱딱한 고무였고, 차 뒷부분 모두를 감싸고 있었어요.

면담자: 범퍼에 어떤 판박이 그림이나 스티커가 있었나요?

목격자: 범퍼에 몇 개의 스티커가 있었던 것 같아요. 오른쪽에, 그렇지만 그 스티커가 무엇인지는 알지 못했습니다.

[면담자는 계속해서 차의 독특한 특징을, 우선 차 뒷부분의 덮개, 그다음은 차의 오른쪽을 탐지한다. 목격자가 묘사할 때 차의 제조사와 모델에 대해 말하지 않았기 때문에, 면담자는 이 부분을 차와 관련 있는 폐쇄형 질문을 함으로써 결론짓는다.]

면담자: 당신은 가해자가 차의 오른쪽 문으로 들어가는 것을 보았다고 했어요. 그는 앞문으로 들어갔나요, 아니면 뒷문으로 들어갔나요?

목격자: 앞문으로 들어갔어요.

면담자: 당신의 마음속에 가해자가 차의 오른쪽 앞문으로 들어갈 때를 그려 보세요. (쉼) 그가 차에 들어갈 때에 집중해 주세요. (쉼) 이 이미지를 묘사해 주기를 바랍니다. 당신이 이전에 말한 것과 다르게 말하는 것을 걱정하지 마세요. 단지 현재의 이미지에 있는 그를 묘사해 주세요.

[사람 묘사를 이끌어 내는 과정은 계속해서 이전과 동일한 일반적인 절차를 사용하지만, 여기에서는 이전의 이미지(왼쪽의 옆얼굴, 가해자의 뒷모습 등)로부터 얻을 수 없는 특징에 보다 집중한다. 목격자는 정면의 이미지를 탐지할 때는 언급하지 않았던, 가해자가 모자를 쓰고 있었다고 했다. 면담자는 '차에 들어갈 때' 이미지 탐지를 완료한 후에 가해자의 모자에 대해 보다 많은 세부 정보를 확인하기 위해서, 이전의 이미지로 돌아온다.]

면담자: 그가 당신에게 총을 겨누고 있던 이전의 이미지로 돌아가 봅시다. 그의 얼굴 윗부분과 머리에 집중해 주세요. (쉼) 이 시점에 모자를 쓰고 있었나요 안 쓰고 있었나요?

[목격자가 모자의 존재에 언급했기 때문에, 이것은 유도질문이 아니다.]

목격자: 네, 당신에게 전에 말하는 것을 깜빡한 것 같네요.

면담자: 괜찮습니다. 모자에 집중하도록 노력하고, 그것이 어떻게 생겼었는지 생각해 보세요. (쉼) 자, 모자에 대한 모든 세부 사항들을 말해 주세요. 이 이미지로부터 그것이 어떻게 생겼는지 묘사해 주면 되고, 당신이 이전에 했던 말에 대해서는 걱정하지 마세요.

[목격자가 모자에 관한 추가적인 정보를 제공한 뒤, 면담자는 개념 코드로부터 정보를 탐지하기 시작한다.]

면담자: 당신이 가해자를 보았을 때, 그에 대한 당신의 일반적인 인상은 어땠나요? 그가 몇 살로 보였나요?
목격자: 대략 18 또는 19세 정도요.
면담자: 그의 일반적인 모습을 묘사할 수 있나요?
목격자: 그는 매우 컸고, 정말로 뚱뚱했어요. 아마 250파운드 정도 되어 보였고, 키가 컸지만 아주 크지는 않았어요.
면담자: 그를 나와 비교해 보세요. 나와 비교해서 더 큰가요, 작은가요? 혹은 나와 대충 비슷한가요?
목격자: 아마 당신보다 1인치 또는 2인치 정도 더 큰 것 같아요.
면담자: 저는 5피트 11인치입니다. 그러면 그는 얼마나 클까요?
목격자: 대략 6피트, 아마 6피트 1인치 정도요.
면담자: 당신은 그의 일반적인 신체적인 모습에 대해 또 다른 것을 이야기할 수 있나요? 그는 당신이 알고 있는 누군가를 생각나게 했나요?
목격자: 확실히는 아니지만, 내 사촌과 약간 비슷했어요. 그의 머리카락 때문에요.
면담자: 그의 머리카락의 어떤 점이 당신의 사촌에 대해 떠오르게 했나요?
목격자: 머리카락을 왼쪽으로 가르마를 하고 똑같은 방향으로 빗었어요. 정말 괴상하게 보였어요.

[면담자가 개념 코드로부터 추가적인 정보를 계속 이끌어 낸다.]

요 약

1. 목격자가 이미지 코드를 활성화시키는 것을 촉진하기 위해서, 면담자는 면담실의 불필요한 주의 분산을 최소화시킴으로써 목격자의 집중을 격려해야 한다. 또한 목격자에게 강력한 집중의 필요성을 지시하고, 눈을 감도록 격려해야 한다.
2. 목격자의 이미지를 활성화하기 위해, 면담자는 목격자가 이미지를 묘사할 때 이전에 사용했던 것과 동일한 단어를 사용하여 언급해야 한다.
3. 면담자는 목격자에게 이미지를 언어적으로 묘사하기 전에 목격자의 마음속에 이미지를 분명하게 생성하도록 지시해야 한다.
4. 이미지 코드를 탐지할 때, 면담자는 이미지와 관련 있는 요소에 맞는 개방형 질문을 해야 한다. 또한 면담자는 세부적이고 정밀한 응답을 해 달라고 명시적으로 요청해야 하며, 천천히 그리고 신중하게 말해야 한다.
5. 추수질문은 목격자의 이야기식 응답에는 포함되지 않았던 관련 정보에 대해 이루어져야 한다.
6. 면담자는 하나의 이미지를 다른 이미지로 전환할 때 명백한 휴지 시간을 가져야 한다.
7. 개념 코드 탐지는 목격자에게 다른 사람의 관점을 채택하게 하거나 사건을 다양한 시간적 순서로 보고하게 함으로써 향상될 수 있다.

11

인지면담의 순서

도 입

개방형 이야기

기억 코드 탐지

면담 검토

면담 종료

지금까지 모든 특수한 면담기법을 다루어 왔지만, 여전히 중요한 요소, 즉 이러한 기법들이 부드럽게 기능하도록 조화시키는 문제가 남아 있다. 유능한 면담자는, 여러 다른 선수들의 움직임을 조정하고 게임의 시작, 중간, 끝에 할 플레이를 선택하는 전략을 가져야 하는 미식축구 코치처럼, 다양한 질문기법을 조정하여야 하며, 면접의 처음, 중간 그리고 마지막에 어떤 정보를 이끌어 낼 것인가에 대한 전체적인 전략을 가지고 있어야 한다. 그와 같은 조화로운 접근을 하지 않는다면, 면담은 비효율적으로 진행될 것이다. 이 장에서는 면담자가 지금까지 개발된 탐지기법을 효율적으로 사용할 수 있도록, 면담의 처음부터 끝까지 각 부분들의 하위 목표를 기술하고자 한다.

면담의 일반적인 목표는 ① 목격자를 관련 정보가 풍부하게 담겨 있는 기억 코드들로 안내하고, ② 이러한 코드들이 활성화되었을 때 의사소통을 촉진시키는 것이다. 목격자가 풍부한 정보를 담고 있는 기억 코드를 확정하기 위해서, 면담자는 우선 사건에 대한 목격자의 전체적인 묘사에 친숙해야 한다. 반드시 그 이후에야 어떤 이미지가 가장 가치 있는 정보를 포함하고 있는가에 대해 근거 있는 결정을 내릴 수 있다. 면담자는 목격자를 가장 풍부한 기억 코드로 안내하고 난 뒤, 목격자가 적절한 정서 · 태도 상태에서 사건을 세부적으로 생각하고 묘사할 수 있도록 발전시켜야 한다.

인지면담은 다섯 부분, 즉 도입(introduction), 개방형 이야기

(open-ended narration), 기억 코드 탐지(probing memory codes), 검토(review) 그리고 면담 종료(closing the interview)로 나뉘는데, 각 부분은 면담의 궁극적인 목표 달성에 독특한 기여를 한다. 도입에서는 면담 전반에 걸쳐 효과적인 기억과 의사소통을 증진하는 데 요구되는 적절한 심리적 상태 및 대인 역동성을 확립한다. 개방형 이야기는 면담자가 목격자의 사건에 대한 전체적인 묘사와 다양한 기억 코드를 탐지하기 위한 효율적인 전략을 추정하게 해 준다. 기억 코드 탐지 단계는 면담자가 목격자를 그가 지니고 있는 지식의 풍부한 원천으로 안내하고 그 내용들을 철저하게 이끌어 내는 주요 정보 수집 단계다. 검토 단계에서 면담자는 자신이 기록한 정보의 정확성을 검토하고 목격자에게 추가적인 회상의 기회를 제공한다. 마지막으로, 면담 종료 단계에서 면담자는 면담의 생명을 연장하는 제안을 하고, 목격자가 긍정적인 마지막 인상을 지니고 떠날 수 있도록 함으로써 공식적인 경찰 업무를 종결한다.

인지면담의 단계별 지침은 부록 A '인지면담 수행을 위한 참고 가이드'를 참조하라.

도 입

첫인상은 지속적이고 전체적인 면담의 분위기에 영향을 미칠 수 있으므로, 면담자는 특히 이 단계를 성공적으로 완료하는 것이 중요하다. 불행히도 많은 면담자가 이와 같은 유일한 기회를 낭비한다. 그들은 이 도입 단계에서 세부적인 정보를 즉시 수집하기 위해, 또는 공식적으로 요구되는 양식을 채우기 위해 필요한 배경 정보를 수집하는 데 시간을 보내면서 급히 지나가 버린다. 이렇게 함으로써, 그들은 나중에 심층적인 정보를 수집할 수 있는 기회를 막아 버린다. 면담자는 성공적인 면담을 실시하기 위해서 도입 부분을 투자의 관점에서 접근하고, 후에 큰 이익을 얻기 위해 시간을 적절하게 소비해야 한다.

면담의 모든 단계의 성공은 목격자의 일반적인 심리 상태와 면담자와의 사회적 상호작용에 달려 있다. 따라서 도입 단계에서 면담자의 제1의 목표는 목격자의 적절한 심리적 분위기를 만들고 두 사람 간의 효과적인 사회적 역동성을 증진하는 것이다. 이러한 가장 중요한 목표를 달성하였다면 면담자의 제2의 목표는 이후에 기억과 의사소통을 극대화하기 위한 일반적인 지침을 전달하는 것이다.

목격자의 불안 통제

성공적인 회상을 위해서 목격자가 자신의 두려움과 불안을 제어할 수 있는 능력이 매우 중요한데, 특히 목격자가 피해자이거나, 범죄 직후에 실시하는 면담인 경우 더욱 그러하다. 이 경우, 면담자는 반드시 면담을 시작하는 바로 그 시기에 목격자를 진정시키고 목격자가 자신감을 갖도록 하는 데 시간을 보내야 한다. 이것을 실패하는 면담자는 나머지 면담을 종종 매우 비효율적으로 소비하는 결과를 갖게 된다. 목격자의 불안은 성공적인 면담의 장벽이 될 수 있기 때문에, 매우 불안한 목격자를 진정시키기 위해서 행위들의 표준적인 순서를 변경하는 것은 가치가 있다. 이러한 경우, 면담 초기에 오직 범죄와 직접 관련이 없는 위협적이지 않은 질문만을 할 수도 있다. 정상적으로는 면담 종반부에 물어야 하는 배경, 개인 정보(주소, 전화번호 등)와 같은 질문은 불안한 목격자에게 면담을 시작할 때 더욱 기능적이다. 이는 그와 같은 질문들에 대답하는 것이 진정 효과를 가져오기 때문이다.

도입 단계의 두 번째 목표는 면담자와 목격자 간의 효과적인 의사소통을 증진하기 위해 요구되는 사회적인 역동성을 만드는 것이다. 이것은 필수적으로 두 사람 사이에 라포를 발달시키고 목격자가 면담의 중심적인 역할을 할 것이라는 기대를 확립하는 것을 수반한다.

라포 형성

라포 형성은 모든 면담에서 필수적인 요소다. 이것은 신체적 혹은 심리적 학대를 당한 아동 및 피해자와 면담할 때 특히 중요하다. 면담자와 목격자 간의 공통적인 경험을 공유하게 되는 라포 형성 단계의 부산물로써, 면담자는 목격자의 개인 배경, 관심사와 능력에 대해 알게 된다. 이 과정에서 목격자의 일부 지각적인 강점은 분명해지고, 이에 따라 면담자가 추수면담에서 이와 같은 전문적인 영역으로 안내할 수 있도록 해 준다.

목격자 역할의 중심성 확립

목격자는 면담을 면담자가 통제한다고 인식하기 때문에 면담을 하면서 말하기를 꺼릴 수 있다. 그들은 면담자가 적절한 질문을 하기를 기다렸다가 직접적으로 질문을 받을 때만 대답을 한다. 이와 같은 수동적인 응답을 억제하고 보다 적극적이고 자발적인 의사소통을 격려하기 위해, 면담자는 목격자에게 그가 적극적이어야 하고 면담의 중심 역할을 해야 한다는 것을 기대하고 있음을 전달해야 한다.

기억 및 의사소통 극대화

일단 심리적 분위기를 만들고 개인 간의 목표가 이루어지고 나면, 면담자는 기억인출과 의사소통을 극대화하기 위해 일반적인 지침을 전달하는 데 집중할 수 있다. 면담자는 목격자에게 그렇게 해 달라고 표현하지 않아도, 수사와 관련된 정보를 자발적으로 말할 것이라고 가정해서는 안 된다. 오히려 면담자는 세부적인 정보가 필요하다는 것을 분명히 말해야 한다. 이것은 특히 아동을 대상으로 하는 면담에서 매우 중요한데, 아동은 격려를 받지 않으면 세부적인 정보를 잘 제공하지 않기 때문이다.

면담자는 목격자에게 그들의 모든 생각을 수정하지 말고, 마음에서 생각나는 대로 말하도록 상기시켜야 한다. 이러한 것들에는 목격자가 사소하다고 생각하는 것, 순서가 어긋난 것, 또는 심지어 이전 면담에서 말한 것과 모순되는 것들을 포함한다. 그러나 이러한 지시들을 목격자가 대답을 마음대로 꾸며내서 한다는 것으로 해석하지 않도록 주의해야 한다.

도입의 최종 목표는 보다 초점화된 집중을 증진시키는 것인데, 목격자에게 세부적인 기억탐색은 어려운 과업이며, 따라서 효과적인 회상은 강력한 집중을 요구한다는 것을 설명해 줌으로써 달성된다. 면담자는 이와 같은 지시들을 할 때 목격자가 기억인출에 철저하게 집중해 줄 것이라는 자신의 기대를 전달해야 한다. 이러한 지시들은 면담자가 그와 같은 집중을 증진하는 데 필요한 시간이 충분함을 나타내는 면담자의 행동에 의해서 보완되어야 한다.

개방형 이야기

면담의 다음 단계는 목격자가 사건에 대한 일반적인 회상을 이야기로 묘사하는 것이다. 개방형 이야기의 가장 중요한 기능은 면담자가 사건에 대한 목격자의 정신적 기록을 추론하는 데 있다. 이 지식을 가지고, 면담자는 나머지 면담을 목격자의 독특한 정신적인 기록에 적합하게 짜 맞출 수 있다. 이야기 단계 동안, 면담자는 무엇(특별한 세부 사항)이 저장되었는지보다 지식이 어떻게 저장되었는지에 면밀하게 주의를 기울여야 한다. 목격자는 언제 용의자를 보았을까? 어떤 정신적인 이미지들이 중요한 세부 사항에 대해 가장 분명한 시각을 지니고 있을까?

면담자는 가끔 목격자가 이야기 단계 때 말한 특정 사실을 무시하기가 어렵고 모든 세부적인 사항을 기록하고자 하는 궁지에 빠진다는 것을 알게 된다. 이 과정에서 면담자는 목격자의 범죄 전반에 대한 영상을 놓쳐 버리고, 면담의 나머지 부분을 비효과적으로 수행한다. 이야기 단계의 목표는 특수한 세부 사항들을 수집하는 것이 아니고 나머지 면담에 대한 전략을 개발하는 것이라는 점을 기억하라(Stone & DeLuca, 1980 참조). 이 시점에서 하나 또는 두 가지의 세부적인 내용에 대해 과도하게 주의하는 것은 추수면담에서 밝혀질 수 있는 많은 사실을 잃을 수 있다.

면담의 이야기 단계는 휴가를 계획하는 것과 비교될 수 있다. 경험이 많은 여행자는 어떤 도시와 명소(탐지할 정신적인 이미지)를 가 볼 것인가를 정확하게 결정하기 전에, 먼저 각 장소들이 무엇을 제공하는지를 알아본다. 물론 그들은 어떤 곳이 명소인지 결정하기 전에 그곳에 차를 몰고 가지는 않는다. 그들 모두가 알다시피, 그들은 단지 나중에 자신들이 다녀온 장소에서 가까운 곳에 더 많은 볼거리가 있다는 것을 알고 난 후에야 그곳이 흥미 없는 곳이었다는 것을 결정할 수도 있다. 그들이 강박적으로 자연스럽지—재미있을 수 있겠지만, 아마도 비효율적인—않는 한, 그들은 우선은 다양한 장소 중 어떤 곳이 유용한 곳인지를 알기 위해 친구나 여행사에 물어볼 것이고, 그런 다음에 자신의 흥미에 맞는 장소를 결정할 것이다. 같은 방식으로 목격자의 정신적 이미지 중 하나를 '탐방(visiting)'하고 세부 사항들을 탐지하기 전에, 면담자는 다양한 정신적 이미지들에서 무엇을 찾을 것인가를 먼저 결정해야 한다. 어떤 이미지가 자신의 수사 요구와 가장 알맞을 것인가? 이것을 결정한 후, 가장 적합한 이미지와 가장 효율적인 순서를 선택해서 탐지할 수 있다. 어떤 다양한 선택이 있는가를 알기 전에, 시작할 때부터 세부 사항을 결정하는 것은 면담자의 '여행(trip)'을 망칠 수 있다.

일반적인 맥락 회복

목격자에게 이야기를 요청하기 전에, 면담자는 사건과 연합된 일반적인 맥락을 재현해야 한다. 이 시점에서의 맥락은 전체적이다. 이런 맥락은 사건이 발생하기 직전의 목격자의 일반적인 마음 상태와 그 당시 사건을 둘러싸고 있는 일반적인 물리적 환경을 말한다. 면담자는 목격자에게 왜 은행에 갔었으며 그날 하루 동안의 일반적인 계획이 어떤 것이었는지 묘사하라고 요청할 수 있다.

이야기 요청하기

면담자가 일반적인 맥락을 회복시킨 후, 이제 이야기를 이끌어 낼 준비가 되었다. 그는 다음과 같이 말할 수 있다.

> 그 당시 범죄에 대해 기억할 수 있는 것은 무엇이든 당신 자신의 말로 표현해 보세요. 당신이 할 수 있는 한 가장 상세하게 모든 것을 말해 보세요.

정보 가치가 없는 묘사

이야기는 가해자에 대해 자세하게 묘사를 하는 데 주의를 기울이지 않고, 일반적으로 사건 행동에 초점이 맞추어져 있다. 목격자는 두려움과 불안, 불공정한 경험에 따른 격분감 때문에 도중에 이야기를 중단하기도 한다. 비록 이러한 많은 세부 사항이 수사와 모두 특별하게 연관돼 있는 것은 아니지만, 면담자는 최소한 면담 초기에는 목격자가 이러한 감정을 표현하도록 놔 두어야 하며, 면담의 후반까지는 더욱 관련 있는 세부 사항에 초점을 맞추는 것을 지연해야 한다. 이렇게 하는 데는 명백히, 면담자가 목격자의 묘사를 중단시키거나 재초점화시키기 전까지 얼마나 많은 관련 없는 정보를 수용할 것인가에 대해, 면담자의 현명한 판단이 요구된다. 목격자를 수사망(just-the-facts) 속에 넣어 과도하게 통제하는 것보다는, 비록 시간을 낭비하더라도, 매우 관대하게 두어 오류가 발생하는 것이 더 낫다. 면담 초기의 빈틈없는 통제는 시간을 절약할 수는 있지만 나중에 대가를 치르게 되며, 다른 관련 정보에 접근하는 것을 방해할 것이다. 이야기가 아주 멀리 잘못된 방향으로 가지 않는 한, 면담자는 이야기를 방해해서는 안 된다.

목격자의 이야기가 현저히 목적에서 벗어나더라도, 면담자는 목격자를 비난하지 말고 범죄에 대해 더욱 가깝게 초점을 맞추라고 부드럽게 제안해야 한다. 마찬가지로 목격자가 자신의 감정과 우려에 대해 설명할 때, 면담자는 간단히 그것들을 인정하고 목격자가 이야기를 계속하도록 격려해야 한다.

불안한 목격자

만약 목격자가 이야기하는 동안 극도로 불안해하면, 이야기로 되돌아가기 전에 먼저 불안을 치료해야 한다. 매우 불안해하는 목격자를 강제로 대답하게 하는 것은 불완전한 응답과 실수를 일으킬 수 있다. 더욱 나쁜 것은 협조적인 목격자를 남은 수사에 대해 꺼리게 하거나 비협조적인 목격자로 변화시킬 수 있다.

사실적인 세부성 재탐지

비록 대부분의 목격자가 행동 지향적인 이야기를 할 것이고, 가해자에 대한 상세하고 신체적인 묘사에 초점을 맞추지 않을 것이지만, 일부 목격자들은 상세하고 정보가 될 만한 답변을 할 것이다. 이러한 유형의 답변은 면담자가 추구하는 답변이므로, 면담자는 상세한 내용을 기록하고 더 탐지하기 위해 이야기 도중에 종종 끼어든다. 여기서 끼어드는 것은 목격자의 이야기를 혼란하게 하거나 불완전하게 하는 오류를 일으킨다. 결과적으로, 면담자는 목격자의 범죄에 대한 전반적인 묘사에서 잘못된 추론을 끌어낼 수 있고, 이것은 이후의 면담을 비효율적으로 이끌어 간다. 이처럼 단순한 끼어들기에 의해 생기는 기본적인 결과는 이후의 면담에서 많은 사실을 잃게 되는 원인이 된다. 면담자는 목격자의 이야기에 끼어들기보다는 앞서 언급한 사실을 재탐지하는 그 이후의 면담 때 자신을 상기시킬 수 있도록 간단하게 기록해 두어야 한다.

목격자의 표상 결정하기

사건에 대한 목격자의 표상을 결정하는 가장 쉬운 방법은 목격자에게 단순하게 가해자 또는 다른 중요한 사물에 대해 가졌던 그의 시각을 직접적으로 간단하게 물어보는 것이다. 더욱 간접적인 방법으로는 목격자의 이야기를 주의해서 듣거나 목격자의 조망을 채택하여 목격자가 처음에 사건을 경험했을 때와 동일한 방식으로 사건을 봄으로써 목격자의 정신적인 표상을 추론하는 것이다. 이야기를 하는 동안, 면담자는 목격자가 용의자, 중요한 사물, 또는 관련 행동들에 대한 분명한 시각을 나타내는 모든 징후에 대해 특별한 주의를 기울여야 한다.[1] 목격자는 "나는 곁눈질로 그를 보았어요." 혹은 "내가 돌아섰을 때 나는 처음으로 그를 주목했어요." 등의 구절을 사용해 자신의 시각적 조망을 나타낼 수 있다. 가끔 목격자는 "그는 문 근처에 서 있었는데……." 또는 "그는 금고 쪽으로 걸어가고 있었다."처럼 현장과는 분리된 신체적인 맥락을 말할 수도 있다.

목격자가 이미지 코드로부터 이끌어 낸 매우 분명한 정신적 이미

1) 분명한 '시각'은 시각적인 것만이 아닌 모든 감각을 지칭한다. 목격자는 자신의 내부에서 가해자의 목소리를 들을 수 있을 만큼 분명한 소리 이미지를 가질 수 있거나, 자신의 내부에서 가해자의 피부를 느낄 수 있는 분명한 촉각 이미지를 가지고 있다.

지를 갖고 있다는 징후들이 종종 목격자들의 반응 형태의 변화로 나타난다. 목격자는 가해자의 말을 흉내 내기 위해 더욱 신중하게 말하거나 자신의 목소리 질을 변경하기도 한다. 목격자는 자신의 내부를 탐색하기 위해 면담자로 향한 시선을 거두거나 눈의 초점을 흐릴 수도 있다. 묘사의 수준이 더 상세해질수록, 또 다시 개념 코드에서 이미지 코드로 변화하기도 한다.

목격자의 이미지 기록

목격자에게 이미지 코드의 다양한 신호가 나타나면, 면담자는 나중에 추가적인 정보를 탐지하기 위한 기록을 해야 한다. 이 단계에서 면담자의 기록은 나중에 자신이 다시 장면을 생각할 수 있고, 목격자에게 그가 이전에 사용했던 문구와 핵심 단어를 상기시킬 수 있을 정도로만 간단해야 한다(Stone & DeLuca, 1980 참조). 면담자는 이야기의 세부적 사항을 기록하는 것보다는 오히려 목격자가 이끌어 내는 정신적 이미지들에 관심을 갖는다.

범죄 장면에 대한 목격자의 정신적 이미지에 대한 면담자의 대부분의 지식은 목격자의 이야기를 신중하게 듣는 것에서 온다. 그러나 가끔은 중요한 정신적 이미지가 이야기에 포함되지 않는 경우도 있다. 목격자가 단순히 그것을 묘사하는 것을 잊어버릴 수 있다. 목격자는 다른 정신적 이미지에 집중했을 수도 있고, 또는 그 이미지를 부적절한 시간에 생각하고 그것을 갑자기 말하는 것이 어색하다고 느낄 수도 있다. 이유야 어쨌든 간에, 면담자는 이야기가 끝난 뒤 목격자에게 범죄현장에 대해 가지고 있는, 특히 가해자와 관련된 다른 이미지들 중 묘사하지 않은 것은 없는지 분명하게 물어야 한다. 보다 안전하게, 특히 아직 인지면담의 전문가가 아닌 경우, 면담자는 목격자에게 "당신이 가해자에 대해 가지고 있는 최고의 시각은 무엇입니까?"라고 물어야 한다.

탐지전략 개발

면담자는 목격자의 이야기를 듣고 난 후, 각 이미지에 어떤 사람, 사물 및 행동이 어떻게 표상화되었는지 알아야만 한다. 이 지식을 바탕으로, 면담자는 이러한 정신적인 기록에 접근할 잠정적인 탐지전략을 효율적으로 개발할 수 있다. 탐지전략의 목적은, 세부성의 원리와 탄력의 원리에 따라, 관련된 정보에 대해 가장 좋은 시각을 지니고 있는 이미지를 의식으로 이끌어 내고, 그들의 정보 모두가 소진될 때까지 이미지를 탐지하는 것이다. 가장 정보 가치가 높은 이미지는 처음에 탐지하고, 가치가 덜한 정보를 가진 이미지로 진행해야 한다. 또한 탐지전략은 각 이미지의 각성 정도, 그 이미지가 다른 이미지에서도 표상화된 정보를 포함하고 있는지 그렇지 않은지, 그리고 목격자의 일시적인 자신감을 고려해야 한다.

여기서 주의해야 할 것이 있다. 비록 면담자가 목격자의 기억 코드를 탐지하기 위한 잘 고안되고 체계적인 계획을 따르려고 노력해야 되지만, 이 계획을 사용하는 데 유연해야 한다. 만약 면담 중 변화를 시사하는 예상하지 않았던 정보가 탐색되면, 면담자는 이에 맞추어 이전의 계획을 수정해야 한다.

기억 코드 탐지

이 단계의 일반적인 목표는 목격자를 정보가 풍부한 다양한 기억 코드들로 안내하여, 그 기억 코드를 활성화하고, 최대한 많은 정보를 추출하고 기록하는 것이다.

정신적 이미지 활성화하기

면담자는 이 단계를 이전에 목격자가 언급했던 일부 사항들에 대해, 개방형 이야기 형식으로 더욱 세부적인 묘사를 얻기 위한 탐지할 것이라고 말하면서 시작해야 한다. 목격자에게 묘사하는 일이 매우 어렵고 강력한 집중을 요구한다는 것을 상기시켜 주는 것이 필요하다. 집중을 촉진하고, 주의를 분산시키는 신호들을 차단하기 위해 면담자는 목격자가 눈을 감도록 격려해야 한다.

특수한 정신적 이미지를 불러일으키는 절차는 가해자가 처음 총을 꺼냈을 때와 같은 특정한 사건과 관련된 심리적이고 환경적인 맥락을 회복시킴으로써 시작된다. 면담자는 목격자가 사용한 말과 비언어적 행동을 최대한 성실하게 그대로 복제해서, 그 당시에 대해 목격자가 이전에 언급한 것을 최대한으로 정확하게 반영하는 지시를 해야 한다.

면담자는 일단 목격자에게 적절한 이미지를 지시하고 난 뒤, 목격자에게 될 수 있는 대로 예리하게 이미지를 생성시키라고 격려하고, 그것을 자세하게 묘사하게 해야 한다. 목격자가 마음속으로 예리한 이미지를 생성하는 것을 확실히 할 수 있도록, 이 두 가지 구성 요소, 즉 이미지를 생성하고 묘사하는 것은 서로 분리되어야 한다.

일반적인 이야기 안내하기

목격자의 묘사는 면담자의 안내를 받아 이야기(narration)하는 형식으로 이루어진다. 아직 이야기가 관련 정보에 초점이 맞추어지지는 않았지만, 산출되는 정보가 풍부해지는 것을 보장하기 위해서, 면담자는 ① 질문을 목격자가 이미지의 특정한 부분에 지향하도록 구성하고, ② 개방형으로 질문하며, ③ 목격자에게 상세하고 광범위한 묘사를 해 달라고 요청해야 한다.

이야기의 모든 것은 면담 동안 가장 중요한 원천이 된다(Geroge, 1991). 그러므로 목격자의 응답을 중단시키지 않는 것이 절대로 필요하다. 완전한 응답을 하도록 격려하기 위해서, 면담자는 목격자가 말을 끝낸 후 탐지를 계속하기 전에 짧은 시간 동안 침묵해야 한다.

추수 탐지

활성화된 이미지로부터 나온 일부 정보들은 안내받은 목격자의 이야기에 포함되지 않을 것이다. 그러면 면담자는 폐쇄형 질문이나 범위를 한정시킨 질문(예, "그의 입을 묘사하세요.")을 사용하여 더욱 단호하게 탐지해야 한다. 탄력의 원리에 따라서, 모든 추수 탐지는 활성화된 이미지와 관련 있는 정보를 지향해야 한다.

나머지 이미지 탐지하기

남은 이미지들을 탐지하는 데도 동일한 일반적 절차가 사용되는데, 즉 특정한 맥락을 회복하고, 이야기를 하도록 안내하고, 특수한 탐지를 한다. 어떤 정신적 이미지에서 다른 이미지로 전환할 때, 면담자는 잠시 쉬었다가 새로운 이미지를 이끌어 내야 한다. 목격자가 두 번째 이미지를 묘사할 때 단지 이전에 했던 대답을 되풀이하는 것을 단념시키기 위해서는, 목격자에게 두 이미지를 독립적으로 취급하고, 설사 목격자의 묘사가 이전에 얘기했던 것과 반대된다 할지라도, 현재 떠오르는 새로운 이미지를 묘사하라고 분명하게 지시해야 한다. 떠오르는 모든 모순된 사실은 면담 후반부에 해결하도록 해야 한다.

이전에 활성화됐던 이미지 재탐지하기

면담자는 각 이미지를 처음 탐지할 때 각 이미지들의 모든 내용을 소진하도록 애써야 한다. 그러나 분명히 이것은 불가능하다. 가끔 이전에 탐지했던 이미지들을 재탐지하는 것이 필요하다. 이런 일은 처음에 이미지를 탐지하고 난 후 이미지의 내용에 대해 새로운 정보가 떠오르게 될 때 항상 발생한다. 예를 들어, 이미 가해자의 왼쪽 옆 얼굴 이미지를 다 탐지한 후에서야, 면담자는 그의 왼쪽 귀에 귀고리를 하고 있었다는 것을 알게 될 수 있다. 또 이미지를 처음 탐지할 때, 목격자는 정보의 중요한 조각에 대해 말이 혀끝에서 맴돌며 생각나지 않는 경우가 있기도 하며, 결국 그 당시에는 인출을 못하는 경우도 있다. 면담자는 이미지를 재탐지할 때 오로지 목표로 삼았던 정보만을 분리시켜 탐지해야 한다.

개념 코드 탐지하기

더 적은 세부 사항을 포함하고 있으나 쉽게 접근할 수 있는 개념 코드는 통상적으로 관련된 모든 이미지 코드를 탐지하고 난 뒤에 탐지한다. 만약 목격자가 극도로 불안해하는 경우, 더 진행하기 전에 불안을 낮추는 것이 중요하다면, 먼저 개념 코드를 탐지해야 한다.

개념 코드를 탐지하게 되면, 일반적으로 더 많은 세부 정보가 직접적으로 추출되지는 않는다. 그러나 세부적인 정보에 접근하는 것은 간접적인 방식으로도 이루어질 수 있다. 예를 들어, 주관적인 언급을 객관적인 정보로 전환할 수 있다. 개념 코드를 탐지해서 얻은 응답들은 면담자가 이전에는 효력이 없었던 이미지들에 주의를 환기시킴으로써 세부적인 정보를 이끌어 낼 수 있다. 면담자는 이처럼 새롭게 결정된 이미지들을 다른 이미지 코드들과 동일한 방식으로 활성화시켜야 한다.

면담 검토

마지막 검토에서 면담자는 자신의 기록이나 기억을 이용해 목격자에게서 나온 모든 관계 있는 정보를 반복해야 한다. 검토의 목적은 ① 면담자가 기록한 것의 정확성을 체크하는 것, ② 목격자에게 새로운 정보를 밝혀 내기 위한 기억을 탐색하는 추가적인 기회를 제공하기 위해서다. 만약 목격자가 검토 도중에 새로운 정보를 기억해 낸다면, 면담자를 중단시키고 즉각적으로 얘기해야 한다. 목격자로 하여금 적극적으로 듣게 하고, 고칠 것이나 추가할 것이 있을 때 면담자를 중단하는 것을 돕기 위해, 면담자는 천천히 말하고, 검토의 각 부분이 끝난 뒤에는 잠시 쉬어야 한다.

만약 목격자가 새로운 정보를 자발적으로 제공한다면, 면담자는 추가적인 세부 사항을 탐지하기 위해 즉각적으로 이 새로운 정보를 추적해야 한다. 만약 새로운 정보와 관련되나 아직은 다루지 않은 이미지가 있다면, 면담자는 앞서 탐지했던 것과 동일한 방식으로 이미지를 탐지해야 한다.

면담 종료

우리가 수집한 경찰면담들을 검토한 결과, 많은 면담자가 면담을 단조롭게 종결하는 것을 알 수 있었다. 면담자들은 모든 질문을 묻고 나서 아무런 할 말도 남겨 놓지 않는다. 이러한 종료는 일반적으로 계획되지 않은 것처럼 보이며, 긍정적이고 체계적인 것보다는 질문이 부족해 보이는 것을 더 반영한다. 면담의 마지막은 최종적이고 지속적인 인상을 남기기 때문에, 이들 잠재성을 더욱 큰 장점이 되도록 사용해야 하고 다음과 같은 목표를 지닌 지침들을 따라야 한다. 우리는 면담 종료의 세 가지 특수한 목표로, ① 배경 정보를 수집하기, ② 면담의 기능적인 생명을 연장하기, ③ 긍정적이고, 지속적인 인상을 창조하기를 제안한다.

배경 정보 수집하기

모든 수사에서는 목격자들, 잠재적인 용의자, 다른 구경꾼 등에 대한 몇 가지 배경 정보를 수집하는 것이 필요하다. 종종 배경 정보는 직접적으로 범죄와 관련되어 있지 않다. 그러나 그것은 수사를 원활하게 진행하는 데 중요하다. 예를 들어, 목격자의 전화번호, 사업 장소, 잠재적인 용의자의 주소 등을 알아낼 필요가 있다. 이러한 유형의 정보는 비인적(impersonal)이고, 약간은 인구조사면담과 비슷하다. 그렇기 때문에 이것은 면담자와 목격자 간에 라포를 형성하는 데는 별 도움이 되지 않는다. 만약 그 어떤 것이 있다고 해도, 그것은 매우 비인적이기 때문에 목격자를 면담자로부터 소원하게 하는 경향이 있다. 그러므로 이러한 라포-억제 부분은 사건들의 일반적인 과정 중에 세부적인 정보가 모아지고 난 뒤에, 면담을 종료할 때로 연기하는 것이 최선이다. 또한 이러한 배경 정보는 목격자가 쉽게 접근할 수 있고 의사소통기술을 요구하지 않기 때문에, 목격자가 앞에서보다 어려운 기억을 탐색하느라고 정신적으로 소진된 면담 후반에도 정확한 대답을 할 수 있다.

우리가 이 단계를 면담의 초반에 수행하도록 추천하는 때는, 오직 목격자가 매우 불안하여 범죄와 관련된 어렵고 민감한 질문에 대답할 수 없을 때다. 이런 경우, 면담자는 이러한 배경 정보 질문을 목격자가 차분해지도록 돕기 위한 좋은 전략으로 사용할 수 있다.

면접의 기능적인 생명 연장하기

목격자는 면담이 끝난 뒤에도 범죄에 대해 오랫동안 생각하게 된다. 그래서 그들은 면담을 할 때 말하지 않았던 정보를 기억하게 된다. 면담자는 면담이 종료된 뒤에도 목격자가 이러한 정보를 보고하는 것을 촉진해야 한다. 이것은 면담자가 목격자에게 새로운 정보가 생각나면 어느 때라도 전화를 해도 된다는 면담자의 기대를 전달함으로써 달성된다.

긍정적인 최종 인상 만들기

면담을 종료할 때, 면담자는 목격자의 참여에 감사함을 표현하고 목격자를 한 사람의 개인으로서, 특히 피해자인 목격자에게 관심을 보여 줌으로써 긍정적인 최종적 인상을 남기도록 시도해야 한다. 이것은 오직 인도적인 이유에서 적절하다. 또한 긍정적인 마지막 인상을 남기는 것은 나중에 목격자나 또는 지역사회의 다른 구성원과 함께 수사를 촉진할 수 있음으로써 자기-이익을 도모하는 것이 될 수 있다.

절차를 완결짓기 위해서, 면담자는 공식적인 면담이 끝난 며칠 후에 목격자의 건강 상태를 묻고 어떤 새로운 정보를 생각해 냈는지 확정짓는 마지막 노력을 하기 위해 목격자와 연락을 해야 한다.

요 약

1. 도입의 목표는 ① 목격자에게 적절한 심리적 분위기를 생성시키고, ② 면담자와 목격자 간에 효율적인 사회적 역동성을 증진하며, ③ 기억과 의사소통을 극대화하기 위해 일반적인 지침을 전달하는 것이다. 이것은 목격자의 불안을 제어하고, 라포를 형성하고, 면담에서 목격자가 중심적인 역할을 하도록 확립하고, 초점화된 집중을 증진함으로써 달성된다.
2. 개방형 이야기는 면담자가 사건에 대한 목격자의 정신적 이미지를 추정하는 것을 가능하게 한다. 면담자는 목격자가 사건에 대한 일반적인 맥락을 회복하도록 안내하고, 그런 다음 개방형 질문을 하여 이야기식 응답을 하도록 격려한다. 목격자의 이야기를 근거로, 면담자는 세부적인 정보들을 이끌어 내는 잠정적인 탐지 전략을 세운다.

3. 먼저 이미지 코드를 탐지하고 그다음에 개념 코드를 탐지한다. 면담자는 관련된 이미지 코드를 활성화하고, 그런 다음 이미지와 관련된 부분에 지향되어 있는, 잘 구성된 개방형 질문을 하여 이야기식 응답을 하도록 안내한다. 개념코드 탐지를 한 응답들은 덜 정확하지만, 더욱 정확한 정보를 간접적으로 드러낼 수 있도록 한다.
4. 면담자는 면담 중에 획득한 관련 정보들을 목격자와 함께 재검토하는데, 먼저 면담자가 한 기록들의 정확성을 점검하고, 다음으로 목격자에게 추가적인 회상을 할 수 있는 기회를 주기 위해서다. 사실들을 재검토할 때, 면담자는 만약 면담자가 실수를 하거나 또는 목격자가 추가적인 정보를 생각했을 때, 목격자가 면담자를 중지시킬 것을 격려해야 한다.
5. 면담을 종료할 때, 배경 정보를 수집한다. 면담자는 목격자가 면담이 종료된 후에 기억한 추가적인 정보들을 면담자에게 알려 주도록 격려함으로써 면담의 기능적 생명을 확대시키도록 노력해야 한다. 마지막으로, 면담자는 목격자에게 긍정적인, 최종 인상을 남기면서 면담을 종료하려고 노력해야 한다. 면담 종료 후 얼마간 있다가, 면담자는 목격자의 건강 상태를 묻고 새로운 정보를 이끌어 내기 위해 목격자에게 연락을 해야 한다.

12

면담 분석 사례

면담 1: 보석상 강도 목격자

면담 2: 총격 희생자

이 장에서는 이 책 전반에 걸친 사고들을 예증하기 위해 두 개의 면담 사례를 제시했다. 두 면담의 목격자들은 매우 다르다. 첫 번째 면담의 대상은 상당히 안정되어 있고, 훌륭한 언어 기술을 지닌 목격자인데, 여러 측면에서 이상적인 목격자다. 두 번째 면담은 문제가 많은데—불행하게도 이런 경우가 더욱 전형적이다—목격자의 언어 기술이 빈약하며 매우 불안해하는 피해자인 경우다.

효율적으로 하기 위해, 사례 면담을 모두 제시하지는 않았다. 목격자와 면담자 간에 불필요한 상호작용 그리고 공식적인 경찰수사에서 요구하는 많은 세부 사항을 생략하였다. 분명히 이 사례 면담은 교육을 목적으로 만들어진 것이지만, 대부분의 세부 사항은 우리의 연구에서 수집된 실제 면담에서 선택된 것들이다.

독자는 이 장을 적극적으로 살펴보면서 면담자가 접근하는 방식의 실수를 찾고, 면담자가 어떤 질문을 해야 하고, 질문을 어떻게 구성해야 하는가에 대해 생각해 보기를 바란다. 우리는 일부러 몇 가지 오류를 만들어 놓았다. 왜 이런 것들이 오류인지, 그리고 질문을 어떻게 바꾸어야 하는지를 이해하기를 바란다.

왼쪽에 면담 사례를 제시하였고, 그 오른쪽에는 면담의 적절한 원리에 대해 언급해 놓았다. 원리들은 단지 불필요하게 반복되는 것을 피하기 위해 원리들의 명칭을 제시했다. 관심 있는 독자는 보다 철저한 설명을 보기 위해 이 책의 관련 부분으로 돌아가 참조하기를 바란다.

면담 1: 보석상 강도 목격자(구경꾼)

배경: 면담 이틀 전, 목격자 제인 윌슨(Jane Wilson)은 두 명의 무장 강도가 들어와 계산원(cashier)에게 현금등록기의 내용물을 요구했을 때, 미드타운 다이아몬드 익스체인지에서 상품들을 보고 있는 중이었다. 목격자는 가게의 뒤편에 있었는데, 비록 공포에 떨고 있었지만, 공황상태는 아니었다. 목격자는 훌륭한 언어 기술을 보유하고 있었으며, 면담 시 상당히 안정되어 있었다.

면담	주석
면담자: 제인 윌슨(Jane Wilson) 씨 맞습니까? 저는 메트로폴리탄 경찰청의 제레미 주커먼(Jeremy Zukerman) 형사입니다. 어제 전화상으로 보석점 강도에 대해 간략하게 얘기했었는데 무슨 일이 발생했는지 더 자세한 설명을 듣고 싶어서요.	
목격자: 들어오세요.	
면담자: 어제 전화상으론 당황하신 것처럼 들렸는데요. 지금은 기분이 어떠신지요?	관심 보이기
목격자: 나아졌어요. 그땐 정말 무서웠는데, 특히 그들이 고함을 치기 시작하고, 제가 총을 보았을 때 그랬어요. TV에서 본 것 외에는 총을 본 적이 없었고, 정말 떨렸어요.	
면담자: 그러시는 건 자연스러운 반응입니다. 당연	목격자의 감정을 인

하죠, 강도가 총을 가지고 있었으니 위험한 상황이지요. 제가 경찰관이 되기 수년 전에 있었던 비슷한 상황이 기억나는군요. 상점 안에서 쇼핑을 하고 있었는데 강도사건이 발생했어요. 저도 그때 무서웠던 게 기억이 납니다.

정해 주고, 이해하고 있다는 것과 비슷한 감정을 전달하기

목격자: 동네 분위기가 변하고 있어요. 밤에는 밖에 나가기 두려운 곳이 되었어요. 이곳에 범죄가 많아요. 우리가 다시 안전하게 거리를 다닐 수 있도록 이런 녀석들 모두가 교도소에 있는 것을 보고 싶어요.

면담자: 그게 바로 저희가 하고자 하는 일이며, 이곳을 다시 안전한 지역으로 만들고자 하는 것입니다. 만약 당신이 충분한 정보를 주시면, 저희가 그들을 잡고 거리에서 사라지게 하는 데 도움이 됩니다.

■ 목격자의 관심을 확인하고 협조가 어떻게 목격자의 이익이 되는지 알려주기

이런 사람들을 잡기 위해서 될 수 있는 대로 아무것도 빠뜨리지 말고 많은 정보를 주시는 것이 필요합니다. 당신이 더 세부적인 정보를 주실수록 저희가 그들을 찾아 기소하는 것이 더 쉬워집니다.

■ 세부적인 응답을 원한다고 설명하기

목격자: 좋아요, 어디서부터 시작할까요?

면담자: 어제 전화에서 말씀하신 것으로 볼 때 당신은 강도를 상당히 잘 보셨고 발생한 사건에 대해 많은 걸 기억하는 것처럼 들렸는데요. 그래서 저

■ 목격자가 최대한 많이 회상해 줄 것이라는 것과 이번 면담이 철저한 회상을 하는

는 면담이 상당히 오래 걸릴 것으로 생각합니다.

우리가 혼란스럽지 않게 이야기를 나눌 수 있는 좋은 장소가 어디죠?

데 시간이 많이 걸릴 것이라는 기대를 확립하기

■ 주의 분산을 최소화하기

목격자: 거실로 가시죠. TV를 끌게요.

면담자: (사진을 가리키며) 자녀들입니까? 저는 세 명이 있죠. 딸 둘에 아들 한 명이에요.

■ 면담을 개인화하기–라포 형성하기

제인, 모든 정보를 기억하는 것이 중요합니다. 저는 당신한테 발생한 일들이 무엇인지 찾아내려고 노력할 것이고, 그래서 당신이 모든 것을 말해 주기를 기대합니다. 제가 질문하기를 기다리지 마세요.

■ 목격자에게 적극적인 역할을 주기

무엇이든지 마음속에 떠오를 때마다, 설사 그것이 매우 사소하고 당신이 이전에 말한 것과 반대되더라도 말해 주세요. 아무것도 빠뜨리지 마시고요.

■ 응답을 생략하지 말 것을 지시하기

당신이 어떤 특별한 사실을 몰라도 괜찮습니다. '모른다'고 말씀만 하시면 됩니다. 단지 대답을 하기 위해 지어내서는 안 됩니다.

■ 작화를 피하기

저는 당신이 범죄에 대한 모든 세부적인 것을 기억하는 것이 어려운 일이라는 것을 잘 알고 있습니다. 그래서 되도록 집중을 하셔야 합니다.

■ 집중을 장려하기

시작하기 전에, 당신이 상점에 있었던 곳과 강도사건이 일어나기 바로 전 당신이 하고 있었던 생각을 말씀해 주시기를 바랍니다.

■ 원래의 맥락을 회복시키기

목격자: 제 남편 생일을 위해 시계를 사려고 했어요. 그곳에서 몇 년 전에 몇 개의 보석을 샀거든요. 그것들은 너무 비싸지도 않고 질 좋은 상품이었어요. 강도들이 고함치기 시작할 때 저는 틀림없이 상점 뒤쪽을 향해 서 있었어요.

면담자: 할 수 있다면 간략하게 상점을 그려 보세요. 당신이 서 있던 곳, 강도가 있었던 곳과 점원이 있었던 곳을 표시하세요. (목격자가 스케치를 그린다.)

목격자의 조망을 이해하기 위해 장면을 스케치

면담자: 상점 안의 조명 상태는 어떠했나요?

맥락을 회복시키기

목격자: 매우 빛났지요. 제가 생각하기로는 그곳이 보석상이니 모든 것이 반짝반짝 빛나기를 원하겠지요.

면담자: 제인, 당신이 강도를 처음 보았을 때와 동일한 위치로 돌아가서 생각해 보세요. 그리고 내게 강도사건이 끝날 때까지 무슨 일이 있었는지 기억나는 것을 모두 당신이 평상시 사용하는 말로 얘기해 주세요.

개방형 이야기를 요청하기

되도록 상세하게 말씀해 주세요.

세부적인 묘사를 요청하기

목격자: 좋아요, 처음에는 아무것도 이상한 것을 눈치 채지 못했어요. 상점 안에는 몇몇 사람들이 보석을 보고 있었어요. 그런데 갑자기 고함치는 소리를 들었어요. 처음엔 누군가 아프거나 다쳤구나 생각했는데, 주인에게 이 두 사람들이 고함

면담자는 추후 탐지에서 사건에 대한 목격자의 시각을 자신에게 상기시키기 위해 단지 간단한 메모만을 한다.
① 2명의 강도(R) 주

치고 있고, 가방 안에 돈을 담고 있는 행동을 보았어요. 한 사람이 뒤돌아서 가게 안에 있던 손님들에게 "바닥에 엎드려!(DOWN ON THE FLOOR)"라고 소리쳤죠. 그가 총을 가지고 있었기 때문에 전 정말 겁에 질렸어요. 총에 대해 아무것도 모르지만, 총은 매우 컸었고 집에서 보았던 장난감 총보다 훨씬 컸어요. 바닥에 엎드렸고, 총을 가진 남자가 미쳐 보였기에 겁에 질렸죠. 그는 초조해 보였어요. 동료를 돌아 보면서 빨리 "여길 나가자." 하고 말했죠. 돈을 가지고 있는 또 다른 한 사람은 잘 볼 수 없었어요. 저는 우리에게 총을 겨누는 사람에게 주로 집중했었어요. 얼마 후에 계산대 안에 있었던 남자가 우리에게 총을 겨누고 있는 남자에게 "가자." 또는 그런 식으로 말하고 둘 다 상점 밖으로 달려 나갔어요. 저는 그때는 정말 당황했어요. 아마 상점 주인이 경찰을 불렀던 것 같아요. 한 경찰관이 일어났던 일들에 대해 나에게 몇 가지 질문을 하고 제 이름과 전화번호를 메모해 갔죠. 그는 잠시 후에 나에게 오겠다고 말했어요. 그 후 저는 집에 와서 남편에게 발생했던 일에 대해 전화를 했어요.

> 인에게 소리침: $ 가방에
> ② R1이 손님에게 "바닥에 엎드려." 하고 소리침 (목소리 변화를 주목)
> ③ 목격자는 겁에 질림, R1 큰 총,
> ④ 목격자는 겁먹은 채로 바닥에 엎드림
> ⑤ R1: 미친 것 같은, 초조
> ⑥ R2가 R1에게 가자고 함
> ⑦ R들 도망감

> ▪ 목격자가 남편에게 얘기함

면담자: 그 강도들을 그곳에서 다른 시각으로 본 적이 있나요?

> ▪ 명료한 이미지를 끌어내기 위한 마지막 요청

목격자: 아니요. 제가 그들을 본 건 오직 지금까지
  이야기한 시간들뿐이에요.

[면담을 계속하기 전에, 면담자는 다음 단계에 대한 그의 탐지전략을 짠다. 목격자는 R1에 대해 네 가지 시각을 가지고 있는데, ① 처음에 그가 주인에게 소리를 지를 때, ② 그가 돌아서서 고객들에게 소리를 지를 때, ③ 목격자가 바닥에 쓰러진 다음에, 그리고 ④ R1과 R2가 상점에서 달려 나갈 때다. ②와 ③의 시각은 가깝고 보다 정면에서 바라본 시각인데, R1의 얼굴에 대한 가장 좋은 시각을 제공할 것이다. 목격자가 시각 ②에서 무기에 초점을 맞췄기 때문에, 그녀는 또한 여기서 무기를 쥐고 있는 R1의 손에 관한 추가적인 정보를 제공할 수 있다. 바닥에서 바라본 시각 ③은 R1의 구두와 바지에 관한 특별한 정보를 제공할 수 있다. 시각 ④는 강도의 등에 관한 정보를 제공하며, 또한 그들이 어떻게 도망갔는가에 대한 정보를 제공할 것이다. 그 밖에 그녀는 R1(초조한)의 몇 가지 주관적 인상과 "**바닥에 엎드려.**"라고 말하는 그의 분명한 목소리 이미지를 갖고 있다. 목격자는 R2에 대해서는 아마 세부적이지 않은 단지 두 가지 시각을 갖고 있는데, ① 처음에 그가 주인에게 소리를 질렀을 때, 그리고 ④ R1과 R2가 가게 밖으로 달려 나가고 있을 때다. 그리고 목격자는 그가 R1에게 "가자."라고 말하는 것을 들었다.

면담자는 목격자가 R1에 대해 더 좋은 시각을 가졌기 때문에, 먼저 R1의 얼굴, 옷 그리고 무기에 대한 정보를 담은 이미지를 가지고 탐지를 시작할 계획을 세운다. 이들 이미지들은 시각 ②와 ③에 있다. 면담자는 이들 정면 시각의 내용들을 다 소진한 다음, 시각 ④에서 R1의 등과 그가 어떻게 도망갔는지를 탐지한다. 마지막으로, 면담자는 다른 이미지들에는 담겨 있지 않은 어떤 새로운 정보를 이끌어 내기 위해 이미지 ①을 활성화시킨다. 두 번째로,

R2를 탐지할 것인데, 주인에게 고함을 지르는 이미지 ①의 정면 정보부터 시작하고, 다음 상점 밖으로 도망가는 이미지 ④로 진행한다. 또한 목소리 정보는 "가자."라고 말하는 R2에 대한 목격자의 이미지에 초점을 맞춤으로써 탐지한다. 나머지 면담 동안 제기되는 새로운 모든 정보는 목격자의 정신적 표상에 적합하도록 결합할 것이다.]

면담자: 당신이 아까 말했던 이미지들로 되돌아가서 다시 강도를 묘사한 것을, 그러나 이번에는 좀 더 자세히 묘사해 주시기를 바랍니다.

▪ 보다 세부적인 묘사를 요청하기

저는 이 일이 어렵고 더 많은 집중력이 필요하다는 것을 잘 압니다.

▪ 초점화된 인출을 격려하기

그러나 당신이 더 자세하게 묘사해 줄수록 우리가 그들을 잡을 가능성이 더 많아진다는 것을 기억해야 합니다.

▪ 세부 사항의 필요성을 전달하기

총을 가진 남자가 돌아서서 당신에게 "**바닥에 엎드려.**" 하고 고함을 쳤을 때로 돌아갑시다.

▪ 목격자의 원래 말과 억양을 이용해 특수한 맥락을 회복하기

먼저 단 한 사람, 즉 당신에게 고함친 사람에 대해 집중하세요.

▪ 한 번에 한 명의 가해자만을 탐지하기

눈을 감으면 조금 더 쉽게 집중할 수 있어요. (면담자도 눈을 감는다.)

▪ 눈 감기를 면담자가 시범을 보임

강도가 처음 당신에게 돌아섰을 때를 최대한 철저히 정신적으로 그림을 그려 보세요. 아직 아무 말도 하지 마세요. 단지 이미지를 되도록 명료하게 만들어 보세요.

▪ 세부적인 이미지 만들기. 이미지가 충분히 생성되기 전까지는 묘사를 지연하기

(목격자가 이미지를 생성하도록 몇 초 동안 정지함)

강도 얼굴과 머리에 집중하세요. (쉼)

자, 되도록 상세하게 강도의 얼굴과 머리를 묘사하세요. 아무것도 빠뜨리지 마시구요.

목격자: 그는 얼굴은 계란형이고 뺨은 통통했어요. 안색은 어두웠어요. 이마는 높았고, 머리카락은 어두운 색이었는데 갈색 또는 검정색인 것 같아요. 머리카락은 거의 생머리였는데 뒤로 넘겼고 약간 왼쪽으로 빗었어요. 입은 약간 이상했는데 좀 구부러진 것 같았어요.

면담자: (침묵)

목격자: ……아마 그의 콧수염이었어요. 그건 고르지 않았어요. 왼쪽이 오른쪽 수염보다 더 두꺼웠던 것 같았어요. ……이게 제가 기억할 수 있는 전부예요.

면담자: 이미지를 마음속에 유지하세요. 그의 눈 주위에 초점을 맞추세요.

그의 눈, 눈썹, 얼굴 윗부분에서 생각나는 모든 것을 말해 주세요.

목격자: 그것들은 이상하게 보였는데……. 정말로 커다란 눈동자를 가졌고, 마치 사람들이 미쳤을 때와 같았어요. 눈동자 색은 기억 못해요. 확신은 못하지만 아마 검은색이었어요. 그의 눈 주위

목격자가 이미지를 생성할 수 있도록 잠시 멈추기

틀 짜기 질문

개방형 질문

세부성을 명시적으로 요청

면담자는 여기서 세부적인 메모를 함

목격자가 응답을 마친 뒤 짧은 중지 시간을 가짐

중요한 세부 사항에 재집중

얼굴 위쪽의 독특한 특징

에 주름이 있었어요. 그리고 땀을 흘렸어요. 당신도 그의 앞이마의 땀방울에서 반사되는 빛을 볼 수 있었을 정도로요.

면담자: 그가 안경을 썼나요, 아니면 안 썼나요?

■ 이미지에 적합한 질문: 직접적인 추수질문

목격자: 아니요.

면담자: 자, 다시 머리카락으로 갑시다. 검고, 뒤로 빗은 생머리라고 말했죠. 그 밖에 그의 머리카락에 대해 더 말해 주시겠어요?

■ 추수 개방형 질문

목격자: 생머리였는데 약간 웨이브가 있었어요. 확실히 곱슬머리는 아니었어요.

면담자: 머리카락 길이를 묘사해 줄 수 있나요?

■ 중립적인 질문('길이'와 같은 명사 사용)

목격자: 귀를 살짝 덮었지만 그렇다고 아주 짧지는 않았어요. 그러나 매우 길지도 않았어요.

면담자: 그의 통통한 뺨에 대해 언급했는데 다시 뺨에 집중하시고……. (정지) 얼굴을 묘사해 보세요.

■ 이미지 중 아직 묘사되지 않은 부분에 재초점화

목격자: 눈에 띄는 건 없고요. 얼굴에 흉터나 다른 주목할 만한 점도 없었어요.

면담자: 그는 깨끗이 면도를 했나요, 아니면 얼굴에 털이 있었나요?

■ 직접적인 추수질문

목격자: 면도를 했어요.

■ 면담자는 모순을 기록함(목격자는 이전에 '수염'이 있다고 답변). 그러나 이것을 그 즉시 탐지하지는 않음

면담자: 피부는 얼마나 검었나요?

■ **오류**: 편향된 질문('검다')

목격자: 햇볕에 탄 것처럼 약간 거무튀튀했지만 심하게 검지는 않았어요.

면담자: 전반적으로, 그의 얼굴 중에 가장 두드러진 특징은요?

가장 독특한 특징

목격자: 제가 생각하기에는 눈, 커다란 눈동자를 가진 정말로 미친 듯한 모습이었어요.

면담자: 자, 다르게 접근해 보도록 하죠. 당신은 아까 그 남자가 당신에게 "바닥에 엎드려."라고 고함을 쳤다고 말했죠.

이미지를 바꿀 때 명백히 쉬는 시간을 갖기

이제 그가 당신에게 소리를 지르면서 그런 지시를 할 때에 대해 생각해 보세요. 오로지 그의 목소리와 말소리에만 집중하세요. (청각 이미지를 생성하도록 쉰다.) 그의 음성을 묘사해 보세요.

묘사를 요청하기 전에 쉬는 시간

음성과 그가 말하는 방식에 대해 어느 것이라도 좋으니 떠오르는 대로 모두 말씀해 주세요.

세부적인 묘사를 요구하기

목격자: 그의 음성은 초조한 것처럼 놀랄 만큼 높은 톤이었요. 저는 그가 가벼운 억양을 가지고 있다고 생각했지만 어떤 종류인지는 확실치 않아요. 정식적인 영어는 아니었고, ……단지 몇 년 전에 배운 영어 같았어요.

면담자: 당신은 그의 말투의 어떤 점이 정식적인 영어가 아닌 것처럼 생각하게 만들었는지 기억하실 수 있습니까?

주관적인 인상을 객관적으로 전환하기

목격자: 명확하지는 않아요. 하지만 지금 생각해 보니 그가 'the'를 뺀 'down on floor'라고 말했어요.

면담자: 다시 다른 이미지로 바꾸어 보죠. 그가 당신에게 바닥에 엎드리라고 고함친 후에 당신은 엎드렸죠. 그때 어떤 생각이 들던가요?

이미지를 바꿀 때는 분명한 휴식을 취하기

목격자: 그가 총을 가졌고 미친 것처럼 보였기 때문에 두려웠죠.

면담자: 당신이 있었던 위치와 바닥에 엎드린 후 어떤 생각을 했는지 그리고 총을 가진 남자에 대해 생각해 보세요. (쉼) 묘사해 줄 수 있나요?

맥락을 회복시키기

오류: 복잡한 언어화

면담자: 그 남자가 잡은 총에 집중을 해 주세요. 다시 눈을 감으시고 총에 집중하세요. 시간을 갖고, 눈을 감아 총의 이미지를 그려 보세요.

눈을 감기

자, 최대한 상세하게 총을 묘사해 주세요.

오류: 이미지를 떠올리는 것과 묘사 사이에 쉬는 시간을 주지 않음

목격자: 총에 대해 많은 걸 알지 못해요. 검은색이었어요. 이 외에 달리 말할 수 있는 것을 알지 못해요.

면담자: 여기에 두 가지 종류의 총에 대한 스케치가 있어요(전형적인 리볼버와 자동소총 스케치를 보여 준다). (자동소총을 가리키며) 총이 이걸 더 닮았나요? 아니면 (리볼버를 가리키며) 이걸 더 닮았나요?

회상보다 나은 재인, 특히 비전문가에게

목격자: (자동소총을 가리키며) 이걸 더 많이 닮았네요.

면담자: (총을 목격자에게 보여 주며) 제 총을 보세요. 동일한 종류인데, 강도의 총과 비교해서 어

절대적인 판단보다 상대적인 판단이 더 나음

떤가요?

목격자: (총신을 가리키며) 이 부분이 더 길었어요. 손잡이가 다른 모양이었어요. 두려워서 잘 묘사할 수가 없네요.

면담자: 좋아요. 그럼 손잡이를 그려 주시면 좋겠는데…….

비언어적인 응답 형식을 사용

목격자: (총 손잡이 모습을 그린다.)

면담자: 그 남자가 총을 잡은 사진으로 돌아가 봅시다. 다시 마음속에서 명료하게 그려 보세요(그녀가 이미지를 떠올리도록 정지). 자, 그럼 어떻게 총을 잡았는지 초점을 맞추세요.

틀 짜기 질문

목격자: 총을 오른손으로 잡았고(실제로 해 보이며), 총에 집중했기 때문에 그의 손을 기억해요. 손톱은 매우 길었어요. 손은 굉장히 크고 힘이 세 보였어요. 엄지 바깥쪽에 흉터가 있었어요.

면담자: 흉터가 있던 곳을 당신 손에 가리켜 보세요.

비언어적인 묘사

목격자: (흉터 있는 곳을 가리킨다.)

면담자: 바닥에 누워 그를 보았을 때, 그의 신발을 봤습니까?

오류: 갑작스럽게 이미지를 바꿈

목격자: 예.

면담자: 어떤 종류인가요?

오류: 개방형 질문 이전에 폐쇄형 질문

목격자: 런닝화요.

면담자: 무슨 브랜드인지 모르시죠, 그렇죠?

오류: 부정형 언어 구성

목격자: 예.

면담자: 색깔은요?

> **오류**: 너무 많은 폐쇄형 질문

목격자: 회색이요.

면담자: 바지로 가 보죠. 당신은 그것들을 보았나요?

목격자: 예.

면담자: 바닥에서 그를 쳐다보면서, 바지에 이미지를 집중하세요(목격자가 이미지를 생성하도록 정지.) 그의 바지에 대한 모든 걸 말해 주세요.

> 개방형 질문

기억하세요, 당신이 생각할 수 있는 세세한 모든 것을 말해 주셔야 된다는 것을요.

> 세부 사항 요청

목격자: 청바지였고,……진한 청색, 색이 바란 건 아니고요. (앞쪽의 왼쪽 주머니를 가리키며) 주머니가 찢겨 있어 오래된 것처럼 보였어요. 큰 버클이 있는, 마치 카우보이 벨트같이 생긴 갈색 가죽 벨트를 하고 있었어요.

면담자: 어떤 면에서 카우보이 벨트 같았죠?

> 주관적인 묘사를 전환하기

목격자: 벨트에 말 조각이 있었어요.

면담자: 좋아요, 이제 셔츠로 갑시다. 무슨 색이었죠?

> **오류**: 폐쇄형 질문으로 묘사를 시작함

목격자: 흰색이요.

면담자: 민소매였나요?

> **오류**: 유도질문

목격자: 예.

면담자: 어떤 표식 같은 게 있었나요?

> **오류**: 너무 많은 폐쇄형 질문

목격자: 아니요.

면담자: 바닥에 누워 있을 때 얼굴을 보았나요?

목격자: 예.

면담자: 목과 옆 턱 밑을 집중하세요. 단지 이 부분에만 초점을 맞추되, 셔츠의 윗부분에서 턱 쪽으로 내려가는 겁니다(목격자가 이미지를 떠올리도록 정지). 당신이 본 것을 자세하게 묘사해 주세요.

> 이미지에 적합한 탐지(바닥에 엎드렸을 때의 시각으로)

목격자: 셔츠의 목 부분은 풀려 있었고, 목에는 얇고 금으로 된 목걸이를 하고 있었어요. 목걸이 아래가 셔츠 안에 있었기 때문에 장식이 있었는지는 볼 수 없었어요. 그의 셔츠 윗부분으로 약간의 가슴털이 보였어요. 그의 팔에는, 특히 팔뚝 둘레에 털이 있었어요.

> 면담자의 유연성: 면담자는 현재 이미지를 완전히 소진한 후 추가적인 이미지(팔)를 탐지하기 위해 기록함

면담자: 바닥에 누워 있을 때 그의 얼굴을 주시해 보았나요?

목격자: 그때는 총에 모든 초점을 맞추었기 때문에 자세히 보지는 못했어요. 그가 우리에게 무언가 말할 때 얼핏 보았지만, 많은 것이 기억나진 않아요.

면담자: 당신은 이제 방금 그의 팔뚝에 털이 많다고 했죠. 언제 그의 팔을 주시해 보았나요?

> 이미지를 활성화시키기 위해 목격자의 말을 사용하기

목격자: 그가 총을 쥐고 있었을 때였어요. 그가 오른손으로 총을 잡았기 때문에, 오른팔을 쳐다보고 있었어요.

면담자: 그가 총을 쥐고 있는 오른팔에 초점을 맞춰

주세요. 단지 팔에만 초점을 맞추세요(목격자가 이미지를 떠올리도록 정지). 오른팔에 대해 생각나는 모든 것을 말해 주세요.

목격자: 아까 말한 것처럼 털이 있었고, 근육운동을 한 것처럼 근육이 발달되어 있었어요. 또한 이두박근이 컸어요. 팔 위쪽에는 뭔가 표시가 있었어요. 문신이었거나 태어났을 때부터 있던 표시일 수 있을 거예요. 확실치는 않지만, 팔에 이상한 표시가 있었어요.

면담자: 이 표시를 좀 더 세밀하게 묘사해 줄 수 있나요?

추수 탐지

목격자: 아니요, 단지 짧은 시간 주시해서, 매우 선명하게 보지는 못했어요. 그러나 뭔가 있었어요. 대략 그 사람의 팔 여기(자신의 팔을 가리키며)예요.

[면담자는 지금까지 기술한 것처럼 동일한 방식으로 두 강도에 관한 추가 정보를 얻기 위해 이미지 ④와 ①을 계속 탐지한다. 이미지 ①과 ④는 그들이 단지 한정된 정보만을 담고 있기 때문에(상점 밖으로 도망가는 동안의 이미지 ④) 혹은 주의 깊게 관찰하지 않았기 때문에(이미지 ①은 목격자가 무엇이 발생한지를 충분히 파악하지 못했을 때) 보다 덜 집중적으로 탐지된다. 면담은 목격자가 강도사건이 벌어진 다음 전화로 남편에게 말할 때 그에게 전달했을 수 있는 정보에 대한 탐지를 계속한다.]

면담자: 제인, 이전에 강도사건을 남편에게 말했다고 언급했었는데, 당신은 강도사건에 대해 매우 세부적으로 말했나요. 아니면 단지 강도에 대한 당신의 일반적인 반응을 말했나요?

목격자: 남편은 호기심이 많은 편이어서, 무슨 일이 있었는지 완전한 묘사를 원했어요. 제 생각에 남편은 아마추어 형사 같았고, 범죄를 저지른 사람을 찾아내고자 원했던 거 같아요.

면담자: 남편께 말씀하셨을 때 일어났던 일을 잘 묘사할 수 있었나요?

목격자: 그럼요, 그때는 강도사건이 일어난 바로 직후라 일부 세부적인 사항을 기억하는 것이 쉬웠어요. 사실, 강도 중 한 사람의 이름을 남편에게 말했어요—다른 강도가 그를 불렀었다—하지만 지금은 기억할 수가 없어요. 써 놓았어야 했었는데…….

면담자: 자, 그럼 남편에게 말할 당시로 가 봅시다. 그때 당신은 어디에 있었나요?

이전에 성공적으로 회상했던 맥락을 재회복시키기

목격자: 집에요. 부엌에서 전화로 말하고 있었어요.

면담자: 전화상으로 남편에게 말할 당시로 가서 대화를 재구성하도록 해 보죠.

목격자: 무슨 일이 있었는지 말했어요. 자연스럽게 남편은 괜찮으냐고 물었고, 경찰에게 말했는지 안 했는지 물었어요. 전 "아니요."라고 말했고,

제 생각에 제가 그 남자의 모습을 기억하고 그들 중 한 사람의 이름을 기억했던 걸 남편에게 말했어요. 지금은 그의 이름을 기억하지는 못해요.

면담자: 남편과 대화하면서 범인 이름을 생각해 냈을 때의 순간으로 가 보죠.

시간을 가지시고, 범인 이름을 어떻게 기억했는지 되돌아가 생각하세요.

> ■ 이전에 했던 회상에 대해 정신적 작용을 재회복시키기

목격자: 남편이 그 이름에 대해 농담을 한 게 기억나요. 왜냐하면 조카 이름, 로비(Robbie)와 비슷했거든요. 정확한 이름은 아니었고요. 외국 이름이었고, 로비보다 약간 길었고…… 로베르토(Roberto). 맞아요, 그 남자가 그를 '로베르토'라고 불렀어요.

> ■ 부분적인 특징을 회상하기

면담자: 당신에게 총을 겨눈 남자와 상점 계산대에 있는 남자 중에 누가 로베르토죠?

목격자: 우리에게 총을 겨눈 남자예요.

면담자: 지금은 분명하지 않지만 남편께 말씀했던 또 다른 것들을 기억하실 수 있나요?

목격자: 아니요, 단지 이름뿐이에요.

[이제 면담자는 비-이미지 코드 탐지를 시작할 준비가 되었다.]

면담자: 강도 중에 리더가 있는 것 같았나요, 아니면 둘이 동등하게 함께 일하는 것처럼 보였나요?

목격자: 계산원 옆에서 돈을 빼앗던 남자가 리더였던 것 같아요. 그가 로베르토에게 다음 일을 지시했고, 그 남자가 좀 더 영리한 것 같았어요.

면담자: 그의 어떠한 점이 더 영리한 것처럼 보였나요?

주관적인 인상을 전환하기

목격자: 확실치는 않아요. 그가 로베르토보다 더 분명하게 말했거나 또는 강세 없이 말했던 것으로 생각이 들어요. 또한 옷도 더 잘 입었고, 청바지가 아닌 정상적인 바지를 입었어요. 좀 더 깨끗하게 머릴 잘랐고요. 안경도 썼고요. 당신도 아시다시피 때때로 안경을 쓰면 사람들이 더 똑똑해 보이잖아요.

면담자: 제인, 당신이 리더라고 생각하고 일어난 일들에 대해 그의 관점에서 생각해 봅시다. 즉, 그가 무엇을 생각했었는지, 그리고 그가 강도에 대해 어떻게 생각했어야만 했었는지를 상상해 보세요. 이렇게 하는 것이 어려운 일이라는 것을 잘 알아요. 그러니 집중하도록 하세요.

다양한 인출(관점 바꾸기)

아무것도 지어내지 마세요. 오직 실제로 본 것들만 강도의 관점에서 말해 주세요.

작화에 대한 경고

목격자: 좋아요. 우리는 상점에 들어온 후에 나는 총을 꺼내고 돈을 내놓으라고 상점 주인에게 고함을 질렀어요. 계산대에 빈 가방을 놓고, 그에게 가득 채우라고 말했죠. 전 로베르토에게 상점

안의 손님들이 방해하지 않도록 그들을 감시하라고 했죠. 상점 주인은 겁에 질려서 계산대 위에 돈을 놓았지만, 가방에 넣지는 않았어요. 그래서 내가 넣었죠. 또한 진열대에는 몇 개의 시계와 보석류가 있었는데, 너무나 괜찮아서 역시 제가 챙겼죠. 그것들 중 하나를 떨어뜨렸다고 생각했지만, 그걸 줍기에는 너무 다급했죠. 돈을 모두 챙기자마자 로베르토에게 "트럭에 실어."라고 소리쳤죠. 로베르토가 먼저 떠났어요. 나는 그다음에 문밖으로 돌아와서, 총을 흔들며 손님들에게 "누구라도 영웅이 되려고 하지 마라."고 소리쳤어요. 그리고 도망쳐 나왔어요.

[여기서 몇 가지 새로운 정보가 밝혀진다. 돈을 담아 나르기 위한 가방이 있었음, 시계 외에 몇 점의 보석들을 챙김, 리더격인 강도와 그의 총을 정면에서 바라본 시각 그리고 도주용 차량으로서 트럭 등이다. 이 모든 정보 자료에 대해, 이전에 이미지를 탐지한 방식과 동일한 방식으로 추가적인 정보를 얻기 위해 탐지할 것이다.]

면담자: 지금까지 당신은 강도 그리고 일어난 일들에 대해 많은 상세한 내용들을 말씀해 주셨습니다. 이제부터는 키, 몸무게, 체격 등과 같이 강도의 더욱 일반적인 측면을 묘사해 주시기를 바랍니다. 또한 그들에 대한 일반적인 인상이나 그들

이 누군가를 생각나게 하면 말씀해 주세요. 먼저, 당신에게 총을 겨눈 남자, 로베르토부터 시작하죠.

목격자: 그는 작았으며, 대략 5피트 7인치였고, 가슴이 두툼하고 떡 벌어졌어요. 복서처럼 보였는데, 아마 납작한 코와 한동안 면도를 하지 않은 것 때문에 그런 것 같았어요. 정확히 화랑에서 볼 수 있는 그런 사람은 아니죠.

면담자: 나이는 얼마나 들어 보였나요?

직접적인 추수질문

목격자: 20대 중반 정도요.

[면담자는 R2를 탐지하기 전에 다른 일반적인 특성을 계속 탐지한다.]

면담자: 좋아요, 다른 강도로 가 보죠. 그를 묘사해 주세요.

목격자: 그는 약간 나이가 더 들어 보였고, 아마 서른 살 정도. 좀 더 세련되어 보였어요.

면담자: 저랑 비교해서 얼마나 큰가요? 더 큰가요? 더 작은가요? 비슷한가요?

상대적인 비교, 기준을 제공

목격자: 당신과 비교하면, 아마 1인치 정도 작은 것 같아요.

면담자: 저는 5피트 11인치입니다. 그의 키가 얼마나 되는지 말할 수 있나요?

목격자: 약 5피트 10인치 그 정도예요.

면담자: 그의 일반적인 인상은 어땠나요? 당신이 알고 있는 누군가와 닮았나요?

목격자: 전혀요. 약간 만화 캐릭터, 바트 심슨과 비슷했어요. 머리가 익살맞게 서 있었거든요. 그러나 그것 말고는 별 이상한 것은 없었어요.

면담자: 제인, 정말 많은 정보를 주었어요. 그리고 제가 이 모든 것을 정확하게 적었는지 확인하고자 합니다. 마지막 확인을 위해 당신과 함께 제 기록을 살펴보겠습니다. 제가 메모를 읽을 때 강도사건에 대해 생각하세요. 어느 때라도 제가 틀린 것을 말하거나, 또는 당신이 말하지 않았던 새로운 것이 생각나면, 꼭 저를 즉시 멈추게 하고 말씀하세요. (면담자가 천천히 노트를 읽는다.)

■ 메모의 정확성을 확인하고 추가적인 인출을 격려하기 위해 검토하기

■ 메모를 천천히 검토함

우리의 공식적인 기록을 위해 당신에 대한 몇 가지 정보가 필요합니다. 우리가 진술을 받을 때마다 경찰청에서 필요로 하는 것들입니다. 제인, 당신의 생략하지 않은 완전한 이름은요?

■ 마지막에 공무상의 배경 정보를 수집하기

목격자: 제인 엘렌 윌슨입니다.

면담자: 주소는?

목격자: 알파인 도로 222입니다.

면담자: 제인, 수사에 매우 많은 도움을 주셨습니다. 시간을 내 주셔서 감사합니다. 이번 사건이 너무 큰 시련이 되지 않으시기를 바랍니다. 당신이 며칠 후에는 아시게 되겠지만, 당신은 강도사

■ 목격자의 참여에 감사의 표시

건 당시 일어난 일에 대해 계속해서 생각하게 될 것입니다. 그건 자연스러운 일입니다.

또한 이때 당신은 우리가 밝혀내지 못했던 것을 기억하실 수 있습니다. 정보를 기록하시고 저에게 전화를 주세요. 이게 제 명함입니다. 당신의 많은 협조에 다시 한 번 감사드립니다.

면담의 생명을 연장시키기

면담 2: 총격 희생자

배경: 총격 희생자 칼라 톰슨(Carla Thompson)은 상점 앞에 서 있다가 다리에 총을 맞은 45세의 여성이다. 확실히 총은 달리던 차에서 발사되었으며, 희생자 옆에 서 있던 다른 사람을 맞추려고 했던 것이었다. 면담은 희생자가 치료받고 있던 병원에서 이루어졌다. 톰슨 부인은 언어 기술이 좋지 않고 총격을 당한 지 하루가 지났지만 여전히 매우 불안해하고 있다.

독자는 이번 면담이 앞에서 기술한 면담만큼 많은 정보를 생성하지 못하게 됨을 알게 될 것이다. 그것은 주로 면담자가 통제할 수 없는 요인들 때문이다. 사건은 범죄자를 관찰할 기회가 거의 없는 상태에서 매우 빠르게 발생했다. 보다 중요한 것은 목격자가 침착하지도 않고, 첫 목격자처럼 사건을 설명할 훌륭한 언어 기술도 가지고 있지 않다는 점이다. 그러나 이 요인들은 면담자가 통제할 수 없다. 면담자의 일은 이미 존재하는 한계가 무엇이든지 간에 각 면담자로부터 가장 많은 정보를 얻는 것이다.

면 담	주 석
면담자: 칼라, 저는 군(county) 보안관인 마크 블레이크(Mark Blake) 형사입니다. 저 사람은 어제 당신과 총기사건에 대해 이야기했던 제 파트너 밥 로커(Bob Rocker)인데, 오늘은 제가 당신과 좀 더 많은 정보를 얘기하고자 합니다.	
목격자: 어제 경찰들은 어디에 있었나요? 당신들은 왜 그렇게 미친 사람이 거리를 배회하도록 놔 둡니까? 저는 제 일만 생각하고 있는 중이었는데, 어디선가 갑자기 누군가 저를 쐈어요. 아무 이유 없이 말이에요. 저는 누군가를 괴롭힌 적이 없어요. 저는 거기서 죽을 뻔했어요. 도대체 이 도시는 어떻게 되어 가는 거예요? 전 지금 병원에 있어요. 내일 급료를 받으러 직장에 가야만 하는데 움직일 수조차 없어요. 많은 도움을 주어야겠지만 생각이 안 납니다. 나는 정말로 많은 걸 보지 못했고요. 모든 게 빠르게 일어났어요.	
면담자: 지금 기분은 어떠세요? 아프십니까?	목격자의 건강에 대해 묻기
목격자: 도저히 다리를 움직일 수가 없네요. 일어날 때는 더욱 아프네요.	
면담자: 제가 도울 만한 일이 있나요?	관심을 보이기
목격자: 없어요. 그 얼간이가 절 쏘지 않았다면 전 여기에 없었겠지요.	
면담자: 정말로 부당하지요. 몇몇 미친 사람들이 있	목격자의 감정을 인정

어서 죄 없는 사람들이 종종 그들 때문에 고통을 당합니다.

제 남편도 한 번은 차에 치였어요. 차가 빨간 불인데도 달려 길을 건너던 아내를 쳤어요. 남편은 아무런 행동도 하지 않았고, 단지 길을 건넜을 뿐인데 다리가 부러지는 상처를 입었죠.

면담자의 인생에서 비슷한 경험을 얘기하기

목격자: 어젯 밤에 밖에 나가지 말았어야 하는 걸 알게 되었어요. 제 동생 앨리사가 저에게 밖에 나가는 것은 안전하지 않으니, 특히 밤에는 나가서는 안 된다는 말을 항상 했어요. 그러나 음식을 사러 가야만 했어요. 항상 집에 앉아 있을 수만은 없지요. 제 동생의 말을 들었어야 했어요. 놀라서 두려워하는 대신에 집에서 안전하게 있을 수 있었을 텐데……. 누가 알았겠어요? 요즘 세상이 미쳐 돌아가는지를.

[목격자가 몹시 불안해해서 그녀의 감정을 분출해야만 하므로, 면담자는 그녀로부터 범죄와 관련된 사실을 수집하는 것을 시작하기 전, 초기에 이러한 감정에 대해 얘기할 수 있는 자유를 더 많이 허용해야 한다.]

면담자: 칼라, 전 당신의 좌절감을 이해합니다. 쇼핑하러 간 것에 대해 당신 스스로를 비난하지 마세요.

목격자의 행동이 받아들여질 수 있는 것이라는 생각을 전달하기

목격자: 하루 종일 집에 있어야만 한다면, 저는 무

는 일을 할 수 있겠어요? 전 이해할 수 없습니다. 전 그걸 알기 전에, 단지 거기에 서 있기만 했었는데, 다리에 총탄을 맞아서 병원에 있어요. 이게 정당합니까? 저는 열심히 일합니다. 어떤 사람을 괴롭힌 적도 없고요. 그런데 그 미친 멍청이가 저를 쐈어요.

면담자: 정말로 부당하죠.

목격자의 감정을 인정하기

목격자: 저는 총을 무서워하기에 제 총을 가져 본 적이 없어요. 제 사촌은 집에 총을 두는데, 전 그게 안전하다고 느껴지지 않았어요. 전 그것이 발사될까 봐 늘 무서워했어요.

면담자: 맞아요. 총은 위험하죠.

목격자의 감정을 확증해 주기

목격자: 총소리를 들은 것을 기억하고 있고, 그 소리를 들을 때마다 전 섬뜩함을 느꼈어요. 전 다리의 아픔과 총소리 외에 다른 것들은 기억할 수 없어요.

면담자: 그게 당신을 겁에 질리게 했을 거예요.

목격자의 감정을 인정해 주기

칼라, 우리는 당신을 쏜 사람을 잡아서 당신처럼 죄 없는 사람이 거리를 좀 더 안전하게 거닐 수 있게 하려 합니다. 오늘 발생한 것들에 대해 몇 가지 질문을 하고 싶어요. 질문에 대답할 준비가 되었나요?

면담자의 일과 목격자의 필요를 접합시키기

목격자: 경찰관님, 전 무슨 일이 일어났는지 잘 기억하지 못해요. 이전에 다른 경관이 와서 말했

고, 그때 제가 알고 있는 모든 걸 말했어요. 말할 수 있는 새로운 것이 없어요.

면담자: 좋아요. 이미 다른 경찰관에게 말씀하신 것은 걱정하지 마시고요. 단지 일어났던 것에 대해 되도록 많은 것을 말해 주세요.

복수면담에서 독립적인 응답을 요청하기

[목격자가 두려움의 여러 신호를 보이고, 면담 초기에 강력하게 집중할 수 없는 것처럼 보이기 때문에, 면담자는 목격자의 긴장을 일부 풀어 주기 위해 배경 정보를 수집함으로써 면담을 시작한다.]

면담자: 먼저, 몇 가지 배경 정보가 필요한데요, 모든 경찰 수사에서는 이렇게 해야만 해서요. 몇 분만 시간을 내 주시면 감사하겠습니다. 칼라, 완전한 이름은요?

배경 정보의 비인적인 특성을 해명하기

목격자: 칼라 마예 톰슨(Carla Maye Thompson)입니다.

면담자: 주소는 어디죠?

목격자: 힐사이드 도로 7400입니다.

면담자: 좋아요. 이제 어제 일이 발생한 시점으로 돌아가서 당신이 무엇을 기억할 수 있는지 알고 싶습니다.

목격자: 저는 정말로 많이 기억할 수 없다고 생각해요.

면담자: 좋아요, 당신이 할 수 있는 데까지만 하지

요. 당신이 저에게 말한 것들은 무엇이든지 가치가 있어요. 조금만 긴장을 푸시고 시간을 가지세요. 서두르지 않을게요. 당신이 지금 혼란한 상황임을 이해합니다. 이러한 사건 후에는 지극히 자연스러운 겁니다.

■ 서두르지 않기
범죄 이후에 불안은 자연스러운 것이라고 얘기하기

당신이 불안해져서, 언제라도 쉬고 싶은 경우에는 말하세요. 그러면 우리는 쉴 것입니다.

■ 목격자가 불안을 통제하도록

[목격자가 보다 차분해지면, 면담자는 여기서 보다 강도 높은 집중을 촉진하기 위해, 예를 들어 "모든 것이 당신의 기억 속에 저장되어 있습니다. 그래서 나는 당신이 집중하기를 기대합니다."와 같은 제안을 한다. 목격자가 너무나 불안해하면, 면담자는 어떤 추가적이고 불필요한 불안을 조성하지 않기 위해 그런 지시들을 건너뛴다. 대신에 그는 그녀가 마음을 편안하게 갖도록 격려하고, 정보를 제공할 수 있는 대안적인 접근을 선택한다. 목격자가 보다 마음을 가라앉힌 면담 후반에 면담자는 그녀가 보다 강력하게 집중하도록 격려한다.]

면담자: 칼라, 오늘 사건에 대해 생각하면, 당신 마음속에 많은 생각이 떠오를 거예요. 당신이 사소하다고, 또는 순서가 맞지 않다고, 또는 심지어 당신이 이전에 말한 것과 일치하지 않는다는 생각이 들어도, 마음속에 떠오르는 모든 것을 말해 주세요. 아무것도 억제하지 말고 단지 마음에 떠오르는 모든 것을 말하시면 됩니다.

■ 보고할 때 아무것도 삭제하지 말 것

자, 그러면 총을 쏘기 전으로 돌아가 봅시다. 당신이 있었던 곳과 그때 당시에 무슨 생각을 했는지 기억할 수 있겠습니까?

일반적인 맥락을 회복시키기

목격자: 슈퍼 앞에 서 있었어요. 특별히 무엇을 생각하고 있었는지 기억나지 않아요.

[목격자가 일반적인 요청에 의해서는 맥락에 대한 세부적인 묘사를 생성하기 쉬울 것 같지 않다. 그러므로 면담자는 특수한 차원에 대한 질문을 함으로써 맥락을 재회복시키기 위한 전략으로 바꾼다.]

면담자: 그때 어디로 가려고 했나요?

목격자: 집으로 가려고 했어요. 저는 신호등 옆에서 초록색 신호등으로 바뀌기를 기다리고 있었어요.

면담자: 당신 옆에 누가 있었나요?

목격자: 한 사람이요. 그 남자도 역시 길을 건너려고 기다리고 있었어요.

면담자: 그 당시 교통 상황을 기억할 수 있나요?

목격자: 그때가 정오쯤이어서, 러시아워 전이었기 때문에 교통 상황은 매우 한가했어요.

면담자: 좋아요, 칼라. 이제는 당신이 총에 맞았을 때부터 더 이상 차를 볼 수 없었을 때까지 일어났던 일을 당신이 늘상 사용하는 말로 표현해 주기를 바랍니다.

개방형 이야기를 요청하기

목격자: 아까도 말했지만, 더 이상 기억이 안 나요.

저는 신호등 옆에 서 있기만 했어요. 차가 돌진하더니 누군가 저를 쐈어요. 아직도 왜 그랬는지 모르겠어요. 경찰들은 그들이 제 옆에 서 있는 사람을 목표로 했을 수도 있었다고 말했어요. 단지 제 운이죠. 그들이 다른 사람을 노렸는데 대신 저를 쏜 거예요. 제 인생의 이야기 같네요. 저는 운이 매우 안 좋아요. 제 차는 3개월마다 고장이 났어요. 제 남편은 직장을 잃었어요. 도대체 무엇을 해야 될지 모르겠어요.

[목격자가 관련 없는 개인적 문제에 관해 두서없이 말하지 않도록 하기 위해, 비록 결정적인 것은 없지만, 면담자는 이쯤해서 원래의 목표로 향하기 위해 그녀를 중단시킨다. 또한 목격자의 이야기에서 많은 것이 밝혀지지 않았기 때문에, 면담자는 그녀의 정신적 이미지를 찾기 위해 더욱 강하게 탐지해야 한다.]

면담자: 그거 참 맥 빠지는 소리네요. 자, 총격에 대한 이야기로 돌아가죠.

당신은 당신을 쏜 남자를 어디서 보았습니까?

목격자: 저는 그가 무엇인가 소리치는 걸 듣고, 돌아서서 그 남성을 쳐다보았어요.

면담자: 그때 차는 어디에 있었나요?

목격자: 교차로 바로 전에요. 차는 천천히 내려 왔고, 그 남자가 무엇인가 고함을 쳤어요.

관련 사항으로 돌아가는 징검다리로서 면담자는 목격자의 감정에 대해 코멘트함

오류: 유도질문: 목격자는 아직 용의자가 남성이라는 말을 하지 않았다.

특수한 맥락을 재구성시키기

면담자: 그리고요…….

보다 정밀한 응답을 격려하기

목격자: 총소리를 들었어요. 제 생각에 두 발이었어요.

면담자: 두 발의 총성 후에 무슨 일이 일어났나요?

더 세부적인 것을 격려하기

목격자: 저는 쓰러졌고 극심한 통증이 있었어요. 경고도 없었기 때문에 처음엔 무슨 일이 어떻게 되어 가는지 몰랐어요.

면담자: 총격 후에 차를 보았나요?

다른 관련 있는 이미지를 탐지하기

목격자: 예. 모퉁이에서 왼쪽으로 돌아서 쿡 거리로 올라갔어요. 그때 매우 빠르게 갔고요. 전 매우 놀라서 차를 잘 보지 못했어요.

면담자: 차가 가장 잘 보이는 시각은요?

우선 가장 좋은 이미지를 분리하고 탐지하기

목격자: 아마도 그가 총을 쏘기 바로 직전, 그 남자가 소리칠 때인 것 같아요.

[면담자는 두 개의 관련 이미지를 탐지할 계획을 세우는데, 먼저 목격자에게 접근했을 때의 차와 차가 떠나고 교차로를 돌아갔을 때의 차다. 면담자는 차의 정면과 오른쪽, 총을 쏜 사람, 총 그리고 차에 있던 다른 사람들과 같은 세부 사항에 대해 첫 이미지를 탐지할 것이다. 그는 차의 뒤쪽과 왼쪽, 운전자 그리고 차의 왼쪽에서 보이는 다른 탑승자와 같은 세부 사항에 대해 두 번째 이미지를 탐지할 것이다.]

면담자: 좋아요, 칼라, 차의 이미지에 집중하세요. 눈을 감으시면 더욱 쉽게 집중하실 수 있어요.

눈을 감기

목격자: 눈을 감고 싶지가 않아요. 매우 끔찍하거든요.

면담자: 끔찍하겠죠. 그러면 당신 앞의 벽을 똑바로 주시하세요.

> 눈을 감는 대신 빈 공간을 바라보게 하기

차가 당신 앞에 오고 그 남자가 고함칠 때를 생각해 보세요.

> 특수한 맥락을 회복하기

당신 마음속에 이미지를 그려 보세요. 아직 말하지 마시고요.

> 묘사 전에 이미지를 생성하는 것을 격려하기

목격자: (목격자가 즉시 대답함) 새 차였어요. 저는 차에 대해서 잘 알지 못해요.

면담자: 차에 대해 묘사를 시작하기 전에 기다리세요. 시간을 가지시고, 먼저 차의 이미지를 생각하세요. 몇 초 동안 단지 차의 이미지에 집중하세요. 잠시 동안 아무 말씀도 하지 마시구요. (목격자가 이미지에 집중하는 것을 기다림) 자, 당신이 차의 어디를 주목했는지 말씀하세요.

> 묘사하기 전에 이미지를 철저하게 생성할 것을 요청하기

> 즉각적인 묘사를 저지하기, 이미지 형성을 격려하기

목격자: 옆면이요.

면담자: 좋아요. 이제 되도록 자세하게 차 옆을 묘사해 보도록 하지요. 아무것도 빠뜨리지 마세요.

> 세부 사항을 명시적으로 요청

비록 중요하지 않게 보일지라도 차 옆면에 대한 세세한 걸 말씀해 주세요.

> 틀 짜기 질문

목격자: 예, 파란색이었고요. 매우 새것처럼 보였어요. 아마도 2~3년 된 거 같았어요. 차 종류는 뭔지 모르겠어요. 저는 단지 제 차가 닷지(Dodge)

라는 것만 알고 있어요. 이게 전부예요.

면담자: 차가 새 것처럼 보였다고 말씀하셨는데, 어떤 면이 그렇게 보이게 했나요?

주관적인 것을 객관적인 것으로 전환

목격자: 매우 빛났으며, 아무런 흠집도 없었어요.

면담자: 파란색이라고 말씀하셨는데, 어떤 파란색이었는지 말씀해 주시겠어요? 여기 파란색 조각들이 있습니다. (색 조각 책을 보여 주며) 그 차의 색이 어느 것에 가장 가깝나요?

회상보다는 재인이 더 쉬움, 비언어적인 응답 형태를 사용하기

목격자: (색 조각을 가리키며) 이거요.

면담자: 이 조각의 색과 정확히 같은가요, 아니면 조금 다른가요?

절대적인 판단보다는 상대적인 판단을 사용

목격자: 조금 더 어두웠고, 아마도 좀 더 녹색 쪽이었던 것 같아요.

면담자: 차 앞을 시각화해 보세요. (이미지를 떠올리도록 정지) 이제 당신이 본 걸 묘사해 주세요.

목격자: 급히 보았어요. 사방형의 모양이었어요. 앞에 엠블럼같은 디자인이 있었어요.

면담자: 디자인을 그릴 수 있겠어요?

비언어적인 형식 사용

목격자: 그리는 데 재주가 없어서요.

면담자: 좋아요. 그럼 되도록 잘 그려 보세요.

오류: 이미지 만드는 데 쉬는 시간을 주지 않음

목격자: (디자인에 대해 간단한 스케치를 한다.)

면담자: 좋아요. 이제 차 앞 바람막이에 대해 생각해 보시고 묘사해 보세요. 연한 색조가 있었나요? 아니면 투명했나요? 스티커나 금간 것과 같

오류: 복잡한 질문(한 번에 여러 개 질문)

은 어떤 표시가 있었나요?

목격자: 투명했어요, 제 생각으로는.

면담자: 그 차의 앞 번호판은 보셨나요?

목격자: 아니요.

면담자: 차의 뒤편에서 번호판은 보셨나요?

> 오류: 최근에 활성화된 이미지와 양립할 수 없는 질문

목격자: 아니요. 너무 빠르게 지나갔어요.

면담자: 칼라, 당신을 쏜 남자에게 초점을 맞추세요. 그는 차 안 어디에 있었습니까?

> 맥락을 회복하기

목격자: 앞좌석에서, 조수석에.

면담자: 당신은 그의 어느 부분을 보았습니까?

목격자: 오직 매우 위쪽만인데, 그의 가슴 그리고 그의 얼굴 약간 정도요.

면담자: 당신이 그를 보았을 때 그는 어떻게 생겼는지에 대해서 잠시 생각하세요. 당신은 그가 무엇인가를 소리쳤고, 그리고 당신은 위를 쳐다보았다고 말했습니다. 당신은 그의 얼굴과 가슴을 보았습니다. 그 그림에 초점을 맞추세요. 시간을 갖고 그 이미지를 만들어 보세요(이미지를 생성하라고 중지). 생각나는 모든 것을 말하세요.

> 특수한 맥락을 재구성하기

목격자: 나는 정말로 그를 충분히 보지를 못했습니다. 왜냐하면 그 차의 안쪽이 어두웠거든요. 내가 볼 수 있는 모든 것은 그는 밝은 색깔의 셔츠 아니면 재킷을 입고 있었어요. 그게 다예요.

면담자: 당신은 또한 그의 얼굴을 보았다고 말씀하

셨는데, 그의 얼굴에 대해서 무엇이 생각나세요? 그는 백인입니까? 혹은 흑인입니까?

오류: 먼저 개방형 질문을 사용했어야 함

목격자: 백인이었어요. 그게 다예요. 차는 어두웠고 사건은 매우 빠르게 일어났었어요.

면담자: 혹시 턱수염이 있었는지 기억 못하시죠?

오류: 부정형 언어화와 유도질문 사용

목격자: 기억 못해요.

면담자: 그가 가지고 있던 총은 어떤 종류였습니까? 회전식 연발권총이거나 자동 권총?

오류: 이미지를 생성시키지 않음, 일반인에게 전문적인 어휘 사용

목격자: 몰라요.

면담자: 총알이 발사된 후에, 그 차는 쿡 거리로 좌회전을 했다고 말씀하셨어요.

그때 무슨 생각을 했나요?

오류: 이미지를 바꿀 때 명백한 쉬는 시간을 주지 않음
맥락을 회복시키기

목격자: 무서웠죠. 그리고 다리도 다쳤고요. 나는 그 차를 보았습니다. 왜냐하면 나는 몹시 흥분한 상태였고, 누가 나에게 총을 쏘았는지 알고 싶었어요.

면담자: 당신이 차가 회전할 때 그리고 누가 당신을 쏘았는지 알아보려고 애썼을 때, 그 순간에 대해서 생각해 보세요. 마음속으로 차가 회전할 때를 그려 보세요.

특수한 맥락을 회복시키기

아무 말도 하지 마세요. 단지 시각으로 그 차를 상상해 보세요. (이미지를 만들게 하기 위해 중지)

묘사 이전에 이미지 생성을 요청

그 차가 회전할 때 차의 왼쪽에 대해 되도록

세부 사항에 대한 명

상세하게 말해 주세요.

시적인 요청

목격자: 그 차는 작은 차예요, 네모난 모양의…….

면담자: 음음, 또 다른 것은요?

보다 세부적인 묘사를 격려함

목격자: 그 차 뒤편에 두 개의 동그란 모양의 라이트가 있었어요…….

면담자: (침묵)

목격자가 말하는 것을 멈추고 난 뒤 잠시 중지함

목격자: ……그리고 뒤편에 빛나는 무언가가 있었는데, 아마 차의 이름일지도 모르겠어요. 하지만 그 차가 너무 멀리 가 버렸기 때문에 그것을 잘 보지 못했어요.

면담자: 그 차의 뒤편이 무엇처럼 보이는지 스케치해 보세요.

비언어적인 응답 형식

우선은 그 차 뒤편의 일반적인 모양을 묘사해 보세요. 그러고 나서 당신이 기억할 수 있는 어떤 세밀한 부분에 맞추려고 해 보세요. 라이트를 포함해서, 자동차 번호판이 어디에 있었는지 그리고 당신이 생각할 수 있는 모든 것을 최대한 완벽하게 하려고 하세요.

세부 사항을 요청

목격자: (차를 스케치함)

면담자: 내가 당신에게 다른 차들의 사진들이 있는 책을 보여 주겠습니다. 이 책을 훑어보시고 만약 당신이 본 차와 같은 사진이 있다면 저에게 말해 주세요.

재인이 회상보다 훨씬 더 나음

목격자: (차 사진들의 책을 훑어봄)

면담자: 차가 쿡 거리 방향으로 좌회전을 할 때, 당신은 차 안의 운전자 혹은 다른 사람들을 보았습니까?

이미지에 적합한 질문

목격자: 저는 운전자는 힐끗 보았지만 차 안에 있는 다른 사람들은 보지 못했어요.

[면담자는 이전에 이미지를 탐지한 것과 동일한 방식으로 운전자의 모든 정보를 위해 이미지를 탐지하는 계획을 세운다. 이어서 그는 개념 코드에서 정보를 탐지한다. 목격자가 공격자의 목소리를 들었다고 회상했기 때문에, 목소리 정보에 대한 탐지를 실패한 것은 오류다.]

면담자: 칼라, 총을 가지고 있는 남자로 돌아가 봅시다. 저는 당신이 그를 잘 보지 못했다는 것을 잘 알고 있습니다만, 당신은 그에 대한 전반적인 인상은 가지고 있나요? 그는 나이가 얼마나 되었을까요?

목격자: 나는 뭔가 말할 수 있을 만큼 그를 충분히 잘 보지 못했어요. 그렇지만 아마 20대 초반 정도로 추측합니다.

면담자: 당신은 그가 얼마나 무거웠는지 아십니까?

오류: 명사형 사용(몸무게)

목격자: 아니요, 나는 그를 잘 보지 못했어요. 그리고 그는 차 안에 앉아 있었습니다.

면담자: 운전자에 대해 생각나는 것은요? 당신은 그를 묘사할 수 있습니까?

목격자: 아니요, 나는 그를 가까스로 보았어요.

면담자: 좋아요, 당신의 도움에 감사합니다. 만약 당신이 무언가 생각나시면, 저에게 연락해 주세요.

오류: 기록한 것에 대한 검토가 없음. 급작스러운 종료, 관심을 보이지 않음. 목격자가 새로운 정보를 회상하지 않을 것이라는 의미를 내포함

13

인지면담 훈련 프로그램

13가지 기본 기술

연습 계획

예상되는 오류

피드백

우리는 이 지침서를 인지면담을 사용하기 위한 학습과 관련한 일련의 제안들로 끝내고자 한다. 우리는 인지면담이 숙련된 행위이며, 그리고 단지 이에 대한 원리만을 기억한다고 해서 충분하지 않기 때문에, 이 책에 제13장을 포함시켰다. 지필 시험에서 질문에 답할 수 있는 것과 통제된 교실 상황에서 면담을 수행할 수 있는 것으로는 충분하지 않다. 인지면담이 실제 현장수사에서 가치가 있기 위해서는, 면담자는 상황들이 발생할 때 다양한 기법을 적절하게 수행할 수 있어야 한다. 그것은 면담 동안 다음에 뭘 할지를 의식적으로 생각하지 않고 자동적으로 기법을 적용한다는 것을 의미한다.

모든 다른 숙련된 행동처럼 학습하기 위해서는 많은 연습(practice)을 요구한다. 마치 사람들이 오랫동안 연습하지 않고 자전거를 타거나 또는 농구공을 골인시키는 것을 학습하는 것을 기대하지 않는 것처럼 많은 연습을 하지 않고 인지면담을 수행하는 법을 기대해서는 안 된다. 이 책은 연습의 대체물이 아니라 연습의 지침서로 사용되어야 한다.

우리가 미국과 이스라엘 수사자들을 경험한 내용은 George(1991)가 보고한 영국 경찰 훈련에서의 경험과 비슷하다. 즉, 특별한 면담 기법의 사용에 관한 간략한 강의를 들은 후, 면담자들은 종종 그들이 면담 절차의 논리를 이해했고, 따라서 연습할 필요가 없다고 느꼈다. 그러나 실제 면담을 수행할 필요가 있었을 때, 많은 이들은 비록 기법은 이해했지만 자신이 기대했던 만큼 쉽게 실행할 수 없다는 것을 깨달았다. 면담자들은 오로지 반복된 연습을 한 후에야 기법을 이해하고 숙련되게 사용하는 능력을 가질 수 있었다.

George(1991)에 따르면, 인지면담은 훈련 프로그램에서 실습(practice exercises)을 함으로써 많은 성공을 거둔다. 인지면담을 구성하는 많은 기법—특히 면담의 역동성(dynamics)과 관련된 기법들(제3장)—을 대화관리(conversation management)에서도 가르친다. 그럼에도 불구하고, George의 현장연구에서는 인지면담 훈련이 여전히 보다 좋은 결과를 보여 주었다. 두 프로그램 간의 한 가지 중요한 차이는 대화관리에서보다는 인지면담 훈련에서 더 많은 실습을 설정하고 있다는 점이다. 따라서 대화관리의 훈련생은 면담을 수행하는 방법을 **원리적으로**(in principle) 이해하고 아는 것에 반해, 인지면담을 훈련받은 사람은 이 기술들을 **실제적으로**(in practice) 알고 있다. 따라서 우리는 독자가 다음에 개괄된 훈련 프로그램을 따를 것을 강력하게 추천한다.

13가지 기본 기술

이 책에서는 많은 특수한 기술을 언급했다. 그러나 13가지의 기본 기술들은 가장 중요한 위치를 차지하며 훈련 프로그램의 핵심을 형성한다.

① 라포 형성하기

② 적극적으로 듣기

③ 목격자에게 적극적으로 정보를 생성하고 면담자가 질문하기를 수동적으로 기다리지 말라고 말하기
④ 개방형 질문(open-ended questions)으로 묻기
⑤ 추수질문(follow-up question)을 하기 전에는 목격자가 응답한 다음 잠시 멈추기
⑥ 끼어들지 않기
⑦ 세부적인 설명을 명시적으로 요청하기
⑧ 목격자가 강력하게 집중하도록 격려하기
⑨ 목격자가 심상(imagery)을 사용하도록 격려하기
⑩ 원래의 맥락을 회복하기
⑪ 목격자의 조망(perspective)을 채택하기
⑫ 목격자에게 적합한(eyewitness-compatible) 질문을 하기
⑬ 인지면담의 순서를 따르기

우리는 학습자가 오로지 이전에 배운 기술을 철저하고 완전하게 숙지한 후에만 다음 기술들로 진행해 가는 누적형의 접근을 사용할 것을 강력하게 추천한다. 한 번에 한 단계 이상을 완성하려고 애쓰거나 또는 그 이전의 모든 기술을 완전하게 익히지 않고 다음 단계로 나아가려고 하는 훈련자들은 한 번에 생각하기에는 기술들이 너무 많다는 것을 알게 될 것이다.

우리는 다음의 프로그램에 맞추어 13가지 기본 기술을 묶도록 제안한다.

단계 A: ① 라포 형성

② 적극적 듣기

단계 B: ③ 목격자에게 적극적으로 정보를 생성하라고 말하기

④ 개방형 질문

⑤ 목격자의 응답 후 잠시 멈춤

⑥ 끼어들지 않기

단계 C: ⑦ 세부적인 설명을 명시적으로 요청

단계 D: ⑧ 목격자가 집중하도록 격려

⑨ 목격자가 심상을 사용하도록 격려

⑩ 원래의 맥락 회복

단계 E: ⑪ 목격자의 조망을 채택

⑫ 목격자에게 적합한 질문

단계 F: ⑬ 인지면담의 순서

당연하게, 우리는 면담자가 이 책에서 언급한 모든 추가적인 기법에 더해서 단계 A부터 단계 F까지를 모두 포함한 인지면담을 학습하기를 권한다. 그러나 거의 모든 기법은 개별적으로 실행될 수 있으며, 설사, 전체 인지면담을 숙달하기 전이라도, 면담자는 어느 기법이든지 편안하게 사용할 수 있다. 그러므로 면담자는 전체적인 인지면담을 학습하기 전이라도 자신의 현재 면담 방식을 조정하여 단지 주로 개방형 질문을 하는 기법만이라도 사용하기 시작해야 한다. 최상의 결과를 위해, 면담자는 여기서 언급했던 기술들의 순서에 따라서, 단계 B나 여러 다른 단계의 기술에 앞서 단계 A의 기술을 통합하도록 해야 한다.

면담자는 단계 A와 단계 B를 완료하고 나면, 자신이 수집한 정보

의 양이 극적으로 늘어나는 것을 쉽게 발견할 수 있을 것이다. 사실, 인지면담을 수행하는 대부분의 장점은 단계 A와 단계 B의 목록에 있는 단지 몇 가지 기술을 실행하는 데서 얻게 된다. 이들 기술들을 학습한 다음, 면담자는 인지면담을 수행하는 것이 예상했던 것만큼 어렵지 않음을 알게 되는데, 주로 말의 대부분은 목격자가 하고 면담자는 단지 추출되는 정보만을 경청하게 될 것이기 때문이다.

단계 C와 단계 D의 기술은 목격자에게 특수한 지시만을 전달하고, 면담자에게 어려운 결정을 하도록 요구하지 않기 때문에 학습하기가 상대적으로 쉽다. 그럼에도 불구하고, 면담자는 실제 사건에 대한 면담을 수행하기 전에는, 이 기법들이 편안하게 느껴지도록 스스로 연습을 해야 한다. 더 나아가, 면담자는 이와 같은 기술을 통합하여 몇 번의 면담을 하기 전까지는 다음 단계의 기술들로 진행해서는 안 된다.

다음의 중요한 장애물은 단계 E다. 왜냐하면 단계 E는 면담의 초점을 목격자에게 다시 지향시키는 것과 정보들이 목격자의 마음속에 어떻게 표상되었는지를 이해하는 것을 요구하기 때문이다. 면담자는 몇 번의 연습을 통해 면담 동안에 필요한 이러한 기술을 배우고 이 기술들을 자동적으로 사용할 수 있을 것이라고 기대할 수 있다.

단계 F는 학습하기가 가장 어려운데, 이 단계(phase)는 이전의 모든 기술이 완전히 숙달되어 자연스럽게 되는 시점까지는 시도하지 않아야 한다. 이 단계는 두 국면(stage)으로 나누어 학습하는 것이 가장 쉽다. 먼저 면담의 전체적인 순서(도입, 개방형 대화, 기억 코드 탐지, 검토, 종료)를 학습하고, 그다음에는 제9장에서 설명한 이미지 코드를 탐지하기 위한 전략을 학습한다.

전체적인 전략은 다음의 논리적 순서를 따르면 학습하기가 더 쉽다. 이미지 코드를 탐지하기 위한 전략은 학습해야 할 전체 인지면담에서 가장 어려운 기술인데, 특히 목격자가 몇 사람들에 대해 서로 다른 많은 이미지를 가지고 있는 복잡한 사건에서 그러하다. 우리는 면담자가 최초로 이 전략을 수행할 때는 목격자가 각 가해자들에 대해서 가지고 있는 가장 좋은 시각이 무엇인지를 말해 주도록 요청하고, 그러고 나서 각 가해자에 대해 오직 가장 좋은 시각에서만 묘사해 주도록 요청하는 것으로 시작하기를 바란다. 면담자가 일단 이러한 것에 편해지게 되면, 면담자가 이와 양립할 수 있을 때, 그는 점차적으로 다양한 이미지를 탐지하고 목격자의 이미지를 추론하는 것을 진행할 수 있다.

면담자는 이들 13개의 기본적인 기술을 숙달한 다음, 이 책에서 기술한 다른 2차적인 기술을 적용하도록 해야 한다. 이 시점에서 독자는 우리의 현장연구들의 최고의 면담자보다 더 나은 혹은 동등한 수준에 도달할 수 있어야 한다(부록 B, 각주 2를 참조하라).

연습 계획

비록 다양한 단계를 거치는 데 요구되는 시간에 개인차가 있겠지만, 대부분의 학습자는 각 단계를 완성하기 위해 몇 번의 연습 회기(session)가 필요할 것이라는 것을 기대할 수 있다.

각 연습 단계는 하나의 긴 회기보다는 오히려 몇 개의 짧은 회기로 분할하는 것이 가장 효율적으로 진행될 것이다. 이상적으로는 각 연습 회기는 대부분의 시간을 실습에 쏟으며, 단지 한두 개의 기술에 초점을 맞추는 것이다. 연습할 충분한 시간도 없이, 많은 기술을 하나의 회기로 묶으면, 몇 개의 짧은 회기에서 한두 개의 특정 기법을 연습하는 것에서 나타나는 효율성은 전혀 없다. 분명하게, 우리는 어떤 사람에게 필요한 모든 절차를 한두 개의 긴 회기에서 설명함으로써 자동차 운전을 가르치려고 하지는 않는다. 우리가 어떤 사람에게 운전을 가르칠 때, 오직 좌회전, 우회전 혹은 평행 주차만을 연습하게 하는 방식과 마찬가지로, 면담자에게 효율적인 면담을 수행하도록 가르치는 것은 각 회기를 한두 개의 관련된 기술을 중심으로 조직하고, 그런 다음 그 회기의 대부분을 실습하는 데 쏟게 하는 것이 필요하다.

경찰수사는 중요한 법률적 의미를 지니는 가능성을 갖기 때문에, 면담자는 이 기술을 통제되고 '안전한' 환경에서 철저하게 연습할 때까지는 인지면담의 다양한 기술을 실제 사건에서 적용하지 않아야 한다. 우리는 면담자가 최초에는 친구, 가족 혹은 다른 경찰관을 대상으로 면담을 연습할 것을 권한다. 친구, 가족, 이웃 그리고 경찰이 아닌 사람은 우리가 알지 못하는 전형적인 시민 목격자들과 닮았기 때문에, 최고의 면담 연습 대상의 목격자들이다. 경찰 목격자는 더 좋은 관찰자이고 어떤 정보가 경찰수사에 더 적합한지를 알기 때문에 보다 정확한 답을 제공할 수 있다. 분명히 말하건대, 경찰은 순박하지 않기 때문에 면담자가 시민을 면담하기 위해 필요한 기술들을 연습하는 데 경찰은 도전할 만한 적절한 대상은 아니다.

인지면담을 학습할 때, 목격자가 실제 범죄를 묘사하는 것은 필요하지 않다. 기억과 의사소통을 지배하는 정신적 과정들은 묘사되는 사건이 범죄인지의 여부와 관계없이 동일한 원리에 따르기 때문에, 어떤 사건이든지 충분하다. 따라서 자발적 목격자를 대상으로 이전에 슈퍼마켓에서 만난 어떤 사람에 대한 묘사를 이끌어 내기 위해 목격자를 면담하는 것은 면담기술을 발전시키는 좋은 연습이 된다. 마찬가지로 면담자는 어떤 사람을 대상으로 축구 경기의 경기 내용에 관해 면담함으로써 행동에 대한 묘사를 이끌어 내는 연습을 할 수 있다. 만약 면담자가 보다 전형적인 범죄사건에 관한 면담을 연습하기를 바란다면, 면담자는 목격자에게 범죄 영화를 보게 한 다음 범죄 장면의 세부 사항에 대해 탐지할 수 있다. 많은 경찰서에서는 신입 경찰 요원 훈련용으로 그런 영화를 소유하고 있다.

이 실습들이 가치 있기 위해 목격자는 실제로 자신이 관찰하였거나 참여했던 사건을 묘사해야 한다. 목격자는 비록 범죄 시나리오라고 하더라도 사건을 작화하거나 지어내서는 안 된다. 실제로 관찰했던 사건을 묘사하는 정신적 과정은 일어나지 않은 사건을 만들어 내어 묘사하는 것과는 차이가 있다. 면담자에게는 목격자가 범죄현장을 날조하는 것보다 목격자가 범죄와 관계는 없지만 실제로 관찰했던 무해한 사건을 묘사하는 것이 더 좋은 연습이 된다.

예상되는 오류

훈련 워크숍을 수행하고 현장 경찰 면담을 검토한 것에 의하면, 빈번하게 발생하며 면담자들이 극복하기 가장 어려운 7개의 오류들이 있다. 따라서 우리는 인지면담을 학습하는 사람들이 이 행동들을 점검하는 데 특별한 관심을 기울일 것을 권한다. 마찬가지로 훈련 프로그램 개발을 책임지는 사람들은 이 오류를 제거하기 위한 특별한 연습을 확보해야 한다.

- 면담자는 너무나 많은 폐쇄형 질문을 하고, 개방형 질문은 충분하게 하지 않는다.
- 면담자는 너무나 자주 끼어든다.
- 면담자는 목격자가 응답을 종료한 이후, 다음 질문을 하기 전에 충분한 시간 동안 멈추지 않는다.
- 목격자에게 정신적 이미지를 생성하도록 요청한 다음, 면담자는 이미지에 대한 묘사를 요청하기 전에 충분히 오랫동안 기다리지 않는다.
- 면담자는 목격자의 정신적 기록에 적합하지 않는 질문을 한다.
- 면담자는 면담을 시작할 때 좋은 라포를 형성하지 않는다.
- 면담자는 목격자의 전체적인 정신적 표상을 결정하기 전에 세부적인 정보를 탐지하기 시작한다.

피드백

면담자는 면담을 하는 동안 자신을 모니터하는 것이 어렵기 때문에, 자신의 수행에 대해서 피드백을 받아 보는 것이 필수적이다. 종종 우리의 워크숍에서 면담자는 누군가가 그의 실수를 지적해 주기 전까지는 자신이 실수를 저지르고 있다는 것을 깨닫지 못했다. 많은 면담자들은 목격자가 응답하는 도중에 자신이 거의 끼어들지 않는다고 주장하는데, 그들은 실제로 면담한 녹음 테이프를 듣기 전까지는 실수를 납득하지 않았다. 그들 대부분은 우리 연구의 면담자들처럼 동일한 실수를 저지른다는 것을 듣고는 놀란다. 이런 피드백 회기는 가끔 자존심을 상하게 하는 경험들이지만, 학습 방법으로서는 필수불가결하다.

면담 이후 피드백을 받는 많은 방법이 있다. 가장 쉬운 방법은 면담을 녹음하는 (혹은 녹화하는) 것이다. 그렇게 해 놓으면, 면담자는 단순히 그것을 되돌려 작동하면서 적당한 때에 스스로를 비판할 수 있다. 덜 사적이지만 보다 도움이 되는 것은 면담을 종료한 다음 면담을 평가해 줄 동료나 감독자를 갖는 것이다. 학습자들이 서로를 비판하는 집단 비판 회기는 종종 가장 효율적이다. 그들은 개별 면담자에게 피드백을 제공한다. 이외에 그들은 모든 집단 구성원이 다른 사람의 실수를 분간하기 위해 비판적으로 경청하게 만든다. 집단 비판 형식의 두 번째 장점은 집단의 모든 이들이 가끔씩 비판받는다는 점을 알기 때문에 학습자들이 비판에 대해 덜 방어적이고 보다 수용적이라는 점이다. 이와 같은 피드백 회기를 수행할 때—누가 피드백을 제공하는지 관계없이—건설적인 비판이 이루어지고 그럼으로써 학습자들이 위협받는다고 느끼지 않는 것이 중요하다.

다른 가치 있는 학습 절차로는 목격자에게 면담을 평가해 주도록 요청하는 것이다. 종종 목격자 스스로가 면담자의 행동이 자신의 사고 과정에 어떤 영향을 미쳤는지에 대해 귀중한 통찰력을 제공할 수 있다. 아마 목격자는 면담자가 다른 질문을 했거나 또는 침묵을 지켰다면, 약간 다르게 응답했을 수 있다. 목격자가 귀중한 통찰력을 가지고 있기 때문에, 훈련 중인 각 면담자들이 목격자의 역할을 수행하는 것은 가치가 있으며, 그럼으로써 그는 목격자의 정신적 사고가 면담자의 행동을 어떻게 반영하는지를 평가할 수 있다.

많은 면담자가 자신의 인터뷰와 다른 면담자들의 인터뷰를 모니터한 다음, 여기서 언급하지 않은 많은 기법을 개발할 것을 기대한다. 면담자들이 이 기법을 자신의 고유한 면담 방식에 통합하여, 이를 그들의 동료와 공유하도록 격려한다.

부록

A. 인지면담 수행을 위한 참고 가이드

B. 연구 요약

부록 A

인지면담 수행을 위한 참고 가이드

Ⅰ. 도입

A. 목격자의 불안 통제

B. 라포 형성

C. 목격자에게 면담자가 질문하기를 수동적으로 기다리지 말고 능동적이고 자발적으로 정보를 제공해 달라고 말하기

D. 세부적인 정보를 명시적으로 요청하기

E. 목격자에게 생각을 생략하지 말라고 말하기

F. 목격자에게 답변을 작화하거나 속이지 말라고 말하기

G. 면담자는 목격자가 강력하게 집중하기를 기대한다는 것을 전달하기

Ⅱ. 개방형 이야기

A. 일반적인 맥락 회복

B. 이야기체의 묘사를 요청하기

C. 끼어들지 않기

D. 목격자가 답변을 멈춘 후 다음 질문을 하기 전에 긴 휴지 시간을 갖기

E. 목격자의 이미지를 식별하기

1. 목격자에게 가장 명료한 이미지를 말해 달라고 요청하기
2. 다른 이미지들을 요청하거나 또는 추리하기

F. 목격자의 이미지들을 나타내기 위해 간단히 메모하기

G. 잠정적인 탐지전략을 개발하기(세부성의 원리 및 탄력의 원리)

Ⅲ. 기억 코드 탐지

A. 목격자의 집중이 중요함을 다시 한 번 강조하기

B. 특수한 사건에 대한 맥락 회복

C. 목격자에게 눈을 감으라고 요청하기

D. 목격자에게 개방형, 틀 짜기 질문하기

E. 세부적인 묘사를 요청하기

F. 목격자의 이야기 중 끼어들지 않기

G. 자세히 메모하기

H. 목격자가 답변을 멈춘 후, 다음 질문을 하기 전에 긴 휴지시간을 갖기

I. 이야기에 포함되지 않은 정보에 대한 이미지를 소진하기

J. 나머지 이미지들을 탐지하기

K. 이전에 활성화시켰던 이미지들을 재탐지하기

L. 개념 코드를 탐지하기

Ⅳ. 검토

A. 면담자의 기억이나 메모를 통해 목격자가 검토하게 하기

B. 느리고 신중하게 말하기

C. 목격자에게 만약 새롭게 생각나는 것이 있거나 면담자의 검토에서 틀린 점이 있다면 즉각적으로 중단시키라고 요청하기

D. 만약 새로운 단서들이 나타나면, 관련 있는 정보를 탐지하기

Ⅴ. 종료

A. 배경 정보들을 취합하기

B. 목격자에게 새로운 정보가 생각나면 전화해 달라고 상기시키기

C. 긍정적인, 최종 인상을 만들기

부록 B
연구 요약

다음의 내용은 오직 연구를 요약하기 위해서 기술했다. 보다 깊은 내용을 보기 위해 독자는 일반적으로 응용심리나 경찰과학과 같은 정기간행물에 실려 있는 원래의 논문을 참고해야만 한다. 대부분의 연구는 National Institute of Justice에서 연구비를 지원받아 이루어졌다.

인지면담에 대한 최초의 주요 두 개의 연구들(Geiselman, Fisher, MacKinnon, & Holland, 1985, 1986)은 폭력적인 범죄에 대한 4분 분량의 녹화된 시뮬레이션을 시청한 200명의 성인을 대상으로 하였다. 이 필름은 소화기 훈련을 위해 로스앤젤레스 경찰서에서 사용되었으며, 매우 사실적이었다. '목격자'는 이틀 후 실험실에서 경험 많은 법집행 관리에게 면담을 받았다. 첫 번째 연구에서, 면담자들은 최면으로 유도된(hypnotically-induced) 면담, 표준적인 경찰면담 그리고 인지면담을 수행하였다. 이러한 초기 연구에서의 인지면담은 면담을 시작할 때 오로지 다음과 같은 네 가지 기본적인 지시만을 포함했다. ① 원래 사건의 심리적(예, 생각들)이고 환경적인(예, 조명) 조건을 회복하기, ② 보고를 할 때 어떤 것도 삭제하지 않기, 만약 그것이 사소하거나 적절하지 않는 것처럼 보이더라도, 생각났을 때 마음에 떠오르는 모든 것을 말하기, ③ 당신(목격자)의 관점과 범죄 상황에 있던 어떤 다른 중요한 사람 둘 다의 시각에서 사건을 묘사하기, 그리고 ④ 보고를 할 때 순서를 바꾸기, 자연스러운, 연대기적인 순서로 묘사하고 난 뒤, 사건의 순서를 역순으로 묘사하기 등이다.

면담은 약 20~30분 동안 지속되었으며, 테이프로 녹음한 후 글로 바꾸어 썼다. 연구 보조원들은 글로 바꾼 원고(transscription)를 보고서 각 목격자의 옳은 진술과 틀린 진술의 숫자를 매겼다. 대학생들을 목격자로 한 첫 번째 실험에서, 인지면담의 간략한 버전과 최면면담은 정확한 정보를 이끌어 내는 데 동일하게 효과적이었고, 두 면담 모두 표준적인 경찰면담보다 대략 30~35% 정도 더 효과적이었다. 인지면담은 목격자 한 명당 41개의 사실을 이끌어 냈고, 최면면담은 38개의 사실 그리고 표준면담은 29개의 사실을 이끌어 냈다. 세 개의 면담에서 대략 비슷한 비율로(15%) 부정확한 사실들이 나타났다. 학생이 아닌 목격자를 대상으로 한 두 번째 실험에서는 표준면담과 인지면담만을 비교하였다. 결과는 첫 번째 실험과 비슷하게 나왔다. 인지면담은 더 많은 오류를 이끌어 내지 않으면서 표준면담보다 대략 20%정도 더 많은 정확한 정보를 이끌어 내었다.

최근 몇 년간 아동이 민사와 형사 사건에 대한 증언, 특히 그들이 피해자로서 진술을 요청받는 수가 증가하고 있다. 따라서 추후 연구에서는 아동을 대상으로 한 인지면담의 효과를 검증하였다(Geiselman & Padilla, 1988; Geiselman, Saywitz, & Bornstein, 출판 중).

목격자를 자원한 7~12세의 아동은 앞서 언급한 필름을 보고, 3일 후에 그들이 보았던 것에 대해 면담을 받았다. Geiselman과 Padilla(1988)의 연구에서 인지면담은 표준면담기법과 비교하여 대략 20% 정도의 정확한 정보의 회상을 증가시켰다(37 대 31개의 사실). 또한 인지면담과 표준면담 간에 부정확한 정보의 양은 동일하였다. Geiselman, Saywitz 그리고 Bornstein(출판 중)의 연구에서 인지면담은 예정된 면담 전에 기법들을 사용하는 연습을 했을 때 특히 아동에게 더 효과적이었다. 연습을 했을 때 인지면담은 표준적인 절차보다 정확한 정보를 45% 증가시켰다.

하나의 가능한 제한점은 인지면담이 목격자를 과도하게 피암시적으로 만든다는 것이다. 그것은 아마도 목격자가 면담자의 질문으로부터 정확한 답변에 대한 미묘한 단서를 간단하게 잡아낸다는 것이다. 만약 이런 것이 사건의 경우라면, 최면에서 발견되는 것과 마찬가지로 어떠한 유도되거나 또는 오도된 질문은 목격자의 기억을 부당하게 변화시킬 것이다(Putnam, 1979).

이 문제는 그 후 실험에서 검토되었다(Geiselman, Fisher, Cohen, Holland, & Surtes, 1986). 목격자가 사건—배우가 초록색 배낭을 메고, 목격자가 참석한 모임을 방해하는—을 관찰한 후, 그들에게 중립적인(netural), 유도하는(leading), 그리고 오도된(misleading) 질문을 했다. 1/3 정도의 목격자가 중립적인 질문을 받았고("배낭을 메고 있었던 침입자가 교사에게 뭐라고 말했나요?"), 1/3은 유도질문을 받았고("**초록색** 배낭을 메고 있었던 침입자가 교사에게 뭐라고 말했나요?"), 나머지 1/3은 오도된 질문("**파란색** 배낭을 메고 있었던 침입자가 교사에게 뭐라고 말했나요?")을 받았다. 나중에 목격자들 모두는 배낭의 색을 회상하라는 질문을 받았다. (잘못) 유도된 질문은 일반적으로 목격자의 회상을 변화시켰다. 유도질문을 받은 사람들 대부분은 배낭의 색을 정확하게 회상하였으나, 반면 오도된 질문을 받은 사람들은 배낭의 색을 잘 회상하지 못했다. 그러나 인지면담을 받은 목격자들은 표준면담을 받은 사람들보다 (잘못) 유도된 질문의 영향을 적게 받았다. 따라서 인지면담은 목격자를 (잘못) 유도된 질문의 피암시적인 영향을 더 많이 받는 것이 아니라, 덜 받게 한다.

모든 연구에서 인지면담은 표준면담을 했을 때보다 더 좋은 회상을 이끌었다. 그럼에도 불구하고, 관련 있는 정보들이 모두 회상되는 것은 아니며, 그렇기 때문에 여전히 개선해야 하는 여지가 많이 남아 있다. 절차를 개선하는 한 가지 방법은 훌륭한 면담자와 빈약한 면담자 간을 구분해 주는 기법을 잘 검토하여, 훌륭한 면담자가 사용하는 기법은 인지면담에 추가시키고 빈약한 면담자가 사용하는 기법은 삭제하는 것이다.

또한 우리는 초기의 발견들이 실험실이라는 고립된 세계의 상황만을 반영하는지, 또는 범죄의 실제 피해자와 목격자를 대상으로 한 범죄수사의 실제 세계를 정확하게 반영하는지에 대해 관심을 가지고 있다. 그래서 메트로-데이드 경찰서가 관대하게 제공해 준 실제 피해자와 목격자를 면담한 테이프 자료를 분석했다. 이 녹음 자료를 분석한 결과 인지면담을 개선하는 데 필요한 추가적인 통찰을 얻게 되었다(Fisehr, Geiselman, & Raymond, 1987).

인지면담의 마지막 개정판(reversion) 이후에, 이것이 현재의 버전을 있게 해 주었는데, 원 버전의 인지면담과 현재의 인지면담을 비교하기 위해 실험실 연구를 수행하였다(Fisehr, Geiselman, Raymond, Jurkevich, & Warhaftig, 1987). 실험의 절차는 앞서 기술한 연구들과 비슷하였다. 즉, 목격자에게 시뮬레이션 범죄 필름을 보여 주고 이틀 후 면담을 한 것이다. 단 하나 변화된 절차는 면담자들이 원래의 인지면담과 개정된 인지면담을 사용하는 법을 훈련받은 연구보조자들이었다는 점이다. 개정된 인지면담은 원래의 인지면담보다 45~50% 정도 더 많은 정확한 정보를 이끌어 냈다. 최초의 연구와 비교했을 때, 개정된 인지면담은 표준 경찰면담보다 96% 더 많은 정확 정보를, 그리고 최면면담보다 65% 더 많은 정확 정보를 이끌어 냈으며, 오류율은 증가하지 않았다.

개정된 인지면담에 대한 두 번째 실험실 연구는 아동 목격자들을 대상으로 수행되었다(Fisher & McCauley, 1991). 아동과 성인의 인지에서 두 가지 중요한 차이는, ① 아동은 의미에 더 많이 의존하는 어른보다 감각적인 정보에 훨씬 강하게 의존하고, ② 성인에 비해 아동은 세부적이고 정밀한 응답을 언어로 표현하는 것을 더 못하거나 또는 자발적으로 할 수도 없다. 그러므로 우리는 인지면담을 수정하였는데, 먼저 사건에 대한 정신적 이미지를, 그다음 아동이 사건에 대한 묘사를 하기 전에 아동의 생각을 행동으로 나타내도록 격려했다. 두 번째로, 아동이 잘 알고 있는 행위(자기 이를 닦는 것)에 대한 세부적인 묘사를 하는 것을 연습시킴으로써, 아동이 정밀한 응답을 이끌어 낼 수 있는 준비를 시켰다. 이 실험에서 8세의 아동들은 간단한 동작들(앉기, 발가락을 만지기 등)을 하는 '사이먼 가라사대(Simon-says)' 게임을 하면서 성인들과 상호작용하였다. 2주 후, 아동들은 표준면담을 또는 아동을 대상으로 하기 때문에 수정된 인지면담을 받았다. 표준면담을 했을 때보다 인지면담을 했을 때 거의 2배나(84% 더 많이) 많은 정확 정보가 추출되었고, 역시 부정확한 사실의 수는 차이가 없었다.

인지면담이 경찰 표준면담보다 더욱 많은 정보를 추출할 수 있다는 사실이 실험실 실험에서 반복적으로 검증되자, 연구 프로그램의 마지막이자 가장 중요한 단계인 현장에서 이 절차들을 검증해 보았다(Fisher, Geiselman, & Amador, 1989). 인지면담은 경찰서의 형사들이 실제 범죄의 피해자나 목격자를 면담할 때 더 많은 정보를 이끌어 낼 수 있을까? 메트로-데이드 경찰서의 강도부서[1]에 있는 16명의 경험 많은 형사들이 범죄

1) Chief John Farrell, Lt. Ken Russ 그리고 Sgt. Jim Wander에게 감사하며, 그리고 연구에 참여하여 도움을 준 모든 형사에게 감사를 표한다.

의 피해자와 목격자를 대상으로 진행한 그들의 면담을 녹음했다(전형적인 상점 강도 또는 소매치기). 이 녹음된 테이프들은 글로 옮겨 적었고, 판단위원들이 추출된 정보의 양(범죄-관련 사실의 양)을 계산했다.

추후의 면담들에서는 사전 면담들에 근거해서 형사들을 두 개의 동등한 집단으로 나누었다. 7명의 형사들로 구성된 한 집단은 인지면담 훈련을 받았다. 9명의 형사들로 구성된 다른 집단은 추가적인 인지면담 훈련을 받지 않았다. 훈련은 1시간씩 4회에 걸쳐 효과적인 면담기법과 비효과적인 면담기법에 대해 설명을 듣는 것이었다.[2] 강의실(in-class) 회기 다음에, 훈련받은 집단은 기법들을 연습했고, 다른 현장 면담을 녹음한 후, 자신들의 수행에 대해 피드백을 받았다. 훈련 이후, 모든 형사는 다시 자신들의 피해자 및 목격자 면담 몇 개를 녹음하였다. 이 녹음들은 글로 바꾸어 면담자가 누구인지 모르는 상태에서 각 면담의 정보 양이 계산되었다.

결과는 매우 분명했다. 형사들은 인지면담을 훈련받고 난 후에 훈련받기 전보다 46% 더 많은 정보를 이끌어 냈다(40 대 27개의 사실). 7명의 형사 중 6명은 극적으로 개선되었다(34~115%의 더 많은 정보). 개선되지 않은 한 명의 형사는 훈련받기 전의 자신의 면담 방식을 변화시키지 않은 사람이었다. 비교 분석에서, 인지면담을 훈련받은 형사들은 그렇지 않은 형사들보다 63% 정도 더 많은 정보를 수집했다(40 대 24개의 사실). 이것은 현장연구이기 때문에 수집된 정보의 정확성을 평가하는 것은 불가능했다. 그러나 확증 비율(corroboration rates: 수집된 정보가 범죄 목격자에 의해 입증된 비율)은 훈련을 받지 않은 면담자(93%)와 훈련을 받은 면담자(94%)

2) 이 현장연구에서 이루어진 훈련(5년 정도 전부터 시작된)은 현재의 훈련 프로그램만큼은 효과적이지 않고, 이 책에서 기술된 만큼 철저하지도 않았다. 그러므로 현장연구의 결과들은 최신판 인지면담의 가치를 낮게 평가한다.

모두가 매우 높았다.[3)]

인지면담의 한 가지 과제는 라인업이나 사진 나열(photo-array)에서 사람을 재인할 때의 기억을 제고시키는 데는 효과가 없다는 것이다. 4개의 분리된 연구에서 목격자는 범죄 비디오테이프나 또는 수업 강의를 방해한 테이프를 시청하였다(McCauley, Chin, Fisher, & Brock, 1991). 며칠 후 목격자는 목표 대상자(target person, 범죄자 혹은 침입자)를 묘사하거나 4~5명의 사람이 있는 사진 나열 또는 라인업에서 식별하고자 했다. 목격자들의 반은 인지면담을 받았고, 나머지 반은 그렇지 않았다. 비록 인지면담 집단이 목표 대상자에 대해 더 좋은 묘사를 제공하기는 하였으나, 사진 나열 또는 라인업에서 재인하는 것과 차이는 없었다. 우리는 얼굴 재인과 사람 재인의 과제는 오직 최소한의 의식적 통제만으로 이루어지는 것이라고 추측했다. 따라서 무언가 가르침으로써 목격자의 기억인출작용을 변경하는 수행을 개선시킬 수는 없었다. 더욱 좋은 접근법의 예를 들면, 사진 나열 대신 비디오테이프를 사용하는 것이 목표 대상자 이미지의 질을 개선시킬 수 있을 것이다(Cutler & Fisher, 1990).

실제적으로 초기의 모든 인지면담 연구는 로스앤젤레스의 캘리포니아 대학교(UCLA)와 플로리다 국제 대학교(FIU)에 있는 우리의 실험실에서 이루어졌다. 자연스럽게 모든 연구는 미국 목격자를 대상으로 수행되었다.

3) 확증 비율이 전형적인 실험실 연구에서 보고되는 정확률(80~85%)과 비교했을 때 극단적으로 높은 점에 주목하라. 비슷하게 높은 정확률이 Yuille와 Cutshall(1986)의 Yuille와 Kim(1987)의 현장연구에서 보고되었다. 비록 확실한 것은 아니지만, 목격자에 대한 세 개의 현장연구에서의 정확성-확증 비율이 그들의 실험실 연구에서보다 상당히 더 높았다는 것은 흥미롭다. 만약 이러한 현장연구와 실험실 연구의 차이가 계속해서 나타난다면, 누군가는 현장 사건에 대한 목격자 증언이 일반적으로 신뢰할 수 없다는 증거로서, 법정에서 설명하는 실험실에서 얻은 정확성의 타당성에 의문을 제기할 것이다(McCloskey & Egeth, 1983 참조).

최근 다른 연구자들은 미국인이 아닌 목격자를 사용하여 다른 연구실에서 독립적인 연구를 수행하고 있다(연구에 대한 개관은 Memon, 1991 참조하라). Aschermann, Mantwill 그리고 Kohnken(1991)은, 예를 들어 인지면담의 독일어 버전을 개발하고 독일의 성인 목격자를 대상으로 실험실에서 연구했다. 우리가 원 버전에서 발견한 결과와 비슷하게(Geiselman, Fisher, MacKinnon, & Holland, 1985), 독일어 버전의 인지면담은 표준면담보다 38%의 더 많은 정보를 이끌어 냈다.

두 번째 연구는 Kohnken, Thuerer 그리고 Zoberbier(1991)가 독일인 목격자를 대상으로 수행하였는데, 이를 통해 인지면담이 표준적인 훈련보다 우수하다는 것이 다시 한 번 밝혀졌다. 인지면담을 받은 목격자들은 표준면담을 받은 목격자들에 비해 52%나 더 많은 사실을 회상했다. 목격자가 회상한 사실의 수를 계산하는 것 외에도, 저자들은 면담자들이 면담 중에 수집한 정보를 기술한 그들의 보고서에 포함된 사실의 수도 계산했다. 또한 여기서도 인지면담이 더 많은(42%) 정보를 포함했다. 두 개의 독일 연구는 인지면담과 표준면담이 동일한 양의 부정확한 정보를 이끌어 낸다는 것을 밝혀냈다.

런던 시 경찰서(London Police Department)의 Richard Geroge 형사는 최근에 영국의 범죄피해자와 목격자를 대상으로 매우 철저하고 인상적인 현장연구를 수행했다. 서로 다른 방식의 수사를 대표하고(제복을 입은 경찰관, 형사, 교통경찰관), 다른 경찰서에 있는 32명의 숙련된 경찰관들을 네 개 중 하나의 훈련 조건에 무작위로 배정되었다. 인지면담(CI), 대화관리(CM: 제1장 참조), CI와 CM 모두, 그리고 아무런 추가적인 훈련이 없는 조건 등이다. 훈련 후에 각 경찰관들은 범죄의 피해자와 목격자에 대한 세 번의 면담을 녹음하였다. 녹음한 것들을 글로 변형하여 정보의 유형(그것이 누가, 무엇을, 언제, 어떻게 그리고 왜로 대답되었는가)과 양을 채점했다.

질문 방식은 훈련 이전과 이후에 극적으로 변화하였으나, 오직 CI 집단에서만 그러했다. 이러한 변화는 주로 폐쇄형 질문을 더 적게 하고 보다 많은 개방형 질문을 사용하는 것, 그리고 보다 많은 휴지 시간을 두는 것 등을 포함하였다. 폐쇄형 질문에서 개방형 질문으로 변화함으로써 CI 집단의 면담자는 또한 훈련 이전(면담 당 52개의 질문)보다 훈련 이후에 훨씬 더 적은 질문(면담 당 15개의 질문)을 하였다. 흥미롭게도 각 면담의 총 시간은 모든 집단이 거의 동일했다(대략 16분).

Fisher, Geiselman 그리고 Amador(1989)의 현장연구 결과와 비슷하게, George의 연구는 훈련을 받은, 그리고 받지 않은 면담자 간을 비교(14% 더)한 것이든 또는 형사들이 훈련을 받기 전과 후의 비교(55% 더) 모두에서, 표준 경찰면담보다는 인지면담에서 더 많은 정보를 추출했다. 이것은 모든 종류의 정보(누가, 무엇을, 언제, 어디서, 어떻게 그리고 왜)에서 나타났다. 이와 비교하여, CM 그리고 CI 더하기 CM의 두 집단에서는 훈련받지 않은 집단보다 더 많은 정보를 이끌어 내지 못하였다.

모든 현장연구에서 볼 수 있듯이 추출한 사실들의 정확성을 검증하는 것은 불가능하다. 따라서 George(1991)는 추수 실험실 연구를 진행했다. 대학생들은 두 명의 침입자들과 교수 간의 이미 계획된 언쟁을 관찰했다. 1주일 후 학생 목격자들은 추가적인 CI 훈련을 받은, CI와 CM이 결합된 추가적인 훈련을 받은, 그리고 아무런 추가적인 훈련을 받지 않은 숙련된 경찰관들에게 면담을 받았다. 현장연구에서와 마찬가지로, 비록 이 연구에서는 CI와 CM의 조합이 CI만큼 효과적이었지만, CI는 표준면담에 비해 더 많은 정보(36%)를 이끌어 냈다. 우리가 수행한 모든 실험실 연구에서와 마찬가지로, 각 면담 당 오류는 세 면담 조건 간 대략 비슷했다.

연구자와 목격자 모집단이 다른 연구들의 발견들이 일치되는 것은 그 결과들이 우리 연구의 검증 절차에서만 유일하게 나타나는 것이 아님을 시사한다. 오히려 그것들은 인지면담의 장점을 반영한다.

CI가 인지의 기본 원리를 바탕으로 하고 있고, 그것이 범죄에 특수한 것이 아니기 때문에, 기법들을 적절하게 수정하면, 그 기법들이 다른 기법의 조사를 촉진하는 데 사용할 수 있는지를 알아보기 위해 마지막 연구를 하나 수행했다. 하나의 특정한 영역으로 공공보건 분야가 있는데, 조사관들은 질병의 원천을, 예를 들어 비위생적인 음식을 어디에서 먹었는지를 결정하기 위해 식중독의 신호들을 나타내는 사람들을 자주 면담한다. 과거에는 공공보건 연구자들은 응답자들의 회상을 개선하는 방법이 없다고 주장했다(Decker, Booth, Dewey, Fricker, Hutcheson, & Schaffner, 1986).

이 문제를 연구하기 위해, Fisher와 Quigley(1991)는 (위생적인) 음식을 먹도록 34개의 다른 음식들(부드러운 음료, 치즈, 크래커, 채소 등)이 있는 탁자로 학생들을 초대했다. 학생들이 음식을 고르는 것이 녹화되었다. 4일에서 14일이 지난 후, 학생들은 실험실로 돌아와 이전에 먹었던 음식을 회상했다. 학생들의 절반은 음식을 고르고 먹은 것에 대해 수정된 인지면담을 받았고, 나머지 절반은 명백한 기억 강화를 위한 지시 없이, 표준적인 형식의 면담을 받았다. 인지면담 집단은 비지시(No-instruction) 집단보다 더 많은 오류 없이 자신들이 선택한 음식을 2배 정도 더 많이 회상했다(12.2 대 5.9). 심지어 음식의 메뉴를 지침으로 제공받았을 때, 인지면담 집단(83%)은 비지시(75%)보다 더 많은 음식을 재인하였다. 범죄와 비범죄 조사의 효과를 근거로, 우리는 인지면담이 특히 응답자의 기억과 의사소통기술을 필요로 하는 경우, 더욱 다양한 조사 상황에서 적용할 수 있을 것으로 추정한다. 우리는 많은 연구자가 인지면담의 새로운 사용을 검토하고 그 결과를 우리에게 알려 줄 것을 바란다.

참고문헌

Alagna, F. J., Whitcher, S. J., Fisher, J. D., & Wicas, E. A. (1979). Evaluative reaction to interpersonal touch in a counseling interview. *Journal of Counseling Psychology, 26*, 465-472.

Anderson, J. R. (1990). *Cognitive psychology and its implications.* New York: W. H. Freeman.

Anderson, R. C., & Pichert, J. W. (1978). Recall of previously unrecallable information following a shift in perspective. *Journal of Verbal Learning and Verbal Behavior, 17,* 1-12.

Ashermann, E., Mantwill, M., & Kohnken, G. (1991). An independent replication of the cognitive interview. *Applied Cognitive Psychology, 5,* 489-495.

Atkinson, R. C., & Shiffrin, R. M. (1968). Human memory: A proposed system and its control processes. In K. W. Spence (Ed.), *The psychology of learning and motivation: Advances in research and theory.* Vol. 2. New York: Academic Press.

Baddeley, A. D. (1986). *Working memory.* Oxford: Oxford University Press.

Bailey, F. L., & Rothblatt, H. B. (1971). *Successful techniques for criminal trials*. Rochester: The Lawyers Co-operative Publishing & Bancroft-Whitney.

Bartlett, F. C. (1932). *Remembering*. Cambridge: Cambridge University Press.

Belmont, J. M., & Butterfield, E. C. (1971). Learning strategies as a determinant of learning deficiencies. *Cognitive Psychology, 2,* 411-420.

Bower, G. H. (1967). A multicomponent theory of the memory trace. In K. W. Spence & J. T. Spence (Eds.), *The psychology of learning and motivation* (Vol. 1). New York: Academic Press.

Broadbent, D. E. (1957). A mechanical model for human attention and immediate memory. *Psychological Review, 64,* 205-215.

Brooks, L. (1968). Spatial and verbal components of act of recall. *Canadian Journal of Psychology, 22,* 349-368.

Brown, C., & Geiselman, R. E. (1991). Eyewitness testimony of mentally retarded: Effect of the cognitive interview. *Journal of Police and Criminal Psychology, 6,* 14-22.

Brown, R., & MacNeill, D. (1966). The "tip-of-the-tongue" phenomenon. *Journal of Verbal Learning and Verbal Behavior, 5,* 325-337.

Burns, M. J. (1981). The mental retracing of prior activities: Evidence for reminiscence in ordered retrieval. (Doctoral Dissertation, University of California, Los Angeles, 1981) *Dissertation Abstracts International, 42,* 2108B.

Cady, H. M. (1924). On the psychology of testimony. *American Journal of Psychology, 35*, 110-112.

Cahill, D., & Mingay, D. J. (1986). Leading questions and the police interview. *Policing,* Autumn, 212-224.

Chelune, G. J. (1979). *Self-disclosure*. San Francisco: Freeman.

Chi, M. T. H., & Ceci, S. J. (1986). Content knowledge and the reorganization of memory. *Advances in Child Development and Behavior, 20,* 1-37.

Connor, R. A., & Davidson, J. P. (1985). *Marketing your consulting and professional services.* New York: Wiley.

Cutler, B. L., & Fisher, R. P. (1990). Live lineups, videotaped lineups, and photoarrays. *Forensic Reports, 3,* 439-448.

Cutler, B. L., Fisher, R. P., & Chicvara, C. L. (1989). Person identification from live versus videotaped police lineups. *Forensic Reports, 2,* 93-106.

Cutler, B. L., & Penrod, S. D. (1989). Forensically relevant moderators of the relation between eyewitness identification accuracy and confidence. *Journal of Applied Psychology, 74,* 650-652.

Decker, M. D., Booth, A. L., Dewey, M. J., Fricker, R. S., Hutcheson, R. H., & Schaffner, W. (1986). Validity of food consumption histories in foodborne out-break investigations. *American Journal of Epidemiology, 124,* 859-862.

Deffenbacher, K. A. (1980). Eyewitness accuracy and confidence: Can we infer anything about their relationship? *Law and Human Behavior, 4,* 243-260.

Deffenbacher, K. A. (1988). Eyewitness research: The next ten years. In M. Gruneberg, P. Morris, & R. Sykes (Eds.), *Practical aspects of memory: Current research and issues.* New York: Wiley.

Dent, H. R. (1982). The effect of interviewing strategies on the results of interviews with child witnesses. In A. Trankell (Ed.), *Reconstructing the past.* Netherlands: K. H. Aver Publishing.

Dillon, J. T. (1982). The effect of questions in education and other enterprises. *Journal of Curriculum Studies, 14,* 127-152.

Eich, E. (1977). State-dependent retrieval of information in human episodic memory. In J. Birnbaum and E. Parker (Eds.), *Alcohol and human memory*. Hillsdale, NJ: Erlbaum.

Ellis, H. D. (1984). Practical aspects of face memory. In G. Wells & E. Loftus (Eds.), *Eyewitness testimony: Psychological perspectives*. Cambridge: Cambridge University Press.

Festinger, L. (1957). *A theory of cognitive dissonance*. Stanford, CA: Stanford University Press.

Festinger, L., & Carlsmith, J. M. (1959). Cognitive consequences of forced compliance. *Journal of Abnormal and Social Psychology, 58*, 203-210.

Fisher, R. P., & Chandler, C. C. (1984). Dissociations between temporally-cued and theme-cued recall. *Bulletin of the Psychonomic Society, 22*, 395-397.

Fisher, R. P., & Chandler, C. C. (1991). Independence between recalling interevent relations and specific events. *Journal of Experimental Psychology: Learning, Memory, and Cognition, 17*, 722-733.

Fisher, R. P., & Cutler, B. L. (1991). *The relation between consistency and accuracy of eyewitness testimony*. Unpublished manuscript. Florida International University, Miami.

Fisher, R. P., Geiselman, R. E., & Amador, M. (1989). Field test of the cognitive interview: Enhancing the recollection of actual victims and witness of crime. *Journal of Applied Psychology, 74*, 722-727.

Fisher, R. P., Geiselman, R. E., & Raymond, D. S. (1987). Critical analysis of police interview techniques. *Journal of Police Science and Administration, 15*, 177-185.

Fisher, R. P., Geiselman, R. E., & Raymond, D. S., Jurkevich, L. M., & Warhaftig, M. L. (1987). Enhancing enhanced eyewitness memory: Refining the cognitive interview. *Journal of Police Science and Administration, 15*, 291-297.

Fisher, R. P., & McCauley, M. R. (1991). *Improving the accuracy of children's eyewitness memory with the cognitive interview.* Unpublished manuscript. Florida International University, Miami.

Fisher, R. P., & McCauley, M. R. (in press). Improving eyewitness memory with the cognitive interview. To appear in D. Ross, J. Read, & M. Toglia (Eds.). *Eyewitness memory: Current trends and developments.* New York: Springer-Verlag.

Fisher, R. P., & Quigley, K. L. (1988). *The effect of question sequence on eyewitness recall.* Unpublished manuscript. Florida International University, Miami.

Fisher, R. P., & Quigley, K. L. (1991). Applying cognitive theory in public health investigations: Enhancing food recall. To appear in J. Tanur (Ed.). *Questions about Questions.* New York: Sage.

Flanagan, E. J. (1981). Interviewing and interrogation techniques. In E. J. Grau (Ed.). *Criminal and civil investigation handbook.* New York: McGraw-Hill.

Flavell, J. H. (1986). The development of children's knowledge about the appearance-reality distinction. *American Psychologist, 41,* 418-425.

Flexser, A. J., & Tulving, E. (1978). Retrieval independence in recognition and recall. *Psychological Review, 85,* 153-172.

Geiselman, R. E., & Callot, R. (1990). Reverse versus forward recall of script-based texts. *Applied Cognitive Psychology, 4,* 141-144.

Geiselman, R. E., Fisher, R. P., Cohen, G., Holland, H., & Surtes, L. (1986). Eyewitness responses to leading and misleading questions under the cognitive interview. *Journal of Police Science and Administration, 14,* 31-39.

Geiselman, R. E., Fisher, R. P., Firstenberg, I., Hutton, L. A., Sullivan, S. J., Avetissian, I. V., & Prosk, A. L. (1984). Enhancement of eyewitness memory: An empirical evaluation of the cognitive interview. *Journal of Police Science and Administration, 12,* 74-80.

Geiselman, R. E., Fisher, R. P., MacKinnon, D. P., & Holland, H. L. (1985). Eyewitness memory enhancement in the police interview: Cognitive retrieval mnemonics versus hypnosis. *Journal of Applied Psychology, 70*, 401-412.

Geiselman, R. E., Fisher, R. P., MacKinnon, D. P., & Holland, H. L. (1986). Enhancement of eyewitness memory with the cognitive interview. *American Journal of Psychology, 99*, 385-401.

Geiselman, R. E., & Padilla, J. (1988). Interviewing child witnesses with the cognitive interview. *Journal of Police Science and Administration, 16*, 236-242.

Geiselman, R. E., Saywitz, K. J., & Bornstein, G. K. (in press). Effects of cognitive questioning techniques on children' s recall performance. To appear in G. Goodman & B. Bottoms (Eds.). *Understanding and improving children' s testimony: Developmental, clinical, and legal issues*. New York: Guilford Publications.

Geiselman, R. E., Woodward, J. A., & Beatty, J. (1982). Individual differences in verbal memory performance: A test of the alternative information processing models. *Journal of Experimental Psychology: General, 11*, 109-134.

George, R. (1991). *A field and experimental evaluation of three methods of interviewing witnesses/victims of crime*. Unpublished manuscript. Polytechnic of East London. London.

Goodman, G. S., Bottoms, B., Schwartz-Kenney, B. M., & Rudy, L. (1991). Children's testimony for a stressful event: Improving children's reports. *Journal of Narrative and Life History, 1*, 69-99.

Greenspoon, J. (1955). The reinforcing effect of two spoken sounds on the frequency of two responses. *American Journal of Psychology, 68*, 409-416.

Greenwald, A. G. (1970). Sensory feedback mechanisms in performance control: With special reference to the ideo-motor mechanism. *Psychological Review, 77,* 73-99.

Harber, R. N. (1969). *Information-processing approaches to visual perception.* New York: Holt, Rinehart, & Winston.

Harris, R. (1973). *The police academy.* New York: Wiley.

Hilgard, E. R., & Loftus, E. F. (1979). Effective interrogation of the eyewitness. *International Journal of Clinical and Experimental Hypnosis, 27,* 342-357.

James, W. (1890). *The principles of psychology.* New York: Holt.

Johnson, N. F. (1972). Organization and the concept of a memory code. In A. Melton & E. Martin (Eds.), *Coding processes in human memory.* Washington, D.C.: V. H. Winston.

Johnston, W. A., Greenberg, S. N., Fisher, R. P., & Martin, D. W. (1979). Divided attention: A vehicle for monitoring memory processes. *Journal of Experimental Psychology, 83,* 164-171.

Kahneman, D. (1973). *Attention and effort.* Englewood Cliffs, NJ: Prentice-Hall.

Kintsch, W. (1970). *Learning, memory, and conceptual processes.* New York: Wiley.

Kintsch, W., & Van Dijk, T. A. (1978). Toward a model of text comprehension and production. *Psychological Review, 85,* 363-394.

Klatzky, R. L. (1980). *Human memory: Structures and processes.* San Francisco: Freeman.

Koffka, K. (1935). *Principles of Gestalt psychology.* New York: Harcourt, Brace.

Kohnken, G., Finger, M., & Nitschke, N. (1991). *Statement validity analysis and the cognitive interview with child witnesses.* Unpublished manuscript. University of Kiel, Kiel.

Kohnken, G., Thuerer, C., & Zoberbier, D. (1991). *The cognitive interview: Are the interviewers' memories enhanced, too?* Unpublished manuscript. University of Kiel, Kiel.

Kosslyn, S. (1981). The medium and the message in mental imagery: A theory. *Psychological Review, 88,* 46-66.

LaBerge, D. L., & Samuels, S. J. (1974). Toward a theory of automatic information processing in reading. *Cognitive Psychology, 6,* 292-323.

Landauer, T. K. (1986). How much do people remember? Some estimates of the quantity of learned information in long-term memory. *Cognitive Science, 10,* 477-493.

Latts, M. G., & Geiselman, R. E. (1991). Interviewing survivors of rape. *Journal of Police and Criminal Psychology, 7,* 8-17.

Leibowitz, H. W., & Guzy, L. (1990). *Can the accuracy of eyewitness testimony be improved by the use of non-verbal techniques?* Paper presented at the American Psychology-Law Society, Williamsburg.

Leonard, V. A. (1971). *Criminal investigation and identification.* Springfield, IL: Charles C Thomas.

Levie, R. C., & Ballard, L. E. (1981). Taking notes during the investigation. In E. J. Grau (Ed.). *Criminal and civil investigation handbook.* New York: McGraw-Hill.

Lindsay, R. C. L., Wells, G. L., & Rumpel, C. M. (1981). Can people detect eyewitness-identification accuracy within and across situations? *Journal of Applied Psychology, 66,* 79-89.

Lipton, J. P. (1977). On the psychology of eyewitness testimony. *Journal of Applied Psychology, 62,* 90-93.

Loftus, E. F. (1979). *Eyewitness testimony.* Cambridge, MA: Harvard University Press.

Loftus, E. F., & Loftus, G. R. (1980). On the permanence of stored information in the human brain. *American Psychologist, 35,* 409-420.

Loftus, E. F., Manber, M., & Keating, J. F. (1983). Recollection of naturalistic events: Context enhancement versus negative cueing. *Human Learning, 2,* 83-92.

Loftus, E. F., & Marburger, W. (1983). Since the eruption of Mt. St. Helens, has anyone beaten you up? Improving the accuracy of retrospective reports with landmark events. *Memory & Cognition, 11,* 114-120.

Loftus, E. F., & Zanni, G. (1975). Eyewitness testimony: The influence of the wording of a question. Bulletin of the *Psychonomic Society, 5,* 86-88.

Madigan, S. A. (1969). Intraserial repetition and coding processes in free recall. *Journal of Verbal Learning and Verbal Behavior, 8,* 828-835.

Matarazzo, J. D., & Wiens, A. N. (1985). *The interview: Research on its anatomy and structure.* Chicago: Aldine.

McCauley, M. R., Chin, D., Fisher, R. P., & Brock, P. (1991). *Revising the cognitive interview for eyewitness identification.* Paper presented at the Southeastern Psychological Association, New Orleans.

McCloskey, M., & Egeth, H. (1983). What can a psychologist tell a jury? *American Psychologist, 38,* 550-563.

Melton, A. W. (1963). Implications of short-term memory for a general theory of memory. *Journal of Verbal Learning and Verbal Behavior, 2,* 1-21.

Memon, A. (1991). *Introducing the cognitive interview as a procedure for interviewing witnesses.* Paper presented at the Annual Conference of the British Psychological Society, Bournemouth.

Metzler, K. (1979). *Newsgathering.* Englewood Cliffs, NJ: Prentice-Hall.

Miller, G. A. (1956). The magical number seven, plus or minus two: Some limits on our capacity for processing information. *Psychological Review, 63,* 81-97.

Miner, E. M. (1984). The importance of listening in the interview interrogation process. *FBI Law Enforcement Bulletin,* June, 12-16.

More, H. W., & Unsinger, P. C. (1987). *Police managerial use of psychology and psychologists.* Springfield, IL: Charles C Thomas.

Neisser, U. (1981). John Dean' s memory: A case study. *Cognition, 9,* 1-22.

O' Hara, C. E., & O' Hara, G. L. (1988). *Fundamentals of criminal investigation.* Springfield, IL: Charles C Thomas.

Orne, M. T., Soskis, D. A., Dingers, D. F., & Orne, E. C. (1984). Hypnotically induced testimony. In G. Wells & E. Loftus (Eds.), *Eyewitness testimony: Psychological perspectives.* New York: Cambridge University Press.

Paivio, A. (1971). *Imagery and verbal processes.* New York: Holt, Rinehart, & Winston.

Payne, D. G. (1987). Hypermnesia and reminiscence in recall: A historical and empirical review. *Psychological Review, 101,* 5-27.

Peters, D. L. (1988). Eyewitness memory arousal in a natural setting. In M. Gruneberg, P. Morris, & R. Sykes (Eds.), *Practical aspects of memory: Current research and issues.* New York: Wiley.

Prior, J. A., & Silberstein, J. S. (1969). *Physical Diagnosis.* St. Louis: C. V. Mosby.

Putnam, W. H. (1979). Hypnosis and distortions in eyewitness memory. *International Journal of Clinical and Experimental Hypnosis, 27,* 437-448.

Pylyshyn, Z. W. (1981). The imagery debate: Analogue media versus tacit knowledge. *Psychological Review, 88,* 16-45.

Raaijmakers, J. G. W., & Shiffrin, R. M. (1980). SAM: A theory of probabilistic search of associative memory. In G. Bower (Ed.), *The psychology of learning and motivation: Advances in research and theory, 14,* New York: Academic Press.

Rand Corporation (1975). *The criminal investigative process.* Vols. 1-3.

Rand Corporation Technical Report R-1777-DOJ. Santa Monica, California.

Reiser, M. (1980). *Handbook of investigative hypnosis.* Los Angeles: LEHI.

Rochester, N.Y. Police Department (1981). Preliminary investigations manual. In J. Grau (Ed.). *Criminal and civil investigation handbook.* New York: McGraw-Hill.

Rock, I., & Harris, C. S. (1967). Vision and touch. *Scientific American, 216,* 96-104.

Roediger, H. L., III, Payne, D. G. (1982). Hypermnesia: The role of repeated testing. *Journal of Experimental Psychology: Learning, Memory, and Cognition, 8,* 66-72.

Roediger, H. L., III, Payne, D. G., & Gillespie, G. L. (1982). Hypermnesia as determined by level of recall. *Journal of Verbal Learning and Verbal Behavior, 21,* 635-655.

Rogers, C. R. (1942). *Counselling and psychotherapy: Newer concepts in practice.* Boston: Houghton-Mifflin.

Rohrlich, T. (1991). "The Christopher Commission." *Los Angeles Times.* September 1, 1991.

Rosch, E. (1973). Natural categories. *Cognitive Psychology, 4,* 328-350.

Sanders, G. S. (1986). *The usefulness of eyewitness research from the perspective of police investigators.* Unpublished manuscript. State University of New York at Albany, Albany.

Saywitz, K. J. (1988). Interviewing children: A psychological perspective. *Family Advocate, 10,* 16-20.

Saywitz, K. J. (1989). Children' s conceptions of the legal system: "Court is a place to play basketball." In S. Ceci, D. Ross, & M. Toglia (Eds.). *Perspectives on children' s testimony.* New York: Springer-Verlag.

Shepard, R. N. (1975). Form, formation, and transformation of internal representations. In R. SolSo (Ed.), *Information processing and* cognition: *The Loyola symposium*. Hillsdale, NJ: Erlbaum.

Shepard, R. N., & Metzler, J. (1971). Mental rotation of three-dimensional objects. *Science, 171,* 701-703.

Siegman, A. W. (1978). The meaning of silent pauses in the initial interview. *Journal of Nervous and Mental Disorders, 166*, 642-654.

Smith, A. F., Jobe, J. B., & Mingay, D. J. (1991). Question-induced cognitive biases in reports of dietary intake by college men and women. *Journal of Health Psychology, 10,* 244-251.

Smith, M. (1983). Hypnotic memory enhancement of witness: Does it work? *Psychological Bulletin, 94,* 387-407.

Smith, S. M. (1979). Remembering in and out of context. *Journal of Experimental Psychology: Human Learning and Memory, 5*, 460-471.

Smith, V. L., & Ellsworth, P. C. (1987). The social psychology of eyewitness accuracy: Misleading questions and communicator' s expertise. *Journal of Applied Psychology, 72,* 294-300.

Stone, A. R., & DeLuca, S. M. (1980). *Investigating crimes.* Hopewell, N.J.: Houghton Mifflin.

Timm, H. W. (1983). The factors theoretically affecting the impact of forensic hypnosis techniques on eyewitness recall. *Journal of Police Science and Administration, 11*, 442-450.

Tulving, E. (1974). Cue-dependent forgetting. *American Scientist, 62,* 74-82.

Tulving, E. (1983). *Elements of episodic memory.* Oxford: Clarendon Press.

Tulving, E., & Thomson, D. M. (1973). Encoding specificity and retrieval precesses in episodic memory. *Psychological Review, 80*, 352-373.

Tversky, B. (1969). Pictorial and verbal encoding in a short-term memory task. *Perception and Psychophysics, 6*, 225-233.

Underwood, B. J. (1983). *Attributes of memory.* Glenview, IL: Scott,

Foresman.

Visher, C. A. (1987). Juror decision making: The importance of evidence. *Law and Human Behavior, 11*, 1-17.

Webb, J. T. (1972). Interview synchronicity: An investigation of two speech rates. In A. Siegman & B. Pope (Eds.). *Studies in dyadic communication.* New York: Pergamon.

Wells, G. (1988). *Eyewitness identification: A system handbook.* Toronto: Carswell Legal Publications.

Wells, G., & Hrcyiw, B. (1984). Memory for faces: Encoding and retrieval operations. *Memory & Cognition, 12*, 338-344.

West, R. (1985). *Memory fitness over 40.* Gainseville, FL: Trial Press.

Weston, P. B., & Wells, K. M. (1970). *Criminal investigation.* Englewood Cliffs, NJ: Prentice-Hall.

Wickelgren, W. A. (1969). Auditory or articulatory coding in verbal short-term memory. *Psychological Review, 76*, 232-235.

Wicks, R. J. (1974). *Applied psychology for law enforcement and correction officers.* New York: McGraw-Hill.

Yarmey, A. D. (1979). *The psychology of eyewitness testimony.* New York: Free Press.

Yuille, J. C., & Cutshall, J. L. (1986). A case study of eyewitness memory for a crime. *Journal of Applied Psychology, 71*, 291-301.

Yuille, J. C., & Kim, C. K. (1987). A field study of the forensic use of hypnosis. *Canadian Journal of Behavioral Science, 19*, 418-419.

Yuille, J. C., & Tollestrup, P. A. (1990). Some effects of alcohol on eyewitness memory. *Journal of Applied Psychology, 75*, 268-273.

찾아보기

저자 소개

R. Ronald P. Fisher

Ohio State University 실험심리학 박사(Ph.D)

현재 Florida International University 심리학과 교수

R. Edward Geiselman

Ohio University, Athens, Ohis 실험심리학 박사(Ph.D)

현재 University of California & Los Angeles 심리학과 교수

역자 소개

김시업(金始業)

고려대학교 심리학과 졸업

중앙대학교 대학원 심리학과 졸업(사회심리학 박사)

한국사회 및 성격심리학회 회장 역임

미국 Florida International University 심리학과 방문교수

현재 한국수사심리학회 회장

한국사회 및 성격심리학회 이사

한국사회문제심리학회 이사

한국여성심리학회 이사

경기대학교 대학원 범죄심리학과 교수

〈인지면담 관련 주요 논문〉

김시업, 문옥영(2010). 단축형 인지면담이 노인목격자의 회상에 미치는 효과. 한국심리학회지: 사회 및 성격, 24(4), 95-113.

김시업, 문옥영, 김기민(2010). 수사면담 시 라포가 진술의 양에 미치는 영향. 한국심리학회지: 사회 및 성격, 24(1), 149-166.

김시업, 전우병, 김미영(2006). 효율적인 수사면담을 위한 단축형 인지면담 개발. 한국심리학회지: 사회 및 성격, 20(1), 21-38.

김미영, 김경하, 전우병, 김시업(2004). 인지면담기법이 아동과 성인의 사건회상 정확성에 미치는 효과. 한국심리학회지: 사회 및 성격, 18(2), 137-151.

인지면담—수사면담 시 기억 향상법

2011년 10월 10일 1판 1쇄 인쇄
2011년 10월 20일 1판 1쇄 발행

지은이 • Ronald P. Fisher · R. Edward Geiselman
옮긴이 • 김시업

펴낸이 • 김진환
펴낸곳 • (주) 학지사
121-837 서울시 마포구 서교동 352-29 마인드월드빌딩 5층
대표전화 • 02-330-5114 팩스 • 02-324-2345
등록번호 • 제313-2006-000265호

홈페이지 • http://www.hakjisa.co.kr
커뮤니티 • http://cafe.naver.com/hakjisa

ISBN 978-89-6330-767-1 93180
정가 15,000원

역자와의 협약으로 인지는 생략합니다.
파본은 구입처에서 교환해 드립니다.